本书依托"市属高校分类发展项目——基于北京国际交往高端人才培养和服务企业'走出去'的优势特色学科提升计划",为"区域国别学·北京文库"的系列成果之一

区域国别学·北京文库
BEIJING IAS LIBRARY OF PUBLICATIONS

北约"域外行动"研究

RESEARCH ON NATO'S "OUT-OF-AREA" OPERATIONS

张自楚 著

中国社会科学出版社

图书在版编目（CIP）数据

北约"域外行动"研究 / 张自楚著. -- 北京：中国社会科学出版社，2024.12. -- ISBN 978-7-5227-4018-8

Ⅰ.E161；D81

中国国家版本馆 CIP 数据核字第 2024F7R028 号

出 版 人	赵剑英
责任编辑	赵　丽
责任校对	王　晗
责任印制	郝美娜

出　　版	中国社会科学出版社
社　　址	北京鼓楼西大街甲 158 号
邮　　编	100720
网　　址	http：//www.csspw.cn
发 行 部	010-84083685
门 市 部	010-84029450
经　　销	新华书店及其他书店
印　　刷	北京明恒达印务有限公司
装　　订	廊坊市广阳区广增装订厂
版　　次	2024 年 12 月第 1 版
印　　次	2024 年 12 月第 1 次印刷
开　　本	710×1000　1/16
印　　张	14
字　　数	223 千字
定　　价	88.00 元

凡购买中国社会科学出版社图书，如有质量问题请与本社营销中心联系调换
电话：010-84083683
版权所有　侵权必究

目 录

绪 论 …………………………………………………………（1）

第一章 北约"域外行动"概念界定与问题的产生…………（22）
  第一节 北约的主要特征及"域外行动"概念界定…………（22）
  第二节 冷战期间北约的"域外行动"争论与应对…………（37）
  第三节 "域外"军事冲突对北约的影响……………………（49）
  本章小结……………………………………………………（54）

第二章 冷战后北约"域外行动"政策的形成及争议………（56）
  第一节 国际环境的变化与北约转型…………………………（56）
  第二节 北约"域外行动"政策的形成…………………………（66）
  第三节 美欧对北约"域外行动"政策的分歧…………………（78）
  本章小结……………………………………………………（86）

第三章 北约"域外行动"的特点……………………………（88）
  第一节 "域外行动"形式多元…………………………………（88）
  第二节 以"意愿联盟"为主要行动方式………………………（94）
  第三节 "域外行动"中伙伴关系多样化……………………（105）
  本章小结……………………………………………………（111）

第四章 北约"域外行动"的案例分析………………………（113）
  第一节 北约在科索沃的"盟军行动"…………………………（114）

第二节 "意愿联盟"与伊拉克战争 …………………………（125）
　　第三节 北约在阿富汗的军事行动 …………………………（140）
　　本章小结 ………………………………………………………（159）

第五章 北约"域外行动"对大西洋联盟未来走向的影响 ………（162）
　　第一节 大西洋联盟组织形式松散化 ………………………（163）
　　第二节 大西洋联盟内部美欧矛盾深化 ……………………（172）
　　第三节 大西洋联盟凝聚力呈下降趋势 ……………………（179）
　　本章小结 ………………………………………………………（186）

结　论 ………………………………………………………………（188）

参考文献 ……………………………………………………………（192）

绪　　论

一　问题的提出与研究意义

（一）问题的提出

北大西洋公约组织（以下简称"北约"）成立于1949年。冷战期间，北约的主要任务是防范和抵御来自苏联的武装进攻。与此同时，北约成员国多次就来自防区之外的军事冲突和北约的"域外行动"问题进行了讨论。冷战结束后，北约开始执行"域外行动"（out-of-area operation）。美国与法国、德国等欧洲盟国在北约"域外行动"的相关问题上展开了互动。"域外行动"导致大西洋联盟发生了变化。大西洋联盟是在北约框架内所形成的美国与欧洲盟国的关系，北约是大西洋联盟的组织形态及主要支柱[①]，也是美欧跨大西洋联盟的主要政治—军事合作机制。[②] 北约一直是国际安全领域的一个重要行为体，在一系列国际事务中发挥着重要作用。北约"域外行动"直接关系到国际安全问题，因而受到了国际社会的高度关注，也成为学术界、政界、军方所关注和讨论的重要问题。

"域外行动"专指北约的防区外作战、防区外行动。[③] 根据1949年的《北大西洋公约》第五条款，对欧洲或北美地区的其中一个或多个缔约国的武装攻击，将被视为对全体缔约国的武装攻击。因此，当此类武装攻击发生时，每一缔约国都拥有行使《联合国宪章》第五十一条所赋予的

[①] 赵怀普：《重构后冷战时期的跨大西洋关系：理想与现实》，《外交评论》2010年第6期。

[②] 叶江：《解读美欧——欧洲一体化进程中的美欧关系》，上海三联书店1999年版，第264页。

[③] 李公昭主编：《英汉军事大词典》，上海外语教育出版社2006年版，第1145页。

进行单独或集体自我防御的权利，通过单独及与其他成员国合作，采取必要的行动（包括使用武力），即刻为遭受武装进攻的成员国提供援助，以恢复与维持北大西洋区域的安全。① 1949年的《北大西洋公约》第六条款规定："第五条款所述对于一个或数个缔约国之武装攻击，包括对于欧洲或北美任何一缔约国之领土、法国之阿尔及利亚、欧洲任何缔约国之占领军队、北大西洋区域回归线以北任何缔约国所辖岛屿以及该区域内任何缔约国之船舶或飞机之武装攻击在内。"② 《北大西洋公约》第六条款中提及的区域为北约的防区。在条约规定的防御范围以外的地域，则属于北约的"域外"。

北约"域外行动"始于冷战结束之后，属于危机管理行动中的危机应对行动范畴，其类型主要包括冲突预防、维和、和平的强制实现、和平建设等。在执行"域外行动"的过程中，北约根据国际与地区安全形势的变化和"域外行动"的执行情况，通过北约各级别的重要会议以及战略概念文件③等重要官方文件，将"域外行动"制度化、将"域外行动"的范围拓展至全球，并逐步提升自身执行"域外行动"的能力。

在执行"域外行动"的过程中，美国与欧洲盟国之间在"域外"安全威胁认知、"域外行动"战略规划、"域外行动"合法性、"域外行动"的责任分担等问题上进行了互动，既有共识又存在分歧。本书旨在对北约的"域外行动"问题进行系统的研究，并在探讨北约"域外行动"的同时，对美国和欧洲盟国之间的互动情况进行探究。本书试图解决的研究问题主要有三个：北约"域外行动"问题是如何产生和发展的？美国

---

① 刘得手等编译：《北约是什么——北约重要历史文献选编之三、之四》，世界知识出版社2015年版，第33—34页。

② 刘得手等编译：《北约是什么——北约重要历史文献选编之三、之四》，世界知识出版社2015年版，第34页。

③ 战略概念文件是北约的官方文件，其主要内容是概述北约的属性、北约设定的持久性目标，以及北约的基本安全任务。同时，北约也在新概念文件中对新安全环境的核心特征进行鉴定、对实现大西洋联盟安全的路径做详细阐述，并为调整大西洋联盟的军事力量提供指导方针。北约出台战略概念文件的主要目的，是为应对安全挑战做出准备，以及指导未来的政治与军事发展。参见 Public Diplomacy Division of North Atlantic Treaty Organization, "NATO A-Z Pages", Brussels, December 2014, p. 18, http: //www. nato. int/nato_static_fl2014/assets/pdf/pdf_publications/20150316_2014_AZ_pages. pdf.

与欧洲盟国在执行"域外行动"的过程中是如何进行合作的、出现了什么纷争？美欧在北约"域外行动"问题上的合作与纷争对大西洋联盟产生了什么影响？

（二）研究意义

1. 理论意义

大西洋联盟是联盟理论的研究者重点研究的对象。联盟理论涵盖的范围较广。现实主义、新现实主义、新自由制度主义、建构主义等理论流派的学者们对联盟的定义、联盟的产生、联盟的存续与解体、联盟的功能、联盟的管理、联盟的制度框架、联盟的可靠性、联盟内部的权力差异与责任分担、国际体系对联盟的影响等议题进行了研究与探讨。研究北约的"域外行动"及其对大西洋联盟的影响，可丰富联盟理论的案例研究。

北约的"域外行动"涉及大西洋联盟内部的凝聚力问题。联盟成员之间的凝聚力，指的是成员国之间在形成目标和达成目标的战略方面达成共识的能力。在战争时期与和平时期，影响联盟凝聚力的因素不尽相同。战争时期，联盟成员国协调作战的能力、就战争目的达成共识的能力，以及阻止盟友叛变的能力，是衡量联盟凝聚力的三个标准。[1] 和平时期，责任分担的差异是影响联盟凝聚力的重要因素。但同时，成员国的不同目标，或成员国对特定目标的渴求程度的差异，也将侵蚀联盟成员国之间的凝聚力。[2] 联盟成员之间的凝聚力与联盟的特征也存在一定的关联性。非对称性联盟比对称性联盟更难以整合成员国之间的凝聚力。原因在于，在非对称性联盟中，起主导作用的国家在为其他盟国提供安全保护的同时，也试图控制盟国的政策和战略定位，以实现自身利益。[3] 北约是冷战的产物。在冷战时期，虽然在涉及具体的北约"域外行动"问题时，美国和欧洲盟国出于不同的国家利益也会产生意见分歧，但来自苏联的外部安全威胁始终是美欧最为重视的问题。由于苏联这一共同

---

[1] 曹金绪：《同盟政治理论的发展》，《国际政治科学》2011年第4期。
[2] 曹金绪：《同盟政治理论的发展》，《国际政治科学》2011年第4期。
[3] James D. Morrow, "Alliances and Asymmetry: An Alternative to the Capability Aggregation Model of Alliances", *American Journal of Political Science*, Vol. 35, No. 4, November 1991, pp. 929–930.

外部安全威胁的存在,大西洋联盟成员之间的凝聚力并未因北约"域外行动"问题而受到严重削弱。冷战结束后,大西洋联盟成员之间的矛盾随着北约"域外行动"的执行而逐渐凸显,大西洋联盟内部的凝聚力也随着成员之间矛盾的增加而逐渐遭到削弱。在北约执行"域外行动"的过程中,北约面对的"域外"安全威胁、北约"域外行动"的政策发展和战略走向、"域外行动"中的防务责任分担、北约"域外行动"合法性等问题,都是美国和欧洲盟国争论的重要议题。美欧在这些问题上的争论影响着北约"域外行动"的效果和大西洋联盟的凝聚力。通过研究北约"域外行动",可探究大西洋联盟内部凝聚力遭到削弱的表现及其原因,进而分析大西洋联盟内部凝聚力的削弱与大西洋联盟未来走向之间的联系。研究北约"域外行动"的理论意义之一是丰富对联盟凝聚力理论的案例研究。

除了存续和消亡这两种极端状态之外,联盟也可能处于退化这种过渡状态中。根据斯蒂芬·沃尔特的研究,联盟成员的意愿和联盟的实力将对联盟的状态产生影响。从意愿的角度而言,若盟国开始质疑其他盟国是否真心致力于为联盟的安全提供援助时,联盟将存在退化的可能。从联盟实力的角度而言,当盟国怀疑现存的联盟结构是否有能力保障所有盟国的安全时,联盟也存在退化的风险。此外,联盟所面对的外部威胁的变化对联盟的状态也有影响。外部威胁的改变也可能导致联盟的退化。[1] 北约执行的不同种类的"域外行动",以及北约成员国在"域外行动"问题上的互动,对大西洋联盟造成了影响,使之产生了变化。在执行"域外行动"过程中,北约成员国对不同的"域外行动"拥有程度不一的行动意愿和参差不齐的行动能力。北约成员国参与"域外行动"的意愿和执行"域外行动"的能力与大西洋联盟组织形式的变化密切相关。通过研究北约成员国在"域外行动"相关问题上的互动,进而研究成员国的互动与大西洋联盟退化之间的联系,可丰富对联盟退化理论的案例研究。

---

[1] Stephen M. Walt, "Why Alliances Endure or Collapse", *Survival: Global Politics and Strategy*, Vol. 39, No. 1, Spring 1997, pp. 159–160.

2. 现实意义

自民族国家体系产生以来，随着国际格局演变与安全形势的变化，不同国家之间组建的联盟经历了产生、延续和衰败的生命周期。联盟的兴衰不仅决定了国家间战略互动的走向，而且影响了地区或国际体系中战争与和平的进程。[①] 冷战结束后，虽然联合国在国际安全领域发挥着重要作用，但国际安全秩序仍旧主要由美国主导、由北约及其他双边军事联盟构成核心、由各种类型的国际安全机制发挥辅助作用。[②] 美国主导的北约是西方最为强大的政治军事联盟，也是当今世界实力最强、最具影响力的地区性军事组织。北约自成立以来便一直对欧洲的安全格局、甚至对世界范围内的国际关系产生着重大而深远的影响。[③] 冷战结束后，美国领导北约执行了数次"域外行动"，介入了世界范围内发生的多起军事冲突之中，行动范围已从北约防区周边延伸至中东、非洲、中亚等地区。北约的"域外行动"对军事冲突的解决，以及冲突发生地区的安全形势变化产生了重要影响。研究北约的"域外行动"，可了解当今国际安全形势的历史发展进程、加深对当今国际安全形势的理解。与此同时，通过对北约的"域外行动"进行研究，可加深对美国及欧洲国家安全利益诉求、战略文化、军事实力水平等方面的了解，有助于了解美国及欧洲国家在国际安全问题上的战略抉择。

目前，国际战略格局呈现出总体和平、局部动荡的态势。美国仍是一个超级大国。美国构建的联盟体系，是美国维持其全球领导地位及由其所主导的国际秩序的重要工具。[④] 兹比格纽·布热津斯基认为："美国在全球至高无上的地位，是由一个覆盖全球的同盟和联盟所组成的精细体系支撑的。"[⑤] 冷战时期，美国构建起了一个包括北美、西欧、日本、澳大利亚等涵盖整个西方以及处于西方国家影响之下区域的联盟体系。

---

① 刘丰：《联盟与国际秩序》，《当代美国评论》2019年第3期。
② 贾庆国：《全面认识战后国际秩序》，《外交评论》2015年第6期。
③ 赵俊杰、高华主编：《北狼动地来？——北约战略调整与欧盟共同防务及其对中国安全环境的影响》，中国社会科学出版社2011年版，第14页。
④ 刘丰：《美国的联盟管理及其对中国的影响》，《外交评论》2014年第6期。
⑤ [美] 兹比格纽·布热津斯基：《大棋局：美国的首要地位及其地缘战略》，中国国际问题研究所译，上海人民出版社2007年版，第23页。

美国在全球范围内构建与主导的联盟体系，是冷战时期美国"遏制"战略（Grand Strategy of Containment）的主要支柱。遏制战略的制定与实施，以及美苏冷战以美国的胜利而告终，均得益于美国的联盟体系所提供的物质与精神资源支持。美国构建与主导的联盟体系还被认为是二战结束以来，美国得以实现"自由霸权秩序"设想的关键的政治军事安排，其重要性可与美国的全球经济、金融制度构建相提并论。[①]

北约是美国联盟体系中的一个重要组成部分，是由美国主导的一个规模十分庞大的联盟。目前，北约共有32个成员国，分别是：美国、加拿大、英国、德国、法国、荷兰、比利时、卢森堡、意大利、西班牙、葡萄牙、丹麦、挪威、冰岛、希腊、波兰、匈牙利、捷克、斯洛伐克、爱沙尼亚、拉脱维亚、立陶宛、斯洛文尼亚、克罗地亚、罗马尼亚、保加利亚、阿尔巴尼亚、土耳其、黑山共和国、北马其顿、瑞典和芬兰。唐纳德·特朗普虽然在竞选美国总统时提出了"北约过时"等消极言论，但是在上任后转变了对北约的态度，称美国应加倍对盟国的安全承诺，并表示北约是美国在对抗竞争对手时所拥有的最大优势之一。[②]

北约执行的"域外行动"与大西洋联盟的存续、转型与退化之间存在着紧密联系。作为冷战的产物，在苏联解体后，大西洋联盟曾一度被认为将在短时间内随着冷战的终结而自动解体。北约"域外行动"的执行为冷战结束后大西洋联盟的存续与转型提供了重要理由。北约"域外行动"伴随着美欧的互动、北约的转型、北约军事能力建设，以及北约国际地位的变化，对于大西洋联盟而言具有重要意义。但北约"域外行动"同时也为大西洋联盟带来了负面影响。特朗普和现任法国总统埃马纽埃尔·马克龙都曾针对大西洋联盟发表了负面评价。皮尤研究中心于2020年2月10日发布的一份调查报告显示：特朗普和马克龙发表质疑大西洋联盟的言论后，北约在美国、法国和德国三个国家的公众心中的形

---

① 葛汉文：《特朗普时代美国的同盟政策及同盟体系》，《世界经济与政治论坛》2019年第1期。
② 李岩：《特朗普安全战略的调整与限度》，《国际安全研究》2018年第5期。

象严重受损。在法国和德国，公众对北约信任程度的下降幅度尤其显著。[1] 大西洋联盟现如今的状态与历史上北约"域外行动"的执行密切相关。通过研究北约"域外行动"，可总结出大西洋联盟发展变化的特点及其原因，并探究大西洋联盟未来的发展趋势。

二 国内外研究现状

国内外专家学者从不同角度对北约"域外行动"的相关议题进行了研究。以下将主要从三个方面归纳国内外与北约"域外行动"相关研究的情况：一是冷战结束后北约的转型与北约的战略调整；二是北约具体的"域外行动"实践及成员国在"域外行动"问题上的互动；三是北约"域外行动"对大西洋联盟的影响。

（一）对冷战后北约转型与战略调整的研究

1. 国内研究现状

一些学者研究了冷战结束后北约的战略转型和军事转型过程；北约战略转型和军事转型的表现；以及北约在转型过程中遇到的问题或挑战。有些学者在此基础上讨论北约转型与北约"域外行动"之间的联系。

何奇松认为：冷战结束后北约开始进行战略转型，但美欧军事力量的结构性矛盾使北约的军事力量不适应战略转型节奏、影响了战略转型。为此，北约采取措施进行军事转型。北约的军事转型一方面为北约职能的转变提供了军事支持，另一方面将可能改变北约的进攻性姿态。北约军事转型的不确定性来自于美国军事优势的维持、欧盟快速反应部队建设的影响、欧洲盟国国防预算的制约，以及北约东扩带来的挑战。[2] 孔凡伟认为，冷战结束后北约开启了转型进程，"9·11"恐怖袭击使北约加速了转型进程。北约的转型主要体现在以下三个方面：第一，北约的军事战略具有了更强的进攻性。第二，北约的军事能力更加灵活。第三，北约通过各种形式伙伴关系的建立趋向"全球化"。[3] 邢骅研究了冷战结

---

[1] Alexandra Brzozowski, "Confidence in NATO Sharply Declined in France, Germany, US, Says Study", EURACTIV, February 11, 2020, https://www.euractiv.com/section/defence-and-security/news/confidence-in-nato-sharply-declined-in-france-germany-us-says-study/.
[2] 何奇松：《北约军事转型分析》，《现代国际关系》2006年第12期。
[3] 孔凡伟：《布加勒斯特峰会与北约的转型》，《当代世界》2008年第5期。

束后北约转型的表现,以及北约在转型进程中面对的挑战与不确定性。邢骅认为北约的转型表现在以下方面:第一,冷战结束后,北约的性质与功能由区域性军事集团转变为处理整个欧洲安全事务的泛大陆组织。第二,北约的军事战略朝着全方位、多功能和灵活反应的方向发展。第三,北约的政治功能更加凸显。第四,北约的行动范围走向全球。在转型过程中,北约面对着三种挑战与不确定性:一是北约与俄罗斯的关系不稳定。二是北约"全球化"的效果存在不确定性。三是美欧地位尚不平等。① 张健分析了乌克兰危机发生之后北约的转型前景,认为乌克兰危机对北约的转型造成了多方面冲击。一是再次激起了成员国在是否将俄罗斯视为主要安全威胁这一问题上的意见分歧。二是促使成员国权衡本土防御和"域外"干预行动的程度与利弊。三是推动成员国讨论是否应提升北约的军事能力。② 关孔文和房乐宪认为,北约在冷战结束后总共经历了四次战略转型。乌克兰危机发生之前的三次战略转型,使北约从军事联盟转为安全—政治联盟、发展了其全球化的职能、加强了其对非传统安全的关注及与外部第三方的对话与合作。乌克兰危机使北约进行了第四次转型,令北约的关注重点回归集体防御。③

2. 国外研究现状

一些国外学者分析了北约转型的进程和北约转型的影响。部分学者重点探讨了乌克兰危机发生后北约面对的"域外"安全形势,及其与北约转型或北约"域外行动"之间的联系。

艾伦·哈勒姆斯等人主编了一本论文集,探讨"9·11"恐怖袭击之后北约的转型。论文集中,十几位学者探讨了"9·11"恐怖袭击发生后北约的军事转型、北约面临的"域外"安全威胁、北约的战略概念、北约与欧盟等其他国际行为体的安全合作、美国在北约中的地位、美国与欧洲盟国在北约一系列"域外行动"问题上的合作与分歧等议题。④ 安德

---

① 邢骅:《北约转型路漫漫》,《国际问题研究》2009 年第 4 期。
② 张健:《乌克兰危机背景下北约转型前景》,《现代国际关系》2014 年第 5 期。
③ 关孔文、房乐宪:《北约战略转型对上海合作组织的启示》,《当代世界与社会主义》2016 年第 4 期。
④ Ellen Hallams, Luca Ratti and Benjamin Zyla eds., *NATO Beyond 9/11: The Transformation of the Atlantic Alliance*, London and New York: Palgrave Macmillan, 2013.

鲁·沃尔夫研究了北约转型给北约带来的结构性危机与政治危机。沃尔夫指出：北约的转型意味着北约将担负三种责任：安全保证、民主推广和全球干预。北约在科索沃和阿富汗的"域外行动"中，三种责任之间的相互冲突，使北约战略与政策实施之间不协调，为北约带来了结构性危机。三种责任的担负还降低了北约国家民众对北约军事行动的政治支持，为北约带来了政治危机。[1]

路易斯·西蒙认为2014年国际舞台上发生的大事件使北约有进一步转型的必要。西蒙认为：为应对冷战结束后新的国际形势，北约需调整战略、加强军事能力建设，并做好在全球范围内执行"域外行动"的准备。[2] 西蒙还从军事技术发展的视角分析了北约面临的外部环境及北约应随之而作出的战略调整，认为精准打击技术正在全球范围内扩散。越来越多的国家正在掌握反介入能力与区域封锁能力。北约应加强威慑与防御能力以应对威胁与挑战。[3] 泽尼亚·维克特与凯瑟琳·麦金尼斯在2014年发表的研究报告中指出：欧洲东南部的叙利亚冲突不断恶化并渗入了伊拉克，给土耳其和其他欧洲盟国带来了更沉重的反恐压力。来自中东和北非地区的国家和不稳定政权长期困扰着北约。大规模杀伤性武器及导弹等武器扩散的问题难以根除。北约需应对复杂的"域外"安全形势。[4] 德瑞克·米克斯于2015年发表了一份研究报告，讨论美国与欧洲共同面对的安全议题。其中涉及俄罗斯的威胁、乌克兰危机的影响、北约的未来发展与欧盟防务、"伊斯兰国"与恐怖主义对大西洋联盟的影响等问题。[5] 亚历桑德拉·德·霍普·舍费尔等人主编的研究报告《跨大西洋领域内处于压力之下的团结》深入分析了俄罗斯、东欧等国将为北约

---

[1] Andrew T. Wolff, "The Structural and Political Crisis of NATO Transformation", *Journal of Transatlantic Studies*, Vol. 7, No. 4, December 2009, pp. 476–492.

[2] Luis Simón, "'Back to Basics' and 'Out of Area': Towards A Multi-Purpose NATO", *The RUSI Journal*, Vol. 159, Issue 3, 2014, pp. 14–19.

[3] Luis Simón, "Preparing NATO for the Future—Operating in an Increasingly Contested Environment", *The International Spectator*, Vol. 52, Issue 3, 2017, pp. 121–135.

[4] Xenia Wickett and Kathleen J. McInnis, "NATO: Charting the Way Forward", Research Paper of Chatham House (The Royal Institute of International Affairs), 2014.

[5] Derek E. Mix, "The United States and Europe: Current Issues", Congressional Research Service Report, February 3, 2015.

带来的安全压力。①

（二）对北约"域外行动"的研究

1. 国内研究现状

一些学者对北约在防区之外执行的军事行动进行了研究，包括军事行动的过程、行动动因、行动特点等。吴鑫对冷战结束后北约执行的重大军事行动进行了评述。吴鑫对北约在波黑、科索沃、阿富汗、伊拉克和利比亚的军事行动过程分别进行了阐述，并归纳总结了这些重大军事行动具有的主要特点：特点之一是体现出了北约军事行动的进攻性新战略；特点之二是体现出北约盟国对美国军事实力的依赖；特点之三是体现出北约的职能不断得到拓展、作战能力逐渐增强。②林宏宇从政治、经济和军事角度探析了美国领导北约空袭科索沃的原因。根据林宏宇的研究，美国领导北约空袭科索沃的政治原因有三个：一是进一步为北约的存续寻找理由；二是为北约新战略构想的出台做铺垫；三是战略控制巴尔干、挤压俄罗斯的战略空间。此次空袭行动的经济原因，是美国在经济实力显著增强的背景下寻找新的经济增长点，企图通过发动战争促进本国经济增长。此次空袭行动的军事原因包括：检验北约出台的新军事战略、试验北约的高新武器，以及演练北约军队的反应与组织协调能力。③刘侣萍和崔启明认为：冷战结束后，特别是"9·11"恐怖袭击发生后，美国与北约打着"反恐"的旗号加紧了对外高加索地区的政治与军事渗透，具体表现为：北约与外高加索地区国家进行军事合作；北约对外高加索国家军事能力建设提供支持等。④李晨考察了美国与欧洲国家在利比亚战争中军事力量的运用。根据李晨的观察与分析，美欧在战争中实现了新形式的分工。美欧在利比亚的军事行动证明，大西洋联盟在执行"域外"干预行动时具有灵活的反应能力和适应能力。⑤魏光启通过

---

① Alexandra De Hoop Scheffer et al., eds., "Solidarity under Stress in the Transatlantic Realm", The German Marshall Fund of the United States Paper Series, 2016.

② 吴鑫：《冷战后北约重大军事行动述评》，《军事历史》2015年第4期。

③ 林宏宇：《美国空袭南联盟深层背景透析》，《世界经济与政治》1999年第5期。

④ 刘侣萍、崔启明：《北约日益重视外高加索地区的战略地位》，《俄罗斯中亚东欧研究》2008年第1期。

⑤ 李晨：《利比亚战争中美国与欧洲军事力量的运用》，《国际政治研究》2014年第1期。

研究北约在波黑、科索沃、伊拉克、阿富汗和利比亚的"域外行动",探讨了北约"域外行动"的含义、动因、特征和美欧在其中的博弈,并对北约"域外行动"进行了评估。魏光启认为北约"域外行动"的动因在于维护共同利益、强化美国领导地位、遏制威胁,以及维护大西洋联盟的合法性存在。美欧在"域外行动"上的博弈主要表现在战略观念、领导权、责任分担、优先目标和利益分配这几方面。北约"域外行动"的基本特征包括:行动空间具有扩展性、行动内容呈综合性、行动方式呈复杂性、行动具有开放性和进攻性、行动渐趋系统性。[①]

另有一些学者研究了部分北约成员国对北约防区外军事行动的参与情况及其原因。例如,肖河认为:自冷战结束以来,美国与德国在北约的发展方向上存在分歧。德国倾向于通过多边机制参与北约的军事行动,且不愿在此过程中承担实质意义上的军事义务。[②] 彭世卿对冷战后北欧国家参与对外武装干涉的原因进行了分析。根据彭世卿的分析,整体而言,北欧四国,特别是丹麦和挪威在冷战后追随美国和北约。北欧四国参与美国和北约领导的军事行动的动因在于吸引美国和北约再度关注北欧地区的安全形势、促进美国和北约增大相关领域的安全投入,从而防止北欧地区再次被边缘化。[③]

2. 国外研究现状

国外学者普遍将北约在波黑、科索沃、阿富汗和利比亚等地执行的军事行动直接称为北约的"域外行动"。一些学者对北约"域外行动"的历史发展进程,以及北约"域外行动"在发展过程中出现的变化进行了研究。一些学者重点研究了北约国家在"域外行动"问题上的矛盾与分歧及其原因。还有一些学者侧重于研究北约"域外行动"的合法性问题。

(1) 北约"域外行动"的发展

加瑞斯·维英罗回顾了冷战时期和冷战结束初期北约"域外行动"

---

① 魏光启:《欧美同盟的域外行动剖析》,《欧洲研究》2011年第6期。
② 肖河:《霸权国与其他主要大国关系研究——以二战后历史为例》,《世界经济与政治》2016年第3期。
③ 彭世卿:《为何参与武装干涉?——冷战后北欧国家对外政策转变路径分析》,《欧洲研究》2019年第1期。

的发展历程。根据维英罗的研究，在20世纪50年代和60年代，执行"域外行动"这一问题具有敏感性，总体而言北约成员国对执行"域外行动"没有浓厚的兴趣。20世纪80年代，世界范围内局部地区发生的一系列热战促使北约开始考虑执行"域外行动"。在冷战结束后的20世纪90年代初，北约开始实践"域外行动"，并在此过程中与西欧联盟、联合国等国际行为体产生了互动。① 修·贝利在其撰写的研究报告《为何北约事关重要》中对1990年至2004年北约执行的"域外行动"进行了梳理，并归纳了欧洲盟国在北约"域外行动"中出现的变化。在贝利看来，欧洲盟国越来越倾向于领导发生在防区周边的"域外行动"。欧洲盟国在科索沃维和行动发挥了领导作用、在阿富汗战争中作出了显著贡献、在利比亚战争中打头阵等都证明了这一点。② 欧那-科斯米那·米哈拉奇回顾了北约在科索沃、阿富汗和利比亚等地执行的"域外行动"。米哈拉奇认为，在北约"域外行动"的执行与发展过程中，冲突后重建行动已逐渐占有重要地位。除实现军事目标外，北约还通过执行"域外行动"对外输出北约的价值观和规范。③

（2）北约成员国在"域外行动"问题上的矛盾冲突

克里斯托弗·莱恩分析了伊拉克战争后美欧关系破裂的原因及北约的未来。作者认为，大西洋联盟成员国分歧的根源在于美国的霸权主义以及与之相伴的美欧之间的力量不均衡。④ 阿斯特里·苏赫克研究了北约领导的"驻阿富汗国际安全援助部队"（International Security Assistance Force，ISAF，以下简称"北约驻阿部队"）在阿富汗执行的军事打击行动与维稳行动。苏赫克认为：北约驻阿部队在阿富汗的军事行动遭遇了

---

① Gareth Winrow, "NATO and Out-of-Area: A Post-Cold War Challenge", *European Security*, Vol. 3, No. 4, Winter 1994, pp. 617–638.

② Hugh Bayley, "Why NATO Matters: A Parliamentary Case for Strengthening the Transatlantic Pillars of the Alliance", https://www.nato-pa.int/download-file?filename=sites/default/files/documents/WHY%20NATO%20MATTERS%20-%20HUGH%20BAYLEY%202014.pdf.

③ Oana-Cosmina Mihalache, "NATO's 'Out of Area' Operations: A Two-Track Approach, The Normative Side of a Military Alliance", *Croatian International Relations Review*, Vol. 23, Issue 80, November 2017, pp. 233–258.

④ Christopher Layne, "Casualties of War: Transatlantic Relations and the Future of NATO in the Wake of the Second Gulf War", *Policy Analysis*, August 13, 2003, pp. 1–18.

瓶颈。主要表现包括：北约成员国对于战斗行动战略及维稳行动战略的优先性存在争议；部分北约成员国国内政界与社会公众对于本国伤亡人数持续攀升感到不满。① 文森特·莫雷利与保罗·贝尔金研究了北约驻阿富汗部队在阿富汗的"域外行动"，包括行动的目标、行动的领域、成员国在派遣军队等具体问题上的争议，以及德国、荷兰、英国、法国、加拿大分别在行动中发挥的作用等。② 安德鲁·霍恩与萨拉·哈丁从多个角度考察了北约驻阿富汗部队在阿富汗的"域外行动"，分析了这场"域外行动"的重要性、北约盟国的责任分担问题、北约执行行动时遇到的问题、阿富汗"域外行动"对北约内部造成的影响等。根据霍恩与哈丁的研究，北约在阿富汗的"域外行动"中遭遇的问题包括：成员国缺乏对驻阿部队的明确战略规划；成员国在责任、行动资源投入等方面缺乏具体的共同战略；成员国忽视伤亡风险分担等。大西洋联盟的团结因成员国责任与风险分担不均而受到负面影响。③ 艾瑞克·布拉特伯格认为，北约盟国在阿富汗"域外行动"中的分歧主要表现为：第一，美国抱怨部分欧洲国家的责任分担水平未达到美国的期望。第二，美国认为欧洲国家只为美国和北约在阿富汗的任务提供了一些象征性的支持。第三，对国内事务的过多关注使欧洲国家的军事水平仍局限在自我防御层次。④ 约翰·纳格尔与理查德·维茨考察了北约驻阿部队在阿富汗执行的反暴乱行动。通过分析法国、德国、荷兰和英国四个北约成员国的行动特点，作者得出结论：执行高效的反暴乱行动需要北约成员国综合运用外交、经济、情报和军事等领域的能力。⑤

---

① Astri Suhrke, "A Contradictory Mission? NATO from Stabilization to Combat in Afghanistan", *International Peacekeeping*, Vol. 15, No. 2, April 2008, pp. 214 – 236.

② Vincent Morelli and Paul Belkin, "NATO in Afghanistan: A Test of the Transatlantic Alliance", Congressional Research Service, Washington, D. C., December 3, 2009.

③ Andrew R. Hoehn and Sarah Harting, *Risking NATO: Testing the Limits of the Alliance in Afghanistan*, Sponsored by The United States Air Force, Santa Monica: RAND Corporation, 2010.

④ Erik Brattberg, "Europe, Afghanistan and the Transatlantic Relationship after 2014", Stockholm International Peace Research Institute, May 2013.

⑤ John Nagl and Richard Weitz, "Counterinsurgency and the Future of NATO", *Transatlantic Paper Series No. 1*, The Chicago Council on Global Affairs, October 2010.

(3) 北约"域外行动"合法性问题

一些国外学者就北约"域外行动"的合法性问题进行了争论。罗伯特·德拉亨蒂与约翰·柳在《布什原则：预防性战争能否被合法化》一文中，选取美国单独的或与北约盟友一同采取的对塞尔维亚、伊拉克等国的军事干预行动为案例，探讨美国布什政府的预防性战争原则是否能被合法化这一问题。[①] 布鲁诺·辛玛认为：在科索沃危机中北约军事干预南斯拉夫社会主义联邦共和国的举动因未经联合国安理会的授权而缺乏合法性。因此，北约一方面试图将其行为与联合国安理会相关决议相联系，另一方面将其行为塑造为为防止科索沃出现更惨烈的人道主义灾难而实施的紧急救援，试图使其军事干预行为合法化。[②] 艾达姆·罗伯茨讨论了北约在科索沃的干预行动，认为：虽然空袭行动未能如成员国政府所愿得到合法性授权，但也不应被认为违反了国际法；联合国安理会的相关决议和一般国际法也能提供一定的法律支持。[③] 玛莎·芬尼莫尔在《干涉的目的：武力使用信念的变化》一书中从历史、政治和法律的角度探讨了国际行为体进行军事干涉的目的、人道主义干涉规范的发展变化、军事干涉对国际秩序的影响等。芬尼莫尔认为，联合国的授权、不同国际组织的介入等多边形式的干预赋予了北约等国际行为体进行军事干预的合法性。[④] 弗朗西斯科·弗兰乔尼探究了科索沃战争所带来的北约军事干预合法性问题。弗兰乔尼得出以下结论：科索沃战争中北约对南斯拉夫的军事介入在国际法领域无法觅得法律支持。北约诉诸军事介入的必要性、北约成员国在人道主义价值观上一致性与完整性的缺失，以及北约在执行军事行动过程中出现的相称性问题，使得北约无法在法理上促进国际法对人道主义干预进行更灵活的回应，也无法推动相关的国际秩

---

① Robert J. Delahunty and John Yoo, "The Bush Doctrine: Can Preventive War Be Justified", *Harvard Journal of Law & Public Policy*, Vol. 32, April 2009, pp. 843 – 865.

② Bruno Simma, "NATO, the UN and the Use of Force: Legal Aspects", *European Journal of International Law*, Vol. 10, Issue 1, 1999, pp. 1 – 22.

③ Adam Roberts, "NATO's 'Humanitarian War' over Kosovo", *Survival: Global Politics and Strategy*, Vol. 41, No. 3, Autumn 1999, pp. 102 – 123.

④ Martha Finnemore, *The Purpose of Intervention: Changing Beliefs about the Use of Force*, New York: Cornell University Press, 2003.

序转型。①

(三) 有关北约"域外行动"对大西洋联盟影响的研究

叶江通过研究北约在利比亚的军事干预行动,探究了美欧跨大西洋联盟未来的走势。叶江认为:北约在利比亚的军事干预行动表明,北约依然是美欧跨大西洋联盟在安全问题上的主要协调机制。同时,北约在利比亚的军事干预行动标志着后冷战时期北约战略转型已基本实现。在此背景下,未来大西洋联盟对外军事干预将呈现新特点:一是将更具进攻性、超出北约防区范围;二是将以人道主义干预为主流、更具意识形态色彩;三是将更加注意对外军事干预的合法性;四是军事力量优势将得到维持。②魏光启认为:北约在利比亚的军事行动是北约的"域外行动"。与北约之前的"域外行动"相比较,利比亚"域外行动"有四个主要特征:第一,北约内部的领导方式和行动策略出现了变化;第二,危机管理行动的地位提升;第三,北约的全球性角色内涵深化;第四,北约行动态势由集体防御转为兼具集体防御与对外进攻。北约"域外行动"的利比亚模式无法掩盖美欧联盟关系中的矛盾。美欧矛盾主要涉及责任分担、行动合法性和领导层内部的危机三个方面。③

詹姆斯·司柏林与马克·韦伯回顾了北约在波黑、科索沃的"域外行动"以及部分成员国参与的阿富汗战争,并归纳了这几次"域外行动"对北约的影响或意义。作者认为,在波黑的军事打击行动标志着北约迈出了实践"域外行动"的第一步,使北约成功地应对了生存危机。北约在科索沃的"域外行动"促使北约必须思考如何为行动寻找合法性、如何促进内部成员国就行动问题达成意见一致。部分成员国在阿富汗的军事行动证明了意愿联盟能在不危害大西洋联盟的基础上达成部分成员国

---

① Francesco Francioni, "Of War, Humanity and Justice: International Law after Kosovo", in J. A. Frowein and R. Wolfrum, eds., *Max Planck Yearbook of United Nations Law*, Netherlands: Kluwer Law International, 2000, pp. 107–126.

② 叶江:《从北约对利比亚军事行动透视美欧跨大西洋联盟新走势——兼谈西方军事同盟对外干预的新趋势》,《国际问题研究》2012年第1期。

③ 魏光启:《北约域外行动之利比亚模式》,《郑州航空工业管理学院学报》(社会科学版) 2014年第3期。

的对外干预目标。① 埃伦·威廉姆斯分析了美国在"9·11"恐怖袭击发生后组建意愿联盟执行军事行动的原因。北约在波斯尼亚和科索沃的"域外行动"，美国领导的意愿联盟发动的阿富汗战争，以及美国领导的意愿联盟发动的伊拉克战争是威廉姆斯选取的研究案例。根据威廉姆斯的研究，北约在巴尔干半岛执行的两场"域外行动"中，大西洋联盟的机制限制了美国的行动自由与行动的灵活性。这是后来美国分别组建意愿联盟发动阿富汗战争和伊拉克战争的重要原因。② 在海因茨·高德纳与伊安·库波特森主编的论文集《"9·11"与伊拉克战争之后的欧洲安全与跨大西洋关系》中，部分作者探讨了"9·11"恐怖袭击及伊拉克战争对跨大西洋关系造成的负面影响。③ 由里卡多·埃尔卡洛等人主编的论文集《西方国家与全球权力转移——跨大西洋关系与全球治理》中，部分作者结合北约的"域外行动"探讨了跨大西洋安全共同体内部的发展变化、跨大西洋关系的发展历程等议题。④ 在大卫·安德鲁斯主编的论文集《处于压力之下的大西洋联盟——伊拉克战争后的美欧关系》中，学者们对于伊拉克战争后，大西洋联盟内不同成员国与美国之间的争执、大西洋联盟内部发生的变化、美法双边关系、美德在安全领域的合作、英国与美欧关系、美意双边关系、中欧国家的大西洋联盟政策，以及大西洋联盟未来的发展趋势等问题进行了探讨。⑤ 露希尔·艾斯纳克在《大西洋联盟里的危机——其影响及北约成员国间的关系》中结合政治学、社会学和社会心理学的研究方法分析了伊拉克战争给大西洋联盟成员之间的关系造成巨大负面影响的原因。⑥ 斯科特·桑德梅耶少校在题为《北约

---

① James Sperling and Mark Webber, "NATO: from Kosovo to Kabul", *International Affairs*, Vol. 85, No. 3, 2009, pp. 491 – 511.

② Ellen Williams, "Out of Area and Very Much in Business? NATO, the U. S. , and the Post-9/11 International Security Environment", *Comparative Strategy*, Vol. 27, No. 1, 2008, pp. 65 – 78.

③ Heinz Gärtner and Ian M. Cuthbertson, eds. , *European Security and Transatlantic Relations after 9/11 and the Iraq War*, Hampshire: Palgrave Macmillan, 2005.

④ Riccardo Alcaro et al. , eds. , *The West and the Global Power Shift: Transatlantic Relations and Global Governance*, London: Palgrave Macmillan, 2016.

⑤ David M. Andrews, ed, *The Atlantic Alliance under Stress—US-European Relations after Iraq*, Cambridge: Cambridge University Press, 2005.

⑥ Lucile Eznack, *Crisis in the Atlantic Alliance—Affect and Relations among NATO Members*, New York: Palgrave Macmillan, 2012.

战略与"域外行动"》的论文中考察了北约在科索沃和阿富汗的"域外行动"。根据作者的研究,北约内部复杂的决策体系阻碍了北约执行"域外行动"能力的发挥、限制了大西洋联盟的战略选择和战略连贯性。北约"域外行动"的有效实施需要更加灵活、更富有适应能力的机制结构。[①]

总体而言,国内外一些学者对北约"域外行动"的某些方面进行了研究。对于北约"域外行动"问题,在以下几方面还需深入研究:第一,北约"域外行动"的实践虽然发生在冷战结束后,但"域外行动"问题产生于冷战时期。事实上,北约刚成立不久便已开始关注防区之外的安全威胁。冷战时期,北约对"域外"安全威胁的关注和应对,对冷战结束后"域外行动"的执行产生了重要影响。一些国外学者或是侧重于研究冷战期间北约内部对"域外行动"问题的讨论及其影响,或是关注冷战结束后北约"域外行动"的发展过程。对于北约"域外行动"的产生与发展过程,还需进行系统性梳理与研究。第二,在北约"域外行动"的实践及美欧互动的这部分研究中,大部分国内外学者仅对北约某一次"域外行动"进行了研究,或是对某几次"域外行动"进行了比较研究。国内外学者较少谈及北约"域外行动"的性质、北约"域外行动"类型等问题。

本书在参考国内外研究成果的基础上,结合北约发布的官方文献,系统性地对北约"域外行动"的产生与发展过程进行研究。通过研究北约"域外行动"的政策及其形成过程,本书将归纳出"域外行动"的性质、类型、特点等内容。本书也将在借鉴国内外研究成果的基础上,结合美国和部分欧洲盟国发布的政府官方文件,进一步充实对"域外行动"问题上美欧互动情况的研究,进而分析大西洋联盟发生的变化及其未来走向。

[①] Major Scott A. Sendmeyer, "NATO Strategy and Out-of-Area Operations", School of Advanced Military Studies at United States Army Command and General Staff College, Fort Leavenworth, Kansas, 2010.

三 研究思路与本书结构

（一）研究思路

本书计划以北约"域外行动"作为研究对象，通过对北约的"域外行动"进行系统研究，探讨美国与欧洲盟国之间在"域外行动"问题上的互动，分析美欧进行合作或产生分歧的原因，探索大西洋联盟发生的变化，并分析"域外行动"对大西洋联盟未来走向的影响。

首先，本书将对北约"域外行动"的产生进行研究，并对"域外行动"进行概念界定。由于"域外行动"是北约的军事行动，对"域外行动"的探讨有必要追溯冷战时期北约的建立。北约"域外行动"虽是在冷战结束后才被付诸实施，但冷战期间，美国和欧洲盟国便已多次对北约"域外行动"进行了讨论。了解"域外行动"问题的产生，需研究冷战期间美欧对北约"域外行动"争论的原因、北约对"域外"军事冲突的应对，以及"域外"军事冲突对北约的影响。

其次，本书将研究冷战结束后北约"域外行动"的发展，并分析美国和欧洲盟国在此过程中进行的互动及其对大西洋联盟的影响。随着冷战结束后北约"域外行动"的执行，北约发展出了"域外行动"政策、形成了"域外行动"特点。本书将分三个章节，分别讨论北约"域外行动"政策的发展、北约"域外行动"的特点，以及对北约"域外行动"进行案例分析。在北约"域外行动"的发展过程中，美国和欧洲盟国在北约"域外行动"的一系列相关问题上进行了互动。本书将探讨美国和欧洲盟国在北约"域外行动"各相关问题上的合作或分歧，分析原因，并研究美欧在北约"域外行动"问题上的互动对大西洋联盟的影响。

最后，在对北约"域外行动"的产生和发展，以及美欧在此过程中的互动进行研究后，本书将归纳总结北约"域外行动"使大西洋联盟发生的变化，并分析大西洋联盟未来的走向。本书将结合联盟理论的部分内容，归纳与总结北约"域外行动"相关问题及美欧互动对大西洋联盟的影响，在此基础上展望大西洋联盟未来的走向。

（二）本书结构

本书结构包括绪论、正文的五个章节和结论。

第一章将探讨北约"域外行动"的概念与"域外行动"问题的产生。

书中将探讨北约的主要特征，并对"域外行动"的概念加以界定；阐述冷战期间北约内部对"域外行动"的争执，和北约应对"域外"军事冲突的措施；分析冷战期间的"域外"军事冲突对北约造成的影响。

第二章将研究冷战后北约"域外行动"政策的形成过程、探究美欧在此过程中出现的争论，并分析其原因。书中将探讨冷战结束后北约面临的国际环境所发生的变化及北约的转型；对北约"域外行动"政策的形成历程进行梳理，并阐述北约"域外行动"政策的决策过程；研究美国和欧洲盟国在"域外行动"政策形成过程中产生的意见分歧，及其主要原因。

第三章将研究北约"域外行动"的主要特点，并分析部分特点对大西洋联盟的影响。书中将着重讨论北约"域外行动"的三个主要特点——行动类型多元化；以意愿联盟为主要行动方式；多样化的伙伴关系。书中还将分析意愿联盟这一北约"域外行动"主要行动方式对大西洋联盟的影响；探讨美国和欧洲盟国在北约"全球伙伴关系"问题上的分歧及原因，并分析北约"全球伙伴关系"机制的确立对大西洋联盟的影响。

第四章将对北约"域外行动"进行案例分析。书中将选取三个案例，分析北约及其成员国"域外行动"对大西洋联盟造成的影响：北约空袭科索沃及其对大西洋联盟的影响；美国组建意愿联盟打击伊拉克与伊拉克战争对大西洋联盟的影响；北约领导驻阿部队在阿富汗的军事行动及其对大西洋联盟造成的影响。

第五章将归纳总结北约"域外行动"使大西洋联盟发生的变化，并展望大西洋联盟未来的走向。

四 研究方法

（一）层次分析法

本书将采用层次分析法，从国际体系、国家和个人三个层次对研究问题进行分析。国际安全研究领域的学者格伦·斯奈德曾指出：对联盟的研究不可脱离对其所置身的国际体系背景的研究。[①] 国际体系的变化对北约"域外行动"的形成与发展产生了非常重要的影响，进而也导致了

[①] Glenn H. Snyder, *Alliance Politics*, Ithaca and New York: Cornell University Press, 1997, p. 16.

大西洋联盟的变化。冷战时期，美苏对峙的两级格局是北约成员国对"域外行动"问题进行讨论时的历史背景，与"域外行动"问题的产生与发展密切相关。冷战的终结标志着美苏两极对峙格局的瓦解和国际安全形势的改变。苏联的解体使北约面对着新的外部安全环境，也使"域外行动"的发展进入了一个新时期。研究北约的"域外行动"，需从国际体系层次分析国际安全形势的变化对北约"域外行动"的影响。北约不是一个超国家主义的联盟、不具备超国家层面执行"域外行动"的军队等重要军事资源。由于"域外行动"不同于集体防御行动，不是《北大西洋公约》明文规定的军事行动，因此是否参与执行"域外行动"取决于各成员国的意愿。北约成员国的国家利益、战略文化和军事能力严重影响着北约成员国执行"域外行动"的意愿、能力和效果。在北约成员国中，美国是北约的主导国。美国的国家安全战略、军事政策、军事行动目标等都对北约的走向起着支配性作用。法国、德国等北约中的欧洲盟国在"域外行动"问题上时常与美国发生矛盾。美国和欧洲盟国之间在北约"域外行动"问题上的互动使大西洋联盟发生了变化，影响了大西洋联盟的走向。研究北约的"域外行动"，国家层次的内容将是分析的重点。在国家领导人层面，诸如法国总统马克龙、美国总统特朗普等北约国家领导人的个人偏好，也在一定程度上对该国的安全战略产生了影响。书中也将涉及这一层面的分析。

（二）案例研究法

冷战期间，北约防区之外发生了多起军事冲突事件。其中一些军事冲突事件引发了北约成员国对北约"域外行动"的争论，使北约开始着手应对"域外"安全威胁、为执行"域外行动"做政治和军事准备。冷战结束后，北约或部分北约成员国在波黑、科索沃、伊拉克、阿富汗、利比亚等地执行的"域外行动"涉及美国和欧洲盟国的互动，对大西洋联盟产生了不同影响。因此，研究北约的"域外行动"需采用案例研究法。本书将选取美欧互动较为激烈、对大西洋联盟影响较大的"域外行动"案例进行研究。

（三）历史分析法

虽然真正意义上的北约"域外行动"始于冷战结束后，但在冷战期间北约内部就已开始对"域外行动"问题进行讨论。本书也将采用历史分析法，研究冷战时期北约成员国对"域外行动"的讨论；探究"域外行动"这一问题兴起的历史背景。充分利用历史资料，探究北约"域外行动"政策的历史发展进程。通过将不同历史阶段的北约"域外行动"发展情况加以联系和比较，能把握大西洋联盟的发展规律，进而分析大西洋联盟未来的走向。部分北约"域外行动"深刻暴露出美国和欧洲盟国之间的军事实力差距。欧洲盟国军事实力的落后存在历史原因。历史分析法也适用于对这方面问题的探讨。

（四）比较分析法

北约成员国包括北美洲的美国和加拿大，英国、德国、法国、比利时等西欧国家，还包括中东欧国家、北欧国家，以及土耳其。在北约内部，美国与欧洲盟国之间在地缘政治利益、历史文化和军事实力方面存在差异。美国是北约的主导国。当面对具体的北约"域外行动"问题时，一些欧洲盟国是美国的追随者，一些欧洲盟国则采取不介入甚至反对的态度。通过比较不同北约成员国在"域外行动"问题上的政策，并对其进行原因分析，可有助于探究大西洋联盟的变化及其发展趋势。

五　创新点与不足之处

（一）创新点

美欧在北约"域外行动"许多相关问题上都进行了互动，美欧之间的互动使大西洋联盟发生了变化。北约在不同地区执行的"域外行动"均在不同方面对大西洋联盟产生了影响。加强北约"域外行动"对于大西洋联盟影响方面的研究具有重要意义。从研究视角方面，本书将通过对北约"域外行动"的系统研究，探究大西洋联盟的变化及其未来的发展趋势。从研究内容方面，本书将系统性地研究"域外行动"的概念界定、"域外行动"问题的产生与发展过程、"域外行动"政策形成的历程、"域外行动"的特点、美欧在北约"域外行动"问题上的互动，以及北约"域外行动"对大西洋联盟的影响等内容。

（二）不足之处

本书计划将研究内容与联盟的退化理论相结合。但与联盟的产生、联盟的管理等理论相比，关于联盟退化的理论较为零散、未自成体系。本书对于探索联盟退化的理论方面，深度还有待进一步提高。

第一章

北约"域外行动"概念界定与问题的产生

北约"域外行动"经过冷战期间美国和欧洲盟国反复讨论，直到冷战结束后付诸实施，经历了一个漫长的酝酿过程。北约"域外行动"问题在冷战时期就已出现。冷战期间北约对"域外"军事冲突的关注、美欧对北约"域外行动"的讨论，以及北约为执行"域外行动"所进行的军事与政治准备，对冷战结束后北约"域外行动"的执行具有重要影响。本章将探讨北约"域外行动"的概念界定及"域外行动"这一问题的产生。本章第一节将概述北约及大西洋联盟成立的背景、北约的性质及其主要特征，以及北约"域外行动"的概念。本章第二节将分析冷战期间出现"域外"军事冲突时，美国和欧洲盟国在北约"域外行动"问题上的争论，以及北约对"域外"军事冲突的应对方式等问题。本章第三节将分析冷战期间"域外"军事冲突在政治和军事层面对北约所造成的影响。

第一节 北约的主要特征及"域外行动"概念界定

北约是冷战的产物。在美苏对峙的国际格局下，美国与西欧国家防范、抵御苏联的共同安全目标，以及美国遏制苏联的需要促成了北约和大西洋联盟的成立。成立之初，北约是一个美国领导下的以集体防御为核心任务的军事政治联盟。"域外行动"这一概念产生自冷战时期，并在冷战时期受到了美国和欧洲盟国的关注。

一　北约成立的背景

第二次世界大战结束后，国际格局发生了重大变化。欧洲列强因遭受战争重创，彻底丧失了几个世纪以来在世界事务中的中心地位。美国和苏联成为战后雅尔塔体系的两个超级大国，在国际安全与政治事务中发挥主导作用。随着二战的结束，美国与苏联的合作基础开始瓦解，双方在中欧、东欧、中东和东亚等一系列问题上的矛盾逐渐凸显，二者关系日益恶化。美国在战后奉行的争夺世界霸权的政策，与苏联保卫安全利益的战略目标相对立。社会制度和意识形态差异也导致美苏之间产生了不可调和的矛盾。美苏之间爆发了冷战。北约成立于美苏对峙的冷战时期。美国与西欧国家的共同利益需求是促使北约成立的主要原因。同时，北约也成为美国在军事领域控制西欧、遏制苏联的重要手段。

在美苏对峙的两极国际格局下，美国非常重视欧洲的安全与稳定。在美国看来，欧洲和亚洲都存有巨大潜力，若被苏联控制，苏联的实力将极大增长，并在获取人力资源、工业资源以及控制领土方面更胜于美国，这将使得美国的生存希望非常渺茫。[①] 在欧洲大陆上，西欧国家在地理上临近苏联的社会主义阵营，地处与苏联对抗的前沿阵地。但二战中，西欧国家在经济上遭受了沉重打击。二战结束后，一些西欧国家内部还爆发了工人运动、出现了政治动荡。为赢得美苏冷战的胜利、实现称霸世界的目标，美国决定在经济和军事上援助西欧，维护西欧国家的资本主义政权、防止西欧倒向苏联。

1947年3月12日，美国总统哈里·杜鲁门在国会两院联席会议上发表国情咨文，要求国会授权其在1948年6月30日之前拨款4亿美元向希腊和土耳其提供紧急援助，以协助镇压当地的革命运动、防止两国落入苏联和东欧国家的势力范围。在国情咨文中，杜鲁门还阐述了美国政府的反苏反共政策，其核心是遏制战略。"杜鲁门主义"是美国对外政策的转折点，其出台标志着美苏冷战的正式开启，同时也为马歇尔计划的制定、为北约及其他以美国为核心的军事政治联盟的成立奠定了基础。

---

① 张曙光：《美国遏制战略与冷战起源再探》，上海外语教育出版社2007年版，第63页。

在经济领域,美国计划通过为西欧战后重建提供经济援助的形式,在促进西欧经济复兴和西欧联合的同时,实现对西欧经济的控制、稳定西欧的资本主义政权。1947年5月下旬,美国国务院政策设计委员会发布了一份报告。报告强调:经济失调将很容易使欧洲社会出现集权主义运动,并为俄国共产主义提供可乘之机;若美国不主动向西欧提供援助,美国的安全就将面临严重的威胁。[①] 1947年6月5日,美国国务卿乔治·卡特莱特·马歇尔在哈佛大学发表演说,正式公开提出美国向欧洲提供援助、帮助西欧实现经济恢复的建议。这项建议被称为"马歇尔计划"。

在经济援助西欧的同时,美国寻求在军事领域与西欧的联合,从而"帮助建立起一个在军事和其他重大问题上同美国和加拿大紧密结合的繁荣而统一的西欧,使它作为一个强大力量重新回到世界舞台,同北美洲进行广泛协作。"[②] "遏制战略"的提出者乔治·凯南于1948年列举了他认为当时世界范围内对于美国国家安全和美国利益而言最为重要的地域。其中包括加拿大、冰岛、格陵兰、斯堪的纳维亚、西欧、英伦三岛等大西洋共同体内的国家与领土。凯南主张绝不能让上述地域落入敌对势力手中,并且美国应维持在上述地域存在的有利于美国继续强大与独立的政权,这将是美国政策的首要目标和维护美国国家安全的一个重要要求。[③]

起初,西欧国家对美苏之间的紧张关系感到恐惧。对于西欧的防务,西欧国家曾有过各不相同的设想:英国工党内部考虑作出具有中立性质的选择;法国考虑在西欧组建军事政治联盟充当美、苏、英之间的调停者;瑞典、挪威、丹麦等国有意建立起独立的斯堪的纳维亚防务联盟。但后来,尚且脆弱的经济、动荡的政治局面、微薄的军事力量,以及对苏联的恐惧,使得这些欧洲国家纷纷放弃了各自的设想。[④] 欧洲国家认

[①]《国际关系史资料选编》编选组:《国际关系史资料选编》上册(第二分册),法学教材编辑部审订,武汉大学出版社1983年版,第97页。

[②] [美]沃·惠·罗斯托:《从第七层楼上展望世界》,国际关系学院"五七"翻译组译,商务印书馆1973年版,第61页。

[③] [美]约翰·刘易斯·加迪斯:《遏制战略:冷战时期美国国家安全政策评析》(增订本),时殷弘译,商务印书馆2019年版,第35页。

[④] 陈佩尧:《北约战略与态势》,中国社会科学出版社1989年版,第27—28页。

为：只有美国才能凭借其规模与实力抵挡苏联；也只有美国的财富与意愿，才能拯救因战争而遭受物质损失和产生了心理障碍的欧洲国家。①

以英国和法国为代表的西欧国家，一方面积极寻求西欧在防务领域的合作，另一方面主动邀请美国加入西欧防务事务的规划中。1947年3月4日，英国和法国正式签署了《敦刻尔克条约》，结成联盟以遏制并防范德国。随后，英国开始考虑吸纳更多的欧洲国家加入联盟，共同保卫欧洲的安全。1948年1月22日，时任英国外交部长厄恩斯特·贝文在英国议会下议院发表演说，提出应构建一个由美国和英国自治领支持的西方民主体系，囊括斯堪的纳维亚半岛国家、法国、低地国家、意大利、希腊、葡萄牙，甚至是德国和西班牙。② 此外，贝文还建议在英法联盟的基础上联合荷兰、比利时和卢森堡，并吸收包括意大利在内的更多欧洲国家，一同构建起一个西欧联盟。③ 贝文也曾向法国提议，联合为低地国家提供一个以相互提供防御支持为主要内容的条约，并将其作为构建起北大西洋共同体更为广泛的防御的起点。④ 1948年3月4日，英国、法国、荷兰、比利时和卢森堡五个国家的代表相聚布鲁塞尔商讨签订互助条约的事宜。时任法国外交部长乔治·皮杜尔于当日致函美国国务卿马歇尔，指出：在政治层面以及尽快在军事层面加强新旧大陆合作的时机已到来，英国和法国已决定尽己所能组织起欧洲大陆上民主国家的共同防御。但只有美国提供帮助，欧洲国家才能有效地抵御侵略。⑤ 当五国正在进行谈判时，苏联正试图与北欧国家签订互助条约。贝文对此感到紧张，斟酌着是否应邀请斯堪的纳维亚国家一同加入五国商讨构建的防御

---

① Lawrence S. Kaplan, *The United States and NATO: The Formative Years*, Lexington: The University Press of Kentucky, 1984, p. 22.
② 许海云：《锻造冷战联盟——美国"大西洋联盟政策"研究（1945—1955）》，中国人民大学出版社2007年版，第172—173页。
③ Lord Ismay, *NATO, The First Five Years 1949—1954*, Paris, 1955, http://archives.nato.int/uploads/r/null/2/1/216977/NATO-The_first_5_years_1949—1954__by_Lord_Ismay_.pdf.
④ Clark M. Clifford, "A Landmark of The Truman Presidency, The Truman Doctrine Marks the End of American Isolationism", in Sir Nicholas Sherwen, ed., *NATO's Anxious Birth, The Prophetic Vision of the 1940s*, London: Hurst & Balchett, Ltd, 1985, p. 7.
⑤ Lord Ismay, *NATO, The First Five Years 1949—1954*, Paris, 1955, http://archives.nato.int/uploads/r/null/2/1/216977/NATO-The_first_5_years_1949—1954__by_Lord_Ismay_.pdf.

体系。但贝文后来意识到，仅仅依靠五个国家无法保卫大西洋地区的安全，即便融入斯堪的纳维亚国家的力量也是如此。在贝文看来，如下三个方案才是实现共同安全的保证：一是由美国提供支持的英、法、荷、比、卢联盟体系；二是与美国更加密切相关的大西洋安全体系；三是将对意大利产生特别影响的地中海安全体系。①

在五国进行谈判的过程中，美国密切关注着西欧国家防御联盟的建设进程，对布鲁塞尔谈判以及即将达成的《布鲁塞尔条约》表示出积极的态度。1948年3月12日，马歇尔正式向英国一位大使致函，表示美国同意与英国就建立大西洋安全体系进行谈判。这意味着美国开始投身于大西洋联盟的筹划工作中。② 在美国的鼓励与推动之下，英国、法国、比利时、荷兰和卢森堡于1948年3月17日签署了《布鲁塞尔条约》，组建起二战结束后西欧的第一个军事联盟"布鲁塞尔条约组织"。在《布鲁塞尔条约》签署之后，美国、英国和加拿大自1948年3月22日至4月初，就进行北大西洋区域的防御安全合作问题进行了六轮"华盛顿秘密谈判"。最终，三国就未来将要建立的防御联盟的决策程序、防御范围、成员国身份、实现集体安全的手段、联盟结构等议题达成了一致，并共同签署了《五角大楼协定》。在这一阶段，美国国内通过了一项重要的决议，为美国领导建立大西洋联盟扫除了法律上的障碍。1948年6月11日，美国参议院通过了"范登堡决议"。该决议允许美国在国家安全受到影响时，在持续、有效的互助与互援基础上，通过宪法程序参加区域性或其他集体防务协定。③ 这项决议的通过使美国建立大西洋联盟拥有了合法性基础。

从1948年7月6日开始，美国、加拿大和"布鲁塞尔条约组织"国家开始深入讨论拟建立的大西洋联盟的安全防御范围，及其所涉及的美

---

① Office of the Historian, "The British Embassy to the Department of State, Aide-Mémoire", *Foreign Relations of the United States*, 1948, Western Europe, Vol. 3, https：//history.state.gov/historicaldocuments/frus1948v03/d37.

② 许海云：《锻造冷战联盟——美国"大西洋联盟政策"研究（1945—1955）》，中国人民大学出版社2007年版，第190页。

③ North Atlantic Treaty Organization, "Vandenberg Resolution：US Senate Resolution 239", June 11, 1948, https：//www.nato.int/ebookshop/video/declassified/doc_files/Vandenberg%20resolution.pdf.

国外交方针和政治原则等内容。① 到 1949 年年初，讨论取得了重大进展，美国、加拿大和"布鲁塞尔条约组织"国家就即将建立的大西洋联盟的政治方针、成员国、防御范围、防御原则及手段等议题基本上达成共识，并开始规划大西洋防御安全条约的内容。② 1949 年 3 月 18 日，《北大西洋公约》的条文正式公布。4 月 4 日，美国、加拿大、英国、法国、比利时、卢森堡、葡萄牙、意大利、荷兰、冰岛、丹麦和挪威在美国华盛顿正式签署了《北大西洋公约》。8 月 24 日，该条约正式生效，北大西洋公约组织宣告成立。北约的成立标志着以美国为首的大西洋联盟的形成。

二 北约的性质及其主要特征

在冷战时期，北约是一个军事政治联盟。冷战结束后，随着北约的转型，北约逐渐成为了一个政治军事联盟，政治职能的地位更加凸显。自 1949 年成立至今，北约军事联盟的这一性质始终存在。

关于联盟的定义，学术界研究成果颇丰。一些学者从联盟成员的数量、联盟的本质和联盟组建的目的三个角度对联盟进行了定义。蒂莫西·克劳佛德认为，联盟通常指的是政府之间签订的正式协定，以在特定的政治环境下相互提供军事支持，其首要功能是集合所有盟国的军事力量抗击外敌。军事支持的具体形式包括：武器转移；情报共享；军事基地、领空、航道和领土的使用等。③ 在格伦·斯耐德看来，联盟是两个或更多的主权国家之间形成的、针对其他特定国家的一种正式联合，其目的在于维护联盟成员的安全或扩大其权势。④ 斯蒂芬·沃尔特将联盟定义为"两个或更多主权国家之间正式的或非正式的安全合作安排"。⑤ 欧

---

① 许海云：《构建区域安全模式——国际体系中的大西洋安全模式与亚太安全模式》，世界知识出版社 2018 年版，第 45 页。
② 许海云：《锻造冷战联盟——美国"大西洋联盟政策"研究（1945—1955）》，中国人民大学出版社 2007 年版，第 266 页。
③ Timothy W. Crawford, "Alliances" in William A. Darity Jr. et al., eds., *International Encyclopedia of the Social Sciences*, 2nd Edition Hills, Farmington: Macmillan Reference USA, p. 78.
④ Glenn H. Snyder, "Alliance Theory: A Neorealist First Cut", *Journal of International Affairs*, Vol. 44, No. 1, Spring 1990, p. 104.
⑤ ［美］斯蒂芬·沃尔特：《联盟的起源》，周丕启译，北京大学出版社 2007 年版，第 12 页。

雷·霍尔斯蒂、特伦斯·霍普曼和约翰·苏利文认为联盟是两个或更多国家之间形成的正式协定，目的是在国家安全问题上进行合作。[1] 艾默生·尼欧和彼得·奥德舒克将联盟界定为国家相互之间签订的集体安全协定，并认为在联盟中，所有盟国将随时对背叛协定的国家施以惩戒，并随时在符合联盟利益的情况下对联盟外的国家进行威胁。[2] 大多数学者对联盟的定义具有以下共同点：就成员数量而言，联盟需包含两个或两个以上的主权国家。就联盟的本质而言，联盟属于一种军事领域的安全合作形式。这种安全合作形式依托于成员国签署的正式协定。就联盟成立的目的而言，不同国家组成联盟的首要目的是通过保卫集体安全的方式维护本国的安全，方式是共同防范或抗击来自联盟以外的其他国家带来的军事威胁。

从联盟成员的数量、联盟的本质和联盟组建的目的三个角度分析，北约符合军事联盟的特征，是一个典型的军事联盟。北约的成员是拥有国际法主体地位的主权国家，成员的数量在两个以上。北约是美国、加拿大和欧洲各国之间采取的正式的安全合作形式。《北大西洋公约》由缔约国正式签署，对所有签署国具有约束力。公约对缔约国的军事行为与义务进行了规定，对大西洋联盟成员之间的正式安全合作进行了安排。北约成立的背景是美苏冷战，以集体防御的方式抵御来自苏联的武装进攻、保卫国家安全是各成员国成立北约的初衷。

作为一个军事联盟，北约拥有一体化的军事组织机构。北约军事委员会和北约防务计划委员会是北约重要的军事机构。这些军事机构各自拥有具体的职责，相互之间存在交流与合作，形成了北约的军事一体化系统。北约军事战略的制定与实施、军事行动的规划与执行等相关军事事宜依赖于北约的军事一体化系统。

北约军事委员会是北约内级别最高的军事机关。来自北约成员国的资深军官（通常是三星陆军上将或海军上将）是该机构的成员。该机构

---

[1] Ole P. Holsti, Terrence P. Hopmann and John D. Sullivan, *Unity and Disintegration in International Alliances*, New York: John Wiley and Sons, 1973, p. 4.

[2] Emerson M. S. Niou and Peter C. Ordeshook, "Alliances in Anarchic International System", *International Studies Quarterly*, Vol. 38, No. 2, June 1994, p. 170.

第一章 北约"域外行动"概念界定与问题的产生 / 29

的主要职责包括：为北大西洋理事会和核计划小组提供军事政策与战略方面的建议；将政治决定与政治指导转换为军事指示；推荐必要的保卫北约防区的举措；将与军事行动有关的决定付诸实践；协助制定战略政策与战略概念；每年对威胁北约利益的国家与地区的军事力量做长期评估等。当北约介入"域外"危机、冲突或战争时，军事委员会还负责就"域外"军事形势及其影响等一系列问题向北大西洋理事会提供建议。①盟军军事行动司令部和盟军转型司令部是北约军事委员会的两个下设机构，也是北约最高级别的战略军事司令部。②盟军军事行动司令部的主要职责是筹备、规划及执行北约的军事行动。该司令部的指挥官——欧洲盟军最高司令负责把握北约军事行动的总体方向，以及领导执行北约所有的军事行动。③盟军转型司令部主要负责领导北约军事机构和军事部队能力的发展等。④

在 2010 年 6 月之前，负责大西洋联盟军事一体化系统相关事务的高级决策机构是北约的防务计划委员会。2010 年 6 月之后该机构解散，其职责由北大西洋理事会接管。解散之前，北约所有成员国都在该机构中派有代表。⑤ 该机构主要负责为北约军事委员会提供指导。北约成员国作出的与集体防御计划相关的决定，以及关于大西洋联盟军事一体化系统的问题，北约防务计划委员会都负责执行与解决。此外，核准北约军事

---

① North Atlantic Treaty Organization, "Military Committee", last updated: May 28, 2019, https://www.nato.int/cps/en/natolive/topics_49633.htm; North Atlantic Treaty Organization, "Military Organization and Structures", last updated: May 25, 2018, https://www.nato.int/cps/en/natolive/topics_49608.htm.

② 盟军军事行动司令部的前身是欧洲盟军司令部（Allied Command Europe）。盟军转型司令部的前身是大西洋盟军司令部（Allied Command Atlantic）。出于历史、财政和法律方面的原因，盟军军事行动司令部的总部沿用"欧洲盟军最高司令部"（Supreme Headquarters Allied Powers Europe）这一称呼，盟军军事行动司令部的指挥官仍为"欧洲盟军最高司令"（Supreme Allied Commander Europe）。参见 North Atlantic Treaty Organization, "Brief History of Supreme Headquarters Allied Powers Europe", https://shape.nato.int/page129235813.aspx; North Atlantic Treaty Organization, "Who We Are", https://act.nato.int/who-we-are.

③ North Atlantic Treaty Organization, "Supreme Headquarters Allied Powers Europe", https://shape.nato.int.

④ North Atlantic Treaty Organization, "Who We Are", https://act.nato.int/who-we-are.

⑤ 从 1966 年至 2009 年 4 月，法国因退出了北约军事一体化系统而未向北约防务计划委员会派驻代表。

目标及成员国国防部长为北约未来防务计划作出的指导，也在北约防务计划委员会的职责范围之内。①

北约除了拥有军事联盟的特征之外，还具有政治属性。《北大西洋公约》的签署是为了防御和抵抗来自苏联的武装入侵，签署《北大西洋公约》的国家拥有相似的社会制度和相同的意识形态。《北大西洋公约》的缔约国在公约中也声明，除了集体防御任务外，各国还将决心保障基于民主、个人自由及法治原则之上的各国人民的自由、共同传统与文明。②因此，北约也是一个价值观共同体。

北约具有政治职能的表现还在于北约拥有政治一体化体系。北大西洋理事会、国际秘书处等是北约重要的政治机构，为北约作出政治规划并提供政治指导。这些政治机构的运作是北约发挥政治职能的重要依托。自北约成立以来，在决策过程中，北约所有机构和委员会都奉行共识原则。③

北大西洋理事会由北约所有成员国派出的代表组成，是北约级别最高、最重要的政治决策机构，由北约秘书长担任主席。北大西洋理事会的代表分为大使（也称为"常驻代表"）级别、外交部长与国防部长级别，以及国家元首与政府首脑级别三个级别，不同级别的代表见面开会的频率存在差异。大使级别的北大西洋理事会代表至少每周见面一次，或者更频繁。外交部长级别的北大西洋理事会代表每年见面两次。国防部长级别的北大西洋理事会代表每年见面三次。国家元首与政府首脑级别的北大西洋理事会代表见面的频率最低。北大西洋理事会讨论的问题通常是需要作出集体决策的、与大西洋联盟成员安全密切相关的政策问题和军事行动问题。北大西洋理事会作出的决策建立在成员国共同协商与一致同意的基础上，因此北大西洋理事会所作出的决策代表着北约所

---

① North Atlantic Treaty Organization, "The Defense Planning Committee (Archived)", Last Updated: November 11, 2014, https://www.nato.int/cps/en/natohq/topics_49201.htm.

② North Atlantic Treaty Organization, "The North Atlantic Treaty", April 4, 1949, https://www.nato.int/cps/ie/natohq/official_texts_17120.htm.

③ 王义桅等编译：《北约是什么——北约重要历史文献选编之一》，世界知识出版社2013年版，第34页。

有成员国的集体意愿。①

北大西洋理事会的主席北约秘书长在北大西洋理事会中扮演着重要角色。该职位人选由成员国政府任命，基本任期四年，可延长任期。在北大西洋理事会中，北约秘书长有权力提议讨论的议题，负责引导和掌控讨论进程、协助决策进程的顺利进行，以及确保北大西洋理事会作出的所有决定得到贯彻实施。北约秘书长也是北约的首席发言人，在国际场合和媒体面前代表大西洋联盟的成员，其发言反映大西洋联盟成员的共同立场。② 由北约秘书长领导的国际秘书处作为北大西洋理事会的咨询与行政机构，为北大西洋理事会的所有事务进行筹划与跟进，包括向北大西洋理事会提供一系列与北约政治、军事事务相关的政策文件、报道、背景资料等。该机构下设八个职能部门：军种联合情报与安全部（Joint Intelligence and Security Division）、安全挑战应对部（Emerging Security Challenges Division）、政治事务与安全政策部（Political Affairs and Security Policy Division）、防御政策与计划部（Defense Policy and Planning Division）、行动部（Operations Division）、防御投资部（Defense Investment Division）、公共外交部（Public Diplomacy Division）、行政管理部（Executive Management Division）。不同部门相互协调，承担北约的情报分享、危机应对、防御政策发展、行政管理等事务。③

北约的主要特征之一在于，集体防御始终在北约的任务中占据重要地位。在由各成员国签署的《北大西洋公约》里，"集体防御"被多次强调。根据《北大西洋公约》第三条款，为有效实现《北大西洋公约》所设定的目标，缔约国须单独地或共同地，通过有持续性且有效的自助及互助形式，维持并发展其单独及集体抵御武装进攻的能力。在《北大西洋公约》第五条款中，集体防御的内涵得到了具体阐述：对欧洲或北美地区的其中一个或多个北约缔约国的武装攻击，将被视为对全体北约缔

---

① 参见：North Atlantic Treaty Organization, "North Atlantic Council", Last Updated: October 7, 2017, https://www.nato.int/cps/en/natohq/topics_49763.htm#。

② North Atlantic Treaty Organization, "NATO Secretary General", Last Updated: April 13, 2016, https://www.nato.int/cps/en/natohq/topics_50094.htm。

③ North Atlantic Treaty Organization, "International Staff", Last Updated: December 4, 2017, https://www.nato.int/cps/en/natolive/topics_58110.htm#。

约国的武装攻击。当此类武装攻击发生时，北约任一缔约国都拥有行使《联合国宪章》第五十一条所赋予的进行单独或集体自我防御的权利，通过单独及与其他缔约国合作，采取包括使用武力在内的必要行动，即刻为遭受武装进攻的成员国提供援助，以恢复和维持北大西洋区域的安全。① 在冷战时期，集体防御是北约始终坚守的核心任务。苏联解体后，北约虽实现了转型，但未曾放弃集体防御任务。在冷战结束后北约出台的多份重要官方文件中，北约也一直强调集体防御任务的重要性。

美欧在北约中的非对称性关系是北约的另一个主要特征。在军事实力对比、北约军事战略制定与实施、北约的战略走向，以及北约相关法律事务的处理等方面，美国均发挥着主导作用，地位高于其他北约盟国。

自北约成立以来，美国的军事力量始终强于其他盟国，美欧在军事实力上严重不对等。在北约成立前，美国已拥有居资本主义世界榜首的陆军规模、全球范围内阵容最庞大且威力最强劲的空中打击力量，以及世界上数量最多的海军。② 冷战时期，北约虽整合了所有盟国的军事力量，但主要依靠美国的军事实力维持，特别是美国的核威慑。③ 美国在冷战期间为西方国家提供的战略核威慑力量曾高达97%。④ 冷战期间，美国的防务开支一直居于北约首位。20世纪60年代，美国的军费开支一直保持着北约其他盟国军费开支总和两倍之上的水平。20世纪70年代，美国的军费开支稍微有所下降，但也达到了北约其他盟国军费开支总和的1.5倍。⑤ 20世纪80年代中期时，美国承担了北约总防务开支的71%，加拿大承担了2%，欧洲盟国仅承担了27%。⑥ 冷战结束后，美国的军事实力

---

① North Atlantic Treaty Organization, "The North Atlantic Treaty", April 4, 1949, https://www.nato.int/cps/ie/natohq/official_texts_17120.htm.
② 陈佩尧：《北约战略与态势》，中国社会科学出版社1989年版，第20页。
③ [美]亨利·基辛格：《世界秩序》，胡利平等译，中信出版社2018年版，第105页。
④ Hugh Faringdon, *Strategic Geography: NATO, The Warsaw Pact and the Superpowers*, Second Edition, London and New York: Routledge, 1989, p.189.
⑤ 周丕启：《合法性与大战略：北约体系内美国的霸权护持》，北京大学出版社2005年版，第155—156页。
⑥ Hugh Faringdon, *Strategic Geography: NATO, The Warsaw Pact and the Superpowers*, Second Edition, London and New York: Routledge, 1989, p.189.

依然在北约中保持着领先地位，拥有远超于欧洲盟国的在全球范围内执行军事行动的能力。根据大卫·约斯特于2000年冬季发表的一份研究，在"9·11"恐怖袭击发生之前，任何欧洲盟国联合起来所拥有的制定、执行和维持大规模远征行动的能力，都不及美国强大。在所有北约成员国中，只有美国有能力通过发动大规模、远程非核空中打击和导弹袭击的方式，在远离本土的地方投射力量。也只有美国有能力在远离本土的地方部署成百架军事战机，甚至运用有限的设备运输物流以对飞机场进行改造升级。[1] 冷战结束后，北约执行的军事行动多为美国所领导，军事行动的效果也基本取决于美国的军事实力和军事贡献。

自北约成立以来，北约军事战略的制定与实施由美国所主导。美国的国家安全战略与军事战略是北约军事战略制定的基础。冷战时期，北约采用过的军事战略包括于1949年至1953年实行的"大规模地面作战"战略、于1954年至1959年实行的"大规模报复战略"，以及于1960年至1991年实行的"灵活反应"战略。这些战略的名称及具体内容均与美国在相应时期所实行的军事战略相对应。[2] 冷战结束后，美国的军事战略对北约的军事战略仍然有着重要影响。

美国长期控制着北约中的部分重要机构。特别是在冷战时期，美国对北约的战略走向施加了重要影响。冷战期间，北约内部的欧洲盟军最高司令和大西洋盟军最高司令这两个重要职位始终由美国人担任。欧洲盟军司令部下设的北欧、中欧和南欧三个司令部中，中欧和南欧这两个最重要的司令部的司令官也由美国人担任。[3] 大西洋盟军最高司令同时也担任着美国大西洋舰队司令。北约的欧洲盟军最高司令在发展、谈判和执行北约防御计划方面发挥着重要作用。其所在的欧洲盟军司令部虽然从属于北约军事委员会，但其影响力远胜于北约军事委员会，可不通过北约军事委员会直接与北约秘书长及北约各成员国进行联系。因此，美国在相当大的程度上把控着北约作战计划的制定与执行、掌握着北约的

---

[1] David S. Yost, "The NATO Capabilities Gap and the European Union", *Survival: Global Politics and Strategy*, Vol. 42, No. 4, Winter 2000–2001, pp. 98–99.

[2] 陈效卫：《美国联盟战略研究》，国防大学出版社2002年版，第88—89页。

[3] 陈效卫主编：《合作与冲突——战后美国军事联盟的系统考察》，军事科学出版社2001年版，第24—25页。

军事指挥权。冷战期间，美国在北约经历的绝大部分重大战略及方针政策的制定与调整过程中，都扮演着发起者角色。①

在北约法律事务的处理方面，《北大西洋公约》中第十条款、第十一条款、第十三条款及第十四条款规定的内容中都将美国置于优先地位。根据公约的第十条款，对于被邀请加入公约的国家，其入约文件需送存于美国政府，由美国政府随后将收存入约文件的情况通知其他缔约国。根据公约第十一条款，各缔约国遵照本国宪法程序批准《北大西洋公约》后，批准书也需尽快送存至美国政府，之后再由美国政府将每次收存的批准书通知其他缔约国。根据公约第十四条款，具有同等效力的英语和法语公约文本正本将存放于美国政府的档案馆中，由美国政府将副本送交至其他缔约国政府。根据公约第十三条款，公约生效二十年后，任一缔约国若想放弃其缔约国身份，必须首先通知美国政府其废约决定，随后等待一年。废约决定由美国接收后，再由美国转告其他缔约国。② 通过《北大西洋公约》，美国掌握了处理北约相关法律事务的优先权。

三 北约"域外行动"的概念

"域外"（out-of-area）这一术语产生于冷战时期。冷战期间，在北约防区之外频繁发生军事冲突，北约对此予以高度关注。在很长一段时间内，北约的官方文件中将不在北约防区内的地理区域笼统地描述为"北约的防区以外"。1981年5月，北约防务计划委员会为回应苏联入侵阿富汗这一"域外"军事冲突发布了一份官方公报。在这份公报中，北约将防区以外的地域直接称为"域外"。这是"域外"这一术语首次正式出现于北约的官方文件中。③

大多数国外专家学者也认为北约的"域外"指的是北约防区以外的

---

① 周丕启：《合法性与大战略：北约体系内美国的霸权护持》，北京大学出版社2005年版，第158—159，166页。
② North Atlantic Treaty Organization, "The North Atlantic Treaty", April 4, 1949, https://www.nato.int/cps/ie/natohq/official_texts_17120.htm.
③ Gareth Winrow, "NATO and Out-of-Area: A Post-Cold War Challenge", *European Security*, Vol. 3, No. 4, Winter 1994, p. 621.

地理区域。① 其中，北约防务学院的丹尼尔·多尔蒂上校直接指出：北约的"域外"指的是《北大西洋公约》第六条款中规定的地理范围以外的区域。② 美国国家安全政策与国防战略思想家理查德·库格勒也认为：所有非北约成员国所在的地域都属于北约的"域外"，且"域外行动"的定义是从《北大西洋公约》中衍生出来的。③ 因此，界定北约的"域外"之前需明确北约的防区范围。

北约防区的划定过程伴随着美欧之间的互动。20世纪40年代末，几个主要的西方国家虽一致认为苏联是西方面临的最大威胁，但每个国家也有不同的安全担忧侧重点及利益关切。英国外交部长厄恩斯特·贝文希望将所有自由的欧洲国家囊括在北大西洋联盟的防区范围内。这一想法因受到部分成员国的抵制而被搁置。其中，"布鲁塞尔条约组织"成员国明确表示，它们首要关注，同时也最为关注的是自身的安全，并不希望美国与大范围的其他欧洲国家共享安全；它们感兴趣的是一个范围有限的联盟，而不是一个范围广大的联盟。④ 法国认为国内的骚乱和越南、老挝、柬埔寨所在地区持续升级的冲突是亟待解决的安全问题，并且仍旧视德国为一个长期存在的安全威胁。意大利认为获得北约成员国的身份是在西方国家群体中提升自身地位与影响力的手段。此外，几乎所有欧洲盟国都将北约视为获得美国军事援助计划基金的一个跳板。作为北约的主导国，美国面对的一个问题是如何将不同盟国的利益关切聚焦在防御苏联之上。美国认为有必要对保卫盟友的集体安全作出安排。在此情况下，美国与欧洲盟国在华盛顿进行了组建大西洋联盟的预备性会谈。

---

① 参见 Colonel Daniel A. Doherty, "NATO 'Out-of-Area': A Historical Perspective and Post-Cold War Potential", U. S. Army War College, February 1991, p. 3; Torunn Laugen, "Stumbing into A New Role: NATO's Out-of-Area Policy after the Cold War", Institute for Forsvarsstudier, 5/1999, p. 8; Jordan Becker, "Transatlantic Burden Sharing and Out of Area Operations: Afghanistan in the Context of Historic Trends", *Chicago Policy Review*, Vol. 15, Summer 2011, p. 47.

② Colonel Daniel A. Doherty, "NATO 'Out-of-Area': A Historical Perspective and Post-Cold War Potential", U. S. Army War College, February 1991, p. 3.

③ Richard L. Kugler, *U. S. -West European Cooperation in Out-of-Area Military Operations: Problems and Prospects*, Santa Monica: RAND, 1994, p. 9.

④ Frode Liland, "Keeping NATO Out of Trouble: NATO's Non-Policy on Out-of-Area Issues during the Cold War", *Forsvarsstudier*, Institutt for Forsvarsstudier, No. 4, 1999, p. 15.

在会谈进行的过程中，所有与会国都认为必须清晰地勾画出《北大西洋公约》所适用的地理区域。与会国认为，一个仅仅由美国、加拿大和布鲁塞尔条约组织成员国组成的北大西洋安全体系将不会发挥作用，即使是联合这些国家的所有军事资源，也不足以保证它们对许多在地理上分散的国家所做出的安全承诺。因此，与会国认为需对北约的防区划出一条界线。① 经过成员国之间的争论和政治妥协之后，北约防区的界线最终确定了下来。1949年的《北大西洋公约》第六条款对适用于北约集体防御行动的北约防区范围进行了规划。该条款规定："《北大西洋公约》第五条款所述对于一个或数个缔约国之武装攻击，包括对于欧洲或北美任何一缔约国之领土、法国之阿尔及利亚、欧洲任何缔约国之占领军队、北大西洋区域回归线以北任何缔约国所辖岛屿以及该区域内任何缔约国之船舶或飞机之武装攻击在内。"② 《北大西洋公约》第六条款划定的北约防区之外的区域，即为北约的"域外"。

一些学者对北约的"域外行动"作出了界定。美国国家安全政策与国防战略思想家理查德·库格勒将北约的"域外行动"定义为北约为保卫自身利益而在防区边界之外执行的不同规模的任何安全行动。这种利益非常重要，值得动用军事力量来维护。③ 曾担任法国国民议会防务委员会秘书处负责人的米歇尔·德兰认为，"域外行动"指的是北约的对外军事行动。北约执行的"域外行动"与北约成员国的领土安全只有间接的关系。北约在成员国领土范围之外执行的"域外"行动，旨在管理由威胁和平和国际稳定，以及损害参加"域外行动"国家安全利益的冲突而引起的危机。④ 安德鲁·沃尔夫将北约的"域外行动"界定为维和行动或干预行动。在沃尔夫看来，北约执行的"域外行动"不属于集体防御行

---

① "Memorandum by the Participants in the Washington Security Talks, July 6 to September 9, Submitted to Their Respective Governments for Study and Comment", in *Foreign Relations of the United States*, Vol. 3, *Western Europe*, 1948, Washington D. C.：Government Printing Office, 1974, p. 240.

② 刘得手等编译：《北约是什么——北约重要历史文献选编之三、之四》，世界知识出版社2015年版，第34页。

③ Richard L. Kugler, *U. S. -West European Cooperation in Out-of-Area Military Operations：Problems and Prospects*, Santa Monica：RAND, 1994, p. xi.

④ Michel Drain, "L'Allemagne et les Opérations Militaires Extérieures (Opex), Quelle Coopération avec la France?", *CAIRN. INFO*, No. 226, 2018/4, p. 85.

动；北约"域外行动"的目的可在于动用军事资源维护联合国和平条约中倡导的内容，也可以是通过介入某场战斗来推翻某个政府或是击杀恐怖分子。①

学者们对"域外行动"作出的定义具有以下共同点：第一，北约执行的"域外行动"是与安全问题相关的军事行动；第二，北约执行的"域外行动"与北约的利益存在关联，但并不属于《北大西洋公约》第五条设定的军事行动，其性质不是集体防御；第三，北约的"域外行动"意味着对防区以外地区的军事介入，存在军事干预的性质。综上所述，北约的"域外行动"指的是：由北约在《北大西洋公约》第六条款划定的北约防区之外执行的，与北约利益相关但不属于集体防御性质的危机管理行动。

第二节 冷战期间北约的"域外行动"争论与应对

冷战期间，北约未曾执行过"域外行动"。北约在冷战期间的关注点集中在为可能执行的集体防御行动进行准备、规划和军事演练等，确保对北约防区的有效保护。②但个别北约成员国介入了发生在北约防区以外的军事冲突，并在此过程中请求北约给予支持和援助，或者希望动用北约的军事力量进行军事干预。美国和欧洲盟国对于是否应使北约介入"域外"军事冲突展开了争论。由于美欧难以达成一致意见，冷战期间北约没有军事介入"域外"军事冲突。但美欧同时也担忧"域外"军事冲突可能带来的安全威胁，因此在如何应对"域外"军事冲突的问题上达成了一定共识。

一 "域外"军事冲突及美欧争论

冷战期间，北约防区之外发生了多起军事冲突，例如朝鲜战争、苏

---

① Andrew T. Wolff, "The Structural and Political Crisis of NATO Transformation", *Journal of Transatlantic Studies*, Vol. 7, No. 4, December 2009, p. 481.

② North Atlantic Treaty Organization, "Crisis Management", last updated：February 27, 2018, https：//www.nato.int/cps/en/natohq/topics_49192.htm.

伊士运河危机、第一次印度支那战争、第四次中东战争、苏联入侵阿富汗、两伊战争、第一次海湾战争等。每当"域外"军事冲突发生时,北约内部都会讨论应对方式。其中,当面对朝鲜战争、苏伊士运河危机、第四次中东战争、苏联入侵阿富汗和两伊战争这几场"域外"军事冲突时,不同成员国出于不同立场希望北约进行军事介入。美国与欧洲盟国就北约是否应军事介入进行了争论。北约的"域外行动"问题由此产生。由于美欧之间在北约"域外行动"问题上存在意见分歧,北约未介入冷战期间爆发的任何"域外"军事冲突。

朝鲜战争是北约成立后面对的第一个"域外"军事冲突事件。1950年6月25日朝鲜战争爆发。根据联合国安理会第84号决议,联合国组建起了美国领导的"联合国军"干预朝鲜战争。"联合国军"由美国、英国、法国、加拿大、荷兰、比利时、卢森堡、希腊、土耳其、澳大利亚、新西兰、哥伦比亚、南非、埃塞俄比亚、泰国和菲律宾共16个国家派出的作战部队组成。当朝鲜战争这一冷战中的第一次热战发生时,北约刚成立不到一年的时间。这一"域外"军事冲突发生后,北约开始担忧自身的防御能力。1949年《北大西洋公约》签订时,美国在欧洲的驻军数量只有10万人,远低于1945年时的300万;西欧仅拥有12个师用以抵抗苏联西进,其中包括7个法国师、2个美国师、2个英国师和1个比利时师。① 1950年朝鲜战争爆发后,美国和西欧国家迫切地感受到了西欧军事实力的薄弱。因此,部分欧洲盟国不赞成北约军事介入朝鲜战争,认为北约需用仅有的军队保卫自身的安全。例如,挪威认为将过多北约的人力转移至朝鲜半岛,将不利于实现北约保卫北大西洋地区安全的这一总体目标,大西洋联盟考虑的优先事项将被重新安排且后果不可预知。②

1956年10月29日,苏伊士运河危机(又称第二次中东战争、苏伊士运河战争、西奈半岛战役)爆发。在这场危机中,美欧进行了激烈的争论,极大地影响了大西洋联盟的团结。

---

① [美]保罗·肯尼迪:《大国的兴衰:1500—2000年的经济变迁与军事冲突》,陈景彪等译,国际文化出版公司2006年版,第372页。

② Frode Liland, "Keeping NATO Out of Trouble: NATO's Non-Policy on Out-of-Area Issues during the Cold War", *Forsvarsstudier*, Institutt for Forsvarsstudier, No. 4, 1999, pp. 31 – 32.

英法与美国在苏伊士运河问题上持有不同态度，对于是否应通过北约进攻埃及存在意见分歧。1956年7月26日，埃及纳赛尔政府宣布将苏伊士运河公司收归国有，公司全部财产移交埃及，英国和法国对此强烈不满。英法认为，苏伊士运河国有化将影响中东国家对西欧的石油供应、威胁欧洲的工业发展。法国同时还谴责纳赛尔支持阿尔及利亚"叛军"和威胁地区安全的行为，认为北约盟友应当出面干涉、支持法国。[1] 时任英国首相罗伯特·安东尼·艾登声称，纳赛尔将苏伊士运河国有化的举动，好比德国占领莱茵地区和1948年苏联封锁柏林，绝对不能被容忍。[2] 艾登还将苏伊士运河纠纷与北约的利益相联系，强调：近几年，中东地区油田的开采及西欧国家对这些油田的严重依赖，使得苏伊士运河的重要性日益凸显。1955年，有14666艘船只从这条运河上经过，其中四分之三来自于北约国家，来自英国的船只数量几乎占到了三分之一。[3] 时任美国总统德怀特·戴维·艾森豪威尔和时任美国国务卿约翰·福斯特·杜勒斯虽然也反感纳赛尔将苏伊士运河国有化，但认为比起苏伊士运河国有化，武力攻击纳赛尔将令西方的利益遭受更大程度的损失。美国提出和执行了一系列外交倡议，试图通过和平的手段平息苏伊士运河纠纷、防止英国和法国诉诸武力。为防止苏伊士运河问题发展为战争，美国甚至不准许北大西洋理事会对苏伊士运河问题进行讨论。[4] 美国还公开反对利用北约发动对埃及的军事进攻。杜勒斯在一次新闻发布会上指出，对于《北大西洋公约》内所提及的特定的地理范围，北约是一定会予以保卫的。但苏伊士运河所在的区域并不属于《北大西洋公约》规定的北约

---

[1] North Atlantic Treaty Organization, "Report of the Committee of Three", last updated: October 5, 2017, https://www.nato.int/cps/en/natohq/topics_65237.htm; Christian Pineau, "Statement in the Assemble Nationale (3 August)", in Nobel Frankland, ed., *Documents on International Affairs*, Oxford: Royal Institute of International Affairs, Oxford University Press, 1956, pp. 140–150.

[2] Peter L. Hahn, *The United States, Great Britain and Egypt, 1945–1956: Strategy and Diplomacy in the Early Cold War*, Chapel Hill and London: The University of North Carolina Press, 1991, p. 218.

[3] Anthony Eden, *Full Circle: The Memoirs of Anthony Eden*, Boston: Houghton Mifflin, 1960, p. 474.

[4] Peter L. Hahn, *The United States, Great Britain and Egypt, 1945–1956: Strategy and Diplomacy in the Early Cold War*, Chapel Hill and London: The University of North Carolina Press, 1991, pp. 211–218.

防区内。①

　　为重新掌控苏伊士运河，英国和法国采取了一系列措施。自1956年8月至1956年10月，英法寻求通过国际机制介入苏伊士运河问题，但未能如愿。当通过和平方式解决苏伊士运河问题的尝试宣告失败后，英国和法国决定诉诸武力，联合以色列一同对埃及发动了军事进攻。英法的举措引起了以美国为代表的北约盟国的不满。美国认为英法企图将北约盟友拖入战争，并对此感到愤怒。德国、意大利和斯堪的纳维亚国家也批评英国和法国处理苏伊士运河纠纷的方式，并且表示不希望美国向英法妥协而对纳赛尔采取强硬手段。② 最终，美国从经济领域和外交领域向英法施加压力。苏联也威胁英、法、以三国，并向美国建议进行紧急合作以阻止英、法、以对埃及的军事攻击。最终，英法在多重压力下被迫停火并撤离了埃及。

　　国家利益差异是导致美欧在此次"域外"军事冲突中对北约的"域外行动"存在意见分歧的主要原因。英法坚持对埃及发动军事进攻，主要是为维护其自身的经济利益。英国还期望通过夺回苏伊士运河的控制权来恢复其在埃及和中东地区的政治影响力。与英法相比，美国在苏伊士运河地区并不存在太多的经济利益。当时，美国进口的石油中最多仅有5%需经苏伊士运河运输。美国国务院内部的法律专家也认为，苏伊士运河国有化并不会威胁美国的经济利益。③ 美国反对英法通过北约武力进攻埃及的主要原因，是担忧武力进攻埃及将对美国和美国领导的北约造成负面的政治影响、损害美国及北约的政治利益。20世纪50年代，全球范围内的殖民地独立浪潮已势不可挡，欧洲的殖民体系逐渐被摧毁。考虑到英法与埃及的历史纠葛，特别是英国在埃及的殖民历史，美国担忧

---

① John Foster Dulles, "Reply by Mr. Dulles at A Press Conference concerning Reports of Differences between the United States and Britain and France regarding the Suez Canal Users Association (2 October)", in Nobel Frankland, ed., *Documents on International Affairs*, Oxford: Royal Institute of International Affairs/Oxford University Press, 1956, p. 248.

② Douglas Stuart and William Tow, *The Limits of Alliance: NATO Out-of-Area Problems since 1949*, Baltimore: Johns Hopkins University Press, 1990, p. 60.

③ Peter L. Hahn, *The United States, Great Britain and Egypt, 1945–1956: Strategy and Diplomacy in the Early Cold War*, Chapel Hill and London: The University of North Carolina Press, 1991, p. 213.

以北约的名义发动军事进攻会使得其他国家，特别是发展中国家将美国和北约的行动与殖民主义相挂钩。在杜勒斯看来，倘若北约军事介入苏伊士运河危机，外界将可能认为是北约在主导苏伊士运河问题的政策，如此一来，大西洋联盟将沦为反北约、反白人、反殖民主义国家的出气筒。因此，杜勒斯主张绝不能让苏伊士运河问题成为北约的问题。[1] 与此同时，艾森豪威尔和杜勒斯都认为，在美苏对峙的国际背景下，武力攻击埃及将摧毁西方国家在发展中国家中的声望，苏联将趁机增强其在中东地区的影响力。[2] 当英法对埃及发动军事进攻后，杜勒斯埋怨英法的进攻是直截了当的、明显的殖民主义行为。艾森豪威尔更是反问道："在支持英法将使美国失去整个阿拉伯世界的情况下，我们（美国）怎么可能去支持英法呢？"[3] 艾森豪威尔和杜勒斯甚至在英法进攻埃及后决定使美国领导起针对英法的反殖民主义行动。杜勒斯担忧，倘若美国不承担起这项领导权，所有新独立的发展中国家将抛弃西方国家、转而拥戴苏联，美国也将被认为永远束缚于英法的殖民主义政策中。艾森豪威尔也主张美国必须防止这种情况的发生，防止苏联扩大在发展中国家中的影响力、防止苏联取得在发展中国家中的领导地位。[4]

美国反对英法通过北约军事进攻埃及的另一个原因是出于对美苏对峙的担忧。美国担忧，在美苏缓和的国际背景下，以北约的名义军事介入苏伊士运河危机将导致美苏发生直接冲突。从20世纪50年代中期开始，美苏关系进入了历史上的第一次缓和。1953年斯大林逝世后，逐渐掌握了苏联党政大权的赫鲁晓夫开始调整苏联的对外政策。以"和平共处""和平竞赛"和"和平过渡"为核心内容的新外交政策标志着苏联

---

[1] Timothy Andrews Sayle, *Enduring Alliance: A History of NATO and the Postwar Global Order*, New York: Cornell University Press, 2019, p. 33.

[2] Peter L. Hahn, *The United States, Great Britain and Egypt, 1945–1956: Strategy and Diplomacy in the Early Cold War*, Chapel Hill and London: The University of North Carolina Press, 1991, p. 218.

[3] Timothy Andrews Sayle, *Enduring Alliance: A History of NATO and the Postwar Global Order*, New York: Cornell University Press, 2019, p. 33.

[4] Peter L. Hahn, *The United States, Great Britain and Egypt, 1945–1956: Strategy and Diplomacy in the Early Cold War*, Chapel Hill and London: The University of North Carolina Press, 1991, p. 232.

对美国已从全面对抗转为寻求缓和。也是在1953年，艾森豪威尔入主白宫担任美国总统。艾森豪威尔政府也提出了新战略。美苏开始共同探讨国际和平秩序的构建。美苏拥有的共识是避免正面的冲突。美国并不希望因为英法的殖民主义利益而最终被卷入与苏联的对抗，破坏美苏之间的缓和。因此，当杜勒斯于1956年8月主持召开一场由18个国家代表参加的会议讨论和平解决苏伊士运河危机时，他最关心的问题便是要阻止苏伊士运河危机升级为美苏之间的一场直接对峙。①

进入20世纪70年代后，国际形势发生了变化。美国在70年代前期实行战略收缩，且失去了对苏联的战略核优势。苏联的军事实力迅猛发展，开始在亚非地区进行扩张，谋求世界霸权。70年代中期开始，美国逐渐对苏联采取强硬立场。在70年代和80年代初，北约所面对的"域外"军事冲突主要发生在中东地区，或是与中东国家有关。北约不介入这些"域外"军事冲突的原因，是美国和欧洲盟国对北约的军事介入存在意见分歧。但与50年代苏伊士运河危机中美欧分歧的表现形式不同的是，面对70年代和80年代初发生的"域外"军事冲突，美国主张通过北约进行军事干预，欧洲盟国总体而言不支持美国的主张。

1973年10月6日，埃及和叙利亚对以色列发动军事进攻，爆发了第四次中东战争（也被称为斋月战争、赎罪日战争）。由于苏联在这场战争中为埃及和叙利亚提供了军事援助，美国认为这场战争意味着东西方之间的对抗。曾任美国副国务卿的尤金·罗斯托担忧，倘若阿拉伯国家在这次战争中赢得了胜利，阿拉伯国家将完全依靠苏联来提供安全保护。他认为：阿拉伯国家对以色列的这场攻击，是二战结束以来苏联对大西洋联盟发动的最严重、最根本的一次打击，并且这个举动经过了精心准备、十分大胆，旨在摧毁欧洲、拆散北约、将美国赶出地中海和欧洲。②欧洲盟国对这场"域外"军事冲突有不同看法。部分欧洲盟国与阿拉伯国家之间存在历史联系，部分欧洲盟国对阿拉伯国家存在能源依赖，这

---

① Timothy Andrews Sayle, *Enduring Alliance: A History of NATO and the Postwar Global Order*, New York: Cornell University Press, 2019, p. 33.

② Colonel Daniel A. Doherty, "NATO 'Out-of-Area': A Historical Perspective and Post-Cold War Potential", U. S. Army War College, February 1991, p. 26.

些都影响着欧洲盟国对此次"域外"军事冲突的态度。① 当美国前往以色列提供援助时，大部分欧洲盟国拒不将本国领土或领空提供给美国使用。②

1979年年底，苏联入侵阿富汗，这一"域外"军事冲突再度引发了美欧之间对北约"域外行动"的激烈争论。入侵阿富汗之后，苏军来到了距波斯湾仅六十万米的地方，轻而易举地便能侵袭这个对西方工业国家而言至关重要的石油供应地③，美国对此十分担忧。作为对苏联入侵阿富汗的回应，时任美国总统吉米·卡特于1980年1月23日在国情咨文中提出了一项针对海湾地区的外交政策声明。根据这份被称为"卡特主义"的声明，美国会将任何域外势力企图控制波斯湾地区的行为视为对本国切身利益的攻击，并将动用包括军事力量在内的一切必要手段击退这种攻击。④ 美国同时也希望借助北约的军事力量对苏联实施打击，于是声称苏联入侵阿富汗对美国和西方国家都构成了战略性的挑战，并主张大西洋联盟从全球战略的角度来审视这一"域外"事件。⑤ 卡特还将苏联的行动描述为"侵略"行为，声称这是苏联全球扩张主义的体现，是二战结束以来世界和平所面临的最大威胁。他呼吁北约的欧洲盟国支持美国在西南亚的阿富汗即将执行的军事行动。⑥ 部分欧洲盟国虽也承认苏联入侵阿富汗不可接受，并公开谴责了苏联的行为，但并不赞成美国通过北约采取强硬手段介入这一"域外"军事冲突。法国不仅反对针对苏联的任何制裁措施，而且拒绝在北约内部商议针对苏联的回应举措。法国甚至

---

① Lawrence S. Kaplan, *NATO and the United States: The Enduring Alliance*, Boston: Twayne Publishers, 1988, pp. 136 – 137.

② Lawrence S. Kaplan, *NATO and the United States: The Enduring Alliance*, Boston: Twayne Publishers, 1988, pp. 136 – 137.

③ Maurizio Cremasco, "Do-it-Yourself: The National Approach to the Out-of-Area Question", in Joseph I. Coffey and Gianni Bonvicini, eds., *The Atlantic Alliance and the Middle East*, Basingstoke and London: Macmillan Press Ltd., 1989, p. 149.

④ "State of the Union: Address Delivered before A Joint Session of the Congress", *Public Papers of the Presidents of United States*, *Jimmy Carter*, 1980 – 1981, Vol. 1, Washington D. C.: Government Printing Office, 1981, p. 197.

⑤ 陈佩尧:《北约战略与态势》，中国社会科学出版社1989年版，第448页。

⑥ Douglas Stuart and William Tow, *The Limits of Alliance: NATO Out-of-Area Problems since 1949*, Baltimore: Johns Hopkins University Press, 1990, pp. 88 – 89.

还派出了一个代表团赴莫斯科商议阿富汗问题,以显示本国并不是在北约的框架下回应阿富汗问题。德国当时的天然气大量进口自东方国家,与苏东国家一年的贸易额达五百万美元,因而不愿破坏与苏东国家的经济联系,主张对苏联的制裁应在联合国中讨论决定,而不应在北约内部商议。① 许多欧洲国家的专家也认为美国此时提出的政策倡议是"在用简单的方法回应复杂的问题……总被过早地制定出、缺乏适当性,或者就是错误的。"②

美欧对北约"域外行动"的意见分歧引发了二者之间的矛盾。为促使欧洲盟国在这起"域外"军事冲突中发挥更加积极的作用,美国向欧洲盟国施加压力,明里暗里将欧洲盟国是否支持美国军事介入此次"域外"军事冲突与维持美国在欧洲的驻军问题相挂钩。③ 卡特甚至表示:如果欧洲仍旧不支持美国,美国公众将越来越怀疑欧洲盟友存在的价值,美国将使最初对欧洲盟国所做出的安全承诺转移至世界范围内的其他地方,这对于欧洲和美国而言都将毫无益处。④ 但美国最终仍未能成功说服欧洲盟国对苏联采取一致的强硬政策。欧洲盟国无意对美国的"卡特主义"作出回应。1980 年 4 月,美国正式要求北约盟国共同分担在波斯湾地区部署军队时产生的军事和财政负担,欧洲盟国亦未积极响应。⑤ 20 世纪 80 年代,在美苏关系最为紧张的这一时刻,欧洲盟国甚至不顾美国里根政府的强烈反对,努力推进连接西欧与苏联的天然气管道建设,与苏联形成了经济上的相互依赖关系。⑥

---

① Colonel Daniel A. Doherty, "NATO 'Out-of-Area': A Historical Perspective and Post-Cold War Potential", U. S. Army War College, February 1991, pp. 35 – 36.

② William B. Quandt, "The Western Alliance in the Middle East: Problems for US Foreign Policy", in Steven L. Spiegel, ed., *The Middle East and the Western Alliance*, London: George Allen & Unwin Publishers Ltd., 1982, p. 13.

③ Douglas Stuart and William Tow, *The Limits of Alliance: NATO Out-of-Area Problems since 1949*, Baltimore: Johns Hopkins University Press, 1990, p. 95.

④ Jimmy Carter, *Keeping Faith: Memoirs of A President*, Toronto: Bantam Books, 1982, pp. 587 – 588.

⑤ Charles A. Kupchan, *The Persian Gulf and The West: The Dilemmas of Security*, Boston: Allen and Unwin, 1987, pp. 182 – 183.

⑥ [美] 约翰·伊肯伯里:《大战胜利之后:制度、战略约束与战后秩序重建》,门洪华译,北京大学出版社 2008 年版,第 203 页。

1980年9月22日，不断激化的政治、宗教矛盾和愈加激烈的边界武装冲突促使伊朗和伊拉克之间爆发了战争。在讨论如何回应这场"域外"军事冲突时，美欧再度在北约"域外行动"问题上产生了意见分歧。美国担忧两伊战争将对霍尔木兹海峡这一进入波斯湾的唯一水道造成影响。1980年10月，时任美国国防部长哈罗德·布朗提议组建联合海军部队执行共同的海上行动，为通过霍尔木兹海峡的船只提供安全保障。但美国的提议未能得到北约欧洲盟国的认可。在苏联已对印度洋上西方的一体化海军部队显示出敌意的情况下，法国、英国和意大利担忧，正式的西方军事存在不仅将招致中东地区国家的反感，而且可能招致苏联回击、将一场海湾地区的危机激化为东西方之间的对峙。此外，欧洲盟国担忧出现在印度洋上的联合海军部队将与北约海上特遣部队过度相似，令外界误认为北约私下扩大了防区范围。最终，北约并未以集体的名义介入这场战争，英国、法国等欧洲盟国以国家的名义为美国在印度洋和阿拉伯海的海上军事行动提供了军事支持。①

20世纪70年代和80年代初发生的几场"域外"军事冲突都直接或间接地涉及中东问题。国家利益差异是致使美欧无法达成北约"域外行动"共同立场的主要原因之一。欧洲国家十分了解波斯湾及中东其他地区的石油对欧洲经济发展的重要性，并深知苏联直接或间接控制这些石油输出地区都将对欧洲造成政治压力并危及欧洲的工业发展。② 在这几场"域外"军事冲突发生时，部分欧洲盟国严重依赖中东国家的石油进口，并与阿拉伯国家有密切的贸易往来。部分欧洲盟国与苏东集团国家也保持着贸易往来。因此，一方面，欧洲盟国并不希望以北约的名义介入与中东国家相关的"域外"军事冲突，担心与阿拉伯国家的关系将因此而受到损害，致使石油贸易受到不利影响。另一方面，欧洲盟国也担忧以北约的名义介入与中东国家相关的"域外"军事冲突将引发东西方对峙，

---

① Maurizio Cremasco, "Do-it-Yourself: The National Approach to the Out-of-Area Question", in Joseph I. Coffey and Gianni Bonvicini, eds., *The Atlantic Alliance and the Middle East*, Basingstoke and London: Macmillan Press Ltd., 1989, pp. 172–173.

② Maurizio Cremasco, "Do-it-Yourself: The National Approach to the Out-of-Area Question", in Joseph I. Coffey and Gianni Bonvicini, eds., *The Atlantic Alliance and the Middle East*, Basingstoke and London: Macmillan Press Ltd., 1989, pp. 147–149.

从而对自身的经济利益和安全利益都造成打击。值得一提的是，20世纪80年代早期，一些欧洲国家的民众也反对北约卷入"域外"军事冲突事件中。民众普遍担忧发展中国家会将北约对"域外"军事冲突的介入视为殖民主义的复兴，并惧怕北约卷入"域外"军事冲突事件将使地区冲突演变为东西方之间的对抗。[1]

在这几场"域外"军事冲突中，苏联都没有对北约造成直接的军事威胁。但在美苏关系愈加紧张的历史背景下，美欧在分析北约面对的"域外"军事冲突时一直考量苏联在这些"域外"军事冲突中扮演的角色。除考虑经济利益外，美欧还担忧这些"域外"军事冲突已经或可能涉及苏联的军事介入，从而对北约造成安全威胁。美欧对于应对苏联带来的潜在安全威胁的方式存在意见分歧，这是北约未能执行"域外行动"介入"域外"军事冲突的又一个原因，反映出了美欧战略文化差异对北约成员国"域外行动"的制约作用。

美欧战略文化的差异集中体现为对武力使用的不同态度。美国倾向于从美苏全球竞争的角度看待中东地区的问题，认为美苏在中东进行的是零和博弈。[2] 在苏联入侵阿富汗这场"域外"军事冲突中，苏联是军事进攻的直接发动者，对此美国积极主张联合北约盟国予以军事回击。在第四次中东战争中，苏联间接地参与其中，美国同样也将这场"域外"军事冲突提升到了东西方对峙的高度，并向北约欧洲盟国渲染这场"域外"军事冲突的威胁。当选择应对"域外"军事冲突的方式时，美国往往倾向于首先诉诸武力。欧洲盟国则反感美国在中东问题上的"过激反应"(overreaction)。对于苏联，欧洲盟国一方面对其有所防御，另一方面也一直寻求与其合作。应对中东地区的"域外"军事冲突时，欧洲相比起美国而言更倾向于在平等的基础上，不分敌友地与该地区国家进行合作。与此同时，欧洲盟国还认为应与包括苏联在内的冲突当事国一同

---

[1] Charles A. Kupchan, "NATO and the Persian Gulf: Examining Intra-Alliance Behavior", *International Organization*, Vol. 42, No. 2, Spring 1988, p. 338.

[2] Joseph I. Coffey, "Conclusions and Recommendations", in Joseph I. Coffey and Gianni Bonvicini, eds., *The Atlantic Alliance and the Middle East*, Basingstoke and London: Macmillan Press Ltd., 1989, pp. 273 – 274.

探寻和平解决冲突的方式。① 许多西欧盟国认为武力的使用不仅不恰当，而且多数情况下效果不佳。② 美欧的战略文化差异导致多数情况下，欧洲盟国都在动用北约军事力量干预"域外"军事冲突的问题上与美国有不同见解。美国因此难以调动北约集体的军事资源实现其自身的目的。

总而言之，北约在冷战期间始终关注着防区之外发生的军事冲突。在不同的历史时期，当面对不同的"域外"军事冲突时，美国和欧洲盟国在各不相同的国家利益驱使之下，就北约的"域外行动"问题进行了争论。国际局势、国家利益，以及美欧的战略文化差异，是影响美欧对北约"域外行动"态度的重要因素，三种因素相互作用、相互影响。

二 北约对"域外"军事冲突的应对

冷战期间，虽然美欧之间在北约"域外行动"问题上的分歧令北约无法执行"域外行动"，但北约以发布官方文件的形式，鼓励有能力和有意愿的成员国以国家的名义介入"域外"军事冲突，从而维护大西洋联盟的利益。

在北大西洋理事会于1952年12月17日通过的针对印度支那地区事务的决议中，北约赞赏法国及其他相关国家在印度支那地区的战斗行为。在北约看来，法国及其他提供援助的国家在东南亚地区执行的军事行动，符合大西洋联盟的目标与理想。因此，北约在决议中声明，法国领导的在印度支那的军事行动应得到来自北约成员国政府的持续支持。③ 北约虽并未声明将为法国的行为提供军事援助，但表现出了对法国介入印度支那地区事务的积极态度。这份决议表明，北约鼓励单独某个成员国在北约防区外执行与大西洋联盟利益密切相关的军事行动。

---

① Reinhardt Rummel, "Political Perceptions and Military Responses to Out-of-Area Challenges", in Joseph I. Coffey and Gianni Bonvicini, eds., *The Atlantic Alliance and the Middle East*, Basingstoke and London: Macmillan Press Ltd., 1989, p. 205.

② Joseph I. Coffey, "Conclusions and Recommendations", in Joseph I. Coffey and Gianni Bonvicini eds., *The Atlantic Alliance and the Middle East*, Basingstoke and London: Macmillan Press Ltd., 1989, p. 276.

③ "Support by NATO of the French Union Defense Efforts in Indochina: Resolution Adopted by the North Atlantic Council", December 17, 1952, Department of State Bulletin, January 5, 1953, p. 4, in *The Pentagon Papers*, Gravel Edition, Vol. 1, Boston: Beacon Press, 1971, p. 591.

1956年发生的苏伊士运河危机给北约造成了冲击。危机结束后，北约开始考虑部分成员国在北约防区外执行军事活动的可能性与必要性，并倾向于将二者与北约的集体防御目标相结合、提高北约军事行动的灵活性。1957年5月23日，北约发布了一份关于地区全面防御战略的官方文件。文件中，北约强调，为了保持北约防区内的和平与安全，在不忽视北约地区安全的前提下，应注重消除苏联在防区外的地域施加的有损北约的影响。为此，应在切实可行的情况下，维持特定成员国在军事行动方面的灵活性。文件中指出：在设立高效的组织机构及为北约军队配置装备时，应考虑到某些成员国需动用部分派驻于北约的军队在防区外履行防务承诺，包括在全球范围内应对由苏联挑起的多种多样、形式变化的"共产主义威胁"。同时，成员国的此类需要应与其对北约的承诺保持一致，并与保卫北约防区这一首要使命相协调。① 在同一时间出台的《战略概念执行措施》中，北约重申：部分成员国将可能因本国需要而在防区外动用其部分分派至或预留于北约的军队。成员国的军队在保留行动灵活性的同时，需使其在防区外执行的行动与守卫北约防区这一首要任务相协调。②

　　1967年12月，北约发布了《联盟的未来任务：北大西洋理事会报告》③。在这份报告的制定过程中，北约防区以外发生的军事冲突及北约的应对问题受到了关注。报告的制定者对这些问题进行了讨论。相关讨论小组由荷兰学者康斯坦丁·帕丁领导。对于北约是否能在防区之外采取军事行动，该小组持否定态度。④ 帕丁认为，北约盟国在防区以外的问题上无法达成一致意见，这对北约不利。为此，他建议由最具实力和意愿的成员国，就具体的防区外问题或具体的域外地理区域展开磋商，从

---

① North Atlantic Treaty Organization, "A Report by the Military Committee on Overall Strategic Concept for the Defense of the North Atlantic Treaty Area", *NATO Strategy Documents 1949 – 1969*, https://www.nato.int/docu/stratdoc/eng/a570523a.pdf.

② North Atlantic Treaty Organization, "A Report by the Military Committee on Measures to Implement the Strategic Concept", *NATO Strategy Documents 1949 – 1969*, https://www.nato.int/docu/stratdoc/eng/a570523b.pdf.

③ 此报告又名：《哈默尔报告》(Harmel Report)。

④ Evanthis Hatzivassiliou, "Out-of-Area: NATO Perceptions of the Third World, 1957 – 1967", *Cold War History*, Vol. 13, No. 1, 2013, p. 84.

而促进北约内部在这方面形成共同的政策。① 帕丁的建议得到了采纳。最终版本的报告规定：在北约防区以外出现的危机与冲突可能直接地或通过影响国际平衡的方式威胁北约的安全。北约成员国将在联合国及其他国际组织的框架内，单独地为维护国际和平与安全及解决重大国际问题作出贡献。为此，有意愿采取此类行动的成员国可依据既定惯例、根据事态发展的情况，不受拘束地展开磋商。②

苏联入侵阿富汗后，北约鼓励有能力和有意愿的成员国派遣军队奔赴防区之外执行军事行动。在北大西洋理事会于1980年12月发布的会议公报中，北约谴责苏联入侵阿富汗的行为，认为苏联的入侵行为对整个西南亚地区造成了巨大影响，而西南亚地区关系到北约成员国的安全乃至整个国际社会的安全利益。公报声明，某些北约国家将单独采取行动以减缓西南亚地区的紧张局势。③

第三节 "域外"军事冲突对北约的影响

冷战期间，北约虽未曾军事介入"域外"军事冲突，但一直密切关注"域外"军事冲突的进展及其可能对北约造成的影响。美欧虽在"域外行动"的执行问题上一直存在意见分歧，但均担忧"域外"军事冲突将对大西洋联盟的安全造成的影响。"域外"军事冲突提升了北约对"域外行动"必要性的认识，并促使北约为执行"域外行动"进行军事和政治方面的准备。

一 提升对"域外行动"必要性的认识

冷战期间，在美苏对峙的国际格局下，集体防御始终是北约的首要

---

① Sten Rynning, "The Divide: France, Germany and Political NATO", *International Affairs*, Vol. 93, No. 2, 2017, p. 283.

② North Atlantic Treaty Organization, "The Future Tasks of the Alliance: Report of the Council (The Harmel Report)", December 13 – 14, 1967, https://www.nato.int/cps/en/natohq/official_texts_26700.htm.

③ 许海云等编译：《北约是什么——北约重要历史文献选编之二》，世界知识出版社2014年版，第8页。

任务。但随着"域外"军事冲突的爆发,北约意识到,防区外发生的军事冲突虽不是针对北约的直接军事攻击,但却能通过其他方式间接地威胁北约防区的安全;特别是当苏联介入"域外"军事冲突后,北约更面临着与苏东集团直接对峙的风险。因此,北约逐渐重视"域外"军事冲突将为北约带来的安全威胁,提升了对"域外行动"必要性的认识。

在苏伊士运河危机结束几个月之后,1957年5月23日,北约发布了《北约地区全面防御战略概念》及48/2号《战略概念执行措施》。在这两份官方文件中,北约表达了对苏联在北约防区外进行的政治、经济活动的担忧。[①] 1967年,当北约内部在研究制定《联盟的未来任务:北大西洋理事会报告》时,涉及北约防区外问题的讨论小组组长帕丁明确指出,防区外安全问题的重要性已日益凸显。[②] 在1967年12月发布的最后文件中,北约正式声明《北大西洋公约》内所涵盖的地区不应隔绝于世界其他地区;北约防区外出现的危机与冲突可能直接地或通过影响国际平衡的方式威胁北约的安全。[③] 苏联入侵阿富汗之后,尽管美欧在这起"域外"军事冲突的应对方式上意见不一致,但最终在这起"域外"军事冲突所造成的威胁这一问题上还是达成了共识。1980年5月,北约防务计划委员会发布了一份公报。在公报中,北约成员国的外交部长们强调,防区以外国家的安全、稳定与主权独立涉及北约成员国的共同利益。北约防区以外的地区遭受武装侵略将可能威胁大西洋联盟成员的核心利益,这是北约应当关注的事情。阿富汗所在的西南亚区域的稳定,以及来自这片区域的重要商品的安全供应,对北约而言至关重要。[④]

---

① Public Diplomacy Division of North Atlantic Treaty Organization, "NATO A-Z Pages", Brussels, December 2014, p. 24, https://www.nato.int/nato_static_fl2014/assets/pdf/pdf_publications/20150316_2014_AZ_pages.pdf.

② Sten Rynning, "The Divide: France, Germany and Political NATO", *International Affairs*, Vol. 93, No. 2, 2017, p. 283.

③ North Atlantic Treaty Organization, "The Future Tasks of the Alliance: Report of the Council (The Harmel Report)", December 13 – 14, 1967, https://www.nato.int/cps/en/natohq/official_texts_26700.htm.

④ Defense Planning Committee of North Atlantic Treaty Organization, "Final Communiqué", May 1980, https://www.nato.int/docu/comm/49 – 95/c800513a.htm; Defense Planning Committee of North Atlantic Treaty Organization, "Final Communiqué", Brussels, May 6 – 7, 1981, https://www.nato.int/docu/comm/49 – 95/c820506a.htm.

随着"域外"军事冲突的频繁出现,对"域外"安全威胁的分析出现在北约官方文件中的次数也逐渐增多。在意识到"域外行动"必要性的基础上,北约在坚守集体防御的同时开始为执行"域外行动"进行军事和政治方面的准备。

二 加强执行"域外行动"的军事政治准备

冷战期间,北约面对的"域外"军事冲突促使北约在军事和政治方面为"域外行动"的执行做出准备。面对不同的"域外"军事冲突,北约的军事和政治准备工作各有侧重。

朝鲜战争爆发后,美国决心将承担普通军事义务的北约打造为一个可进行地面作战的联盟,以防止苏联侵占西欧。[1] 西欧国家也同意建立地面部队,防止苏联的直接武装进攻。由于当时美国、英国、法国和意大利国内都出现了许多政治和经济问题,建立地面部队需要重新武装德国以增强西欧的军事力量。[2] 经美欧磋商后,1950 年 12 月,北约外长们就重新武装德国的问题达成了妥协,在原则上同意德国军队以团为单位并入北约的部队中,德国军队的人数不超过总兵力的 20%。[3] 此外,北约成员国同意在北约内建设一个一体化的军事指挥机构,由一位总指挥官负责指挥北约在欧洲的军队。1950 年 12 月 19 日,北大西洋理事会任命艾森豪威尔出任第一任欧洲盟军最高司令。艾森豪威尔自 1951 年年初开始着手领导建立欧洲盟军最高司令部。[4] 朝鲜战争是北约成立后面对的第一场"域外"军事冲突,对北约产生了重大影响:令北约吸收了德国的武装力量并成立了一个一体化的军事指挥机构。北约在一定程度上实现了军事实力的增长和军事体系的完善。

苏伊士运河危机使北约意识到了北约内部缺乏集体政治磋商能力和

---

[1] [美]保罗·肯尼迪:《大国的兴衰:1500—2000 年的经济变迁与军事冲突》,陈景彪等译,国际文化出版公司 2006 年版,第 379 页。

[2] [美]华·惠·罗斯托:《美国在世界舞台上——近期历史试论》,北京编译社译,世界知识出版社 1964 年版,第 287 页。

[3] [美]沃尔特·拉弗贝:《美苏冷战史话 1945—1975》,游燮庭、徐复、陶朔玉译,朔望校,商务印书馆 1980 年版,第 119—120 页。

[4] North Atlantic Treaty Organization,"1949 - 1952:Creating A Command Structure for NATO", https://shape.nato.int/page14612223.aspx.

成员国政治合作意愿淡薄这两方面的问题。为防止类似的美欧矛盾再度产生,北约决定促进针对"域外"问题的磋商机制,从而确保成员国在"域外"问题上采取共同立场、实施集体行动。在苏伊士运河危机爆发前,1956年5月5日,北大西洋理事会便委托时任加拿大外交部长莱斯特·皮尔森、时任意大利外交部长盖伊塔诺·马提诺及时任挪威外交部长哈尔瓦德·兰格三人合力撰写一份报告。报告的目的在于就以下两个主要方面为北大西洋理事会提出建议:一是促进北约盟国在非军事领域的合作;二是加强北约内部政治磋商以增进联盟内部的凝聚力和联盟统一。正当三位部长起草报告时,苏伊士运河危机爆发了。在吸取苏伊士运河危机的教训后,1956年11月14日,三位部长再次相聚纽约,重新审查并修改报告。名为《三智者报告》的报告定稿于1956年12月13日被呈交至北大西洋理事会。[1] 此份报告中突出强调了"磋商"的含义与意义,指出:在北约内进行的磋商不仅仅意味着信息的相互交换,也不只是令北大西洋理事会知晓成员国在国家层面已经作出的决定。磋商更意味着在政策制定的早期、在成员国固定了国家立场之前,集体对问题进行讨论。磋商最起码需实现的目的,是保证任何成员国都不可在其他成员国不知情的情况下单独采取行动。磋商所能达到的最好效果,是北约就影响共同利益的问题形成集体层面的决策。[2] 报告就加强北约的集体政治磋商提出了三点重要建议:一是当任何可能严重影响北约的事情发生时,成员国需将其发展状况告知北大西洋理事会,为有效的政治磋商提前做准备;二是每个成员国以及北约秘书长都有权利,在北大西洋理事会中提出涉及北约共同利益而非单独某国利益的议题;三是在事先未经充分磋商的情况下,任何成员国都不能对任何严重影响北约或北约成员国的事情采取措施或发表政治宣言,除非事先磋商明显不可能进行或被

---

[1] North Atlantic Treaty Organization, "The Three Wise Men Report and the Origins of the NATO Science for Peace and Security Programme", last updated: December 13, 2016, https://www.nato.int/cps/en/natohq/news_139363.htm?selectedLocale=en.

[2] North Atlantic Treaty Organization, "Text of the Report of the Committee of Three on Non-Military Cooperation in NATO", *in The North Atlantic Treaty Organization: Facts and Figures*, Brussels: NATO Information Service, 1989, pp. 389 – 390, https://archives.nato.int/uploads/r/null/1/4/145727/0048_NATO_Facts_and_Figures_1989_ENG.pdf.

证实不可能进行。①

苏联入侵阿富汗是苏联全球扩张战略的实践，同时也标志着冷战时期美苏达成的第二次缓和状态的结束。美欧对于如何应对这场"域外"军事冲突有着严重的意见分歧。但经反复磋商后，美欧最终还是达成了一定的共识，北约开始考虑在防区之外部署军队。

为应对苏联入侵阿富汗可能对北约造成的安全威胁，1981年5月，北约防务计划委员会发表了一份官方公报。公报对北约防区之外的军事部署工作进行了规划。根据这份公报，北约在进行任何涉及防区外军队部署问题的磋商时，将明确成员国的共同目标，并充分考虑防区外地区具体的政治形势、在防区外执行军事行动对北约安全与防御能力将造成的影响，以及北约成员国的国家利益。根据集体磋商的结果，北约成员需为防区外的军事部署提供便利、为实现北约整体的重大利益提供支持。② 在1980年4月，美国曾正式要求北约盟国共同分担在波斯湾地区部署军队时产生的军事和财政负担。欧洲盟国起初并未对美国的要求作出积极回应。经磋商与讨论后，欧洲盟国最后同意与美国进行合作。1982年6月，在北约波恩峰会上，北约成员国达成了一项方案。根据这份方案，北约的成员国同意在北约防区之外部署军队。欧洲盟国同意为输送美国军队提供便利。当美国军事资产被转移至"域外"区域时，欧洲盟国将提供军事支持，补偿因此而造成的军事资源损失。③

总体而言，冷战期间发生的"域外"军事冲突在北约"域外行动"的发展历程中起到了重要作用。多次出现的"域外"军事冲突使北约担忧自身的安全将直接或间接地受到威胁。为此，北约非常重视"域外"军事冲突造成的安全威胁，并深入分析"域外"军事冲突威胁北约安全的方式。在此基础上，北约在军事领域积极发展应对"域外"军事冲突的能力、进行军事体系建设。当北约成员国处理"域外"军事冲突的方

---

① North Atlantic Treaty Organization, "Report of the Committee of Three", last updated: October 5, 2017, https://www.nato.int/cps/en/natohq/topics_65237.htm.

② Defense Planning Committee of North Atlantic Treaty Organization, "Final Communiqué", Brussels, May 6-7, 1981, https://www.nato.int/docu/comm/49-95/c820506a.htm.

③ Charles A. Kupchan, "NATO and the Persian Gulf: Examining Intra-Alliance Behavior", *International Organization*, Vol. 42, No. 2, Spring 1988, pp. 321-322.

式暴露出北约存在的政治短板时,北约着手在政治领域改进处理"域外"问题的方式。冷战期间,北约为应对"域外"军事冲突而作出的军事与政治方面的准备,为冷战结束后"域外行动"的执行奠定了军事和政治方面的基础。

本章小结

本章探讨了北约"域外行动"问题的产生,并对"域外行动"进行了概念界定。北约的主要特征、"域外行动"的概念、冷战期间美欧对"域外行动"的争论、冷战时期北约对"域外"军事冲突的应对,以及冷战期间的"域外"军事冲突对北约的影响是本章的研究内容。

本章第一节在叙述北约成立的背景之后,归纳了北约的性质及其主要特征,并对北约的"域外行动"进行了概念界定。北约的产生建立在美国和西欧国家的共同安全需求之上。同时,建立北约也是美国在军事领域控制西欧、保障自身安全、遏制苏联的重要方式。美国和西欧国家为了共同防范和抵御来自苏联的军事威胁,通过正式签订《北大西洋公约》组建起了北大西洋公约组织,与此同时,美欧之间也形成了大西洋联盟。冷战时期,北约是一个军事政治联盟,拥有典型的军事联盟特性,并具备政治职能。自成立之日起,北约便拥有两个重要特征:一是注重集体防御任务;二是由美国占据主导地位。北约成立之初并未对"域外行动"作出明确的、具体的规定。随着北约在防区外执行的军事行动的出现,北约官方文件里逐渐出现了对这类军事行动的描述,国外学者逐渐对这类军事行动进行了研究与界定。北约的"域外行动"指的是:由北约在《北大西洋公约》第六条款划定的北约防区之外执行的,与北约利益相关但不属于集体防御性质的危机管理行动。

本章第二节聚焦冷战期间北约成员国对"域外行动"的争论及应对措施。在研究冷战期间美欧对北约"域外行动"的争论时,本节选取了美欧在其中的分歧表现较为严重的几个"域外"军事冲突进行案例分析,包括20世纪50年代的苏伊士运河危机、70年代的第四次中东战争和苏联入侵阿富汗事件,以及80年代初的两伊战争。每当一场"域外"军事冲突发生后,美欧都针对是否通过北约进行军事干预进行了讨论。由于美欧之间的意见分歧较大，北约在冷战期间没有执行"域外行动"，而是鼓励有能力且有意愿的成员国以国家名义介入"域外"军事冲突，目的是维护北约的利益。冷战期间，美欧在北约"域外行动"问题上的意见分歧反映出国际局势、国家政治与经济利益，以及美欧战略文化差异对大西洋联盟成员在"域外行动"问题上的安全合作所造成的制约作用。

北约在冷战期间虽未曾执行"域外行动"，但非常关注每一起"域外"军事冲突。冷战期间的"域外"军事冲突对北约造成了影响。本章第三节分析了冷战期间"域外"军事冲突对北约的影响。"域外"军事冲突对北约的影响主要表现在以下两方面：一是深化了北约对执行"域外行动"必要性的认识；二是促使北约为执行"域外行动"进行军事和政治方面的准备，为冷战结束后北约执行"域外行动"奠定了军事和政治方面的基础。

第二章

冷战后北约"域外行动"政策的形成及争议

冷战的结束使北约"域外行动"进入了一个新的发展时期。冷战结束后，国际环境出现了变化，北约开始转型。在转型的过程中，北约开始执行"域外行动"。国际与地区安全形势的变化及北约"域外行动"的执行情况，促使北约逐渐形成了"域外行动"政策和决策模式。北约"域外行动"的执行对北约和大西洋联盟的存续与转型产生了重要影响。在"域外行动"政策形成的过程中，美国和部分欧洲盟国针对相关政策问题表现出了不同态度。美欧在"域外行动"政策上的争议反映出冷战结束后大西洋联盟所发生的变化。

本章将阐述冷战结束后北约"域外行动"政策的形成过程，探究美欧在此过程中出现的争议及其原因，并分析大西洋联盟因此而发生的变化。由于"域外行动"政策产生的背景与冷战的终结密切相关，因此本章第一节将探讨冷战结束国际环境的变化，以及北约为适应变化的国际环境而进行的转型。本章第二节将对北约"域外行动"政策的发展历程进行梳理，并阐述北约"域外行动"政策的决策过程。本章第三节将归纳总结美欧在"域外行动"政策制定过程中产生的意见分歧，并通过分析美欧产生意见分歧的原因，进而探究大西洋联盟所发生的变化。

第一节 国际环境的变化与北约转型

20世纪80年代至90年代初，东欧剧变、华约解散、苏联解体，国际环境出现了重大变化。一方面，北约失去了冷战时期促成其建立的外部安全威胁，美欧在安全领域开始分化，北约因此面临着生存危机。另一方面，随着苏联解体而爆发的地区性冲突威胁着北约的安全，北约需对此作出回应。面对苏联解体带来的国际环境变化，北约作出了调整，开始转型。考虑到美苏冷战即将终结，北约摒弃了以核武器为依托的对抗型军事战略，减少了对核武器的依赖。冷战结束后，对于苏联和华约组织的成员国，北约不再持敌视态度，而是在政治上竭力施加影响、积极邀请入盟，在军事上积极寻求合作。因苏联解体而激化的、临近北约防区的波黑内战促使北约执行了首次"域外行动"，开始发展有别于集体防御的"域外"军事干预职能。北约内部因苏联解体而出现的欧洲分离倾向以及北约在波黑的"域外行动"实践，使北约内部适当发展出了欧洲防务特性。国际环境的变化及北约随之而进行的转型，为北约"域外行动"的发展提供了有利条件。

一 国际环境的变化

从20世纪80年代开始，东欧国家内部在经济、政治和思想方面逐渐出现了危机。长期固守僵化的苏联模式使东欧国家的经济水平逐渐下降，人民收入持续减少。东欧国家的执政党长期照搬苏联的部分方针政策而不顾本国具体国情，损害了国内群众的利益。东欧国家的广大群众对此普遍心存不满，甚至产生了激进的政治情绪。东欧国家的共产党在执政后期放弃了民主集中制，使党内思想涣散、政治混乱。在此背景下，苏联奉行"新思维"理论，实行战略收缩，改变了对东欧的政策。西方国家采取"和平演变"战略、加强了对东欧社会主义国家的渗透。1989年，东欧在内部危机的刺激及美苏的影响之下，发生剧变。波兰、匈牙利、阿尔巴尼亚、保加利亚、罗马尼亚和捷克斯洛伐克相继完成了政治变革。1990年7月，冷战的标志——柏林墙被拆除；11月，东西德统一。变革后的东欧各国的新政权纷纷主张远离苏联、亲近西方。随着东欧剧变，华约逐渐失去了存在的可能性和存在的意义。1991年2月25日，华约政治协商委员会在匈牙利召开特别会议，决定从1991年4月1日起废除华沙条约的军事机构。同年7月1日，华沙条约组织正式解散。

受东欧剧变和戈尔巴乔夫"改革新思维"的影响，苏联内部也逐渐开始分裂。立陶宛、爱沙尼亚和拉脱维亚制定了向独立过渡的方针。其他苏联的加盟共和国随后纷纷发表主权宣言。1991年8月19日发生"8·19"事件之后，苏联加速了衰落与解体。8月24日，乌克兰宣布独立。12月8日，俄罗斯联邦、乌克兰和白俄罗斯签署了《关于建立独立国家联合体的协议》。12月21日，原苏联加盟共和国中11个国家的领导人在哈萨克斯坦阿拉木图举行的会谈上正式宣告成立"独立国家联合体"。12月25日，戈尔巴乔夫宣布辞去苏联总统的职务。次日，苏联最高苏维埃共和国院在举行最后一场会议时，宣布苏联将终结其存在，苏联正式解体。俄罗斯联邦成为苏联唯一的继承国。苏联解体后分裂成了以下15个国家：俄罗斯联邦、白俄罗斯共和国、乌克兰、爱沙尼亚、拉脱维亚、立陶宛、哈萨克斯坦、吉尔吉斯斯坦、塔吉克斯坦、乌兹别克斯坦、土库曼斯坦、格鲁吉亚、亚美尼亚、阿塞拜疆和摩尔多瓦。苏联的解体标志着冷战的终结。

冷战的终结使国际环境发生了变化。苏联解体使北约失去了促成其建立的主要外部安全威胁。俄罗斯虽是苏联唯一的继承国，对北约仍然构成了安全威胁，但其威胁程度弱于冷战时期的苏联。随着华约的解散，中东欧国家都无一例外地积极寻求向西方靠拢。一方面，这些国家希望成为北约和欧盟的成员国，从而实现自身经济的发展。另一方面，这些国家希望通过加入北约和欧盟来确保自身的防务安全，特别是当与俄罗斯相处时。[①] 北约在欧洲面对着一个不同于冷战时期的国际安全环境。

随着国际环境的变化，美欧在安全领域开始分化，北约面临生存危机。欧洲一体化进程对北约的生存构成了挑战。在冷战结束之前，欧洲一体化进程便引发了北约的担忧。1988年11月23日，时任北约秘书长曼弗雷德·沃尔纳在伦敦国际战略研究所三十周年纪念日上发表一份演讲时谈道：北约在不得不适应快速变化的国际关系时，也不得不适应西欧盟国经济实力与政治潜力有所增长这一事实。沃尔纳强调北约需在

---

① ［挪威］盖尔·伦德斯塔德：《大国博弈》，张云雷译，吴征宇校，中国人民大学出版社2015年版，第204页。

防御领域适应更加深化了的欧洲一体化。① 冷战的终结一方面标志着西方国家在安全领域的胜利，另一方面也是美欧在安全领域分化的起点。在美国看来，是美国主导的北约赢得了冷战的胜利，冷战的结束为美国巩固世界领导地位、通过北约操纵欧洲的命运提供了契机。但西欧国家认为，冷战的结束是欧洲国家由分裂走向一体化、在安全领域更加自主、实现欧洲人自己管理自己事务的机会。② 20 世纪 90 年代初，东欧剧变、苏联解体后，处于一体化进程中的欧洲国家对于两极格局瓦解后的国际新形势，以及欧洲在世界舞台上的角色产生了新的见解。当时在欧洲广为流行的观念是，冷战结束后，一体化的欧洲应塑造新的世界体系、确立新的世界秩序，并维护世界和平。包括许多北约欧洲盟国在内的欧洲国家，都对发展强劲的泛欧洲或西欧安全体系表现出强烈的兴趣。它们认为与美国一同组建的北约是一个老旧的联盟，这一联盟不再有存在的必要，美国在欧洲的角色应减弱。③ 英国主张建立起一个民主联盟，从大西洋延伸至乌拉尔甚至更遥远的地方，在此基础上建立新的世界秩序。德国希望在新的国际秩序中推广"欧洲共同体"和"欧洲安全与合作会议"模式。法国认为，欧洲所有国家将联合组成一个欧洲联邦，这一联邦应在国际关系中发挥主导作用而不应依附于某个超级大国。④

在部分欧洲盟国主张脱离北约发展欧洲防务合作的同时，美国国内也出现了唱衰北约的声音。冷战结束后，美国国内相当一部分人具有"新孤立主义"思想。这些人主张冷战结束后，美国应保持自己的行动自由和战略独立性。对于北约这类美国在其中承担了义务的传统联盟，

---

① 许海云等编译：《北约是什么——北约重要历史文献选编之二》，世界知识出版社 2014 年版，第 140 页。

② 俞正梁等：《大国战略研究：未来世界的美、俄、日、欧（盟）和中国》，中央编译出版社 1998 年版，第 301 页。

③ John S. Duffield, "Transatlantic Relations after the Cold War: Theory, Evidence, and the Future", in Anthony Lake and David Ochmanek, eds., *The Real and the Ideal: Essays on International Relations in Honor of Richard H. Ullman*, Lanham, Maryland: Rowman and Littlefield Publishers, Inc., 2001, p. 251.

④ 张蕴岭主编：《欧洲剧变与世界格局》，社会科学文献出版社 1999 年版，第 291—292 页。

新孤立主义者认为美国可与之脱离关系,不应领导甚至扩大这一联盟,而应将其未来留给欧洲国家来决定。① 许多西方学者也开始唱衰北约,认为失去了共同外部安全威胁的北约面临严重的生存危机,最终将解体。曾担任美国对外政策委员会委员的国际关系学者肯尼斯·沃尔兹认为:北约是一个正在消亡的事物,冷战结束后北约将逐渐衰落并最终消失。在沃尔兹看来,冷战结束后,北约甚至不再是一个建立在担保条约之上的组织,原因在于无人知晓北约此刻所保障的是谁的安全。② 1990年6月,斯蒂芬·沃尔特在其著作《联盟的起源》中谈道:苏联解体后,由于缺少了一个清楚的、现实存在的威胁,欧洲的政治家和美国的纳税人都不情愿支持大批美军驻扎欧洲。北约精心设计的制度结构虽然可以减缓其衰亡的速度,但只有苏联威胁的复活才有可能使北约维持其现在的状态。③ 除沃尔兹和沃尔特外,其他一些学者也认为,苏联的解体意味着大西洋联盟共同外部安全威胁的消失,这将导致大西洋联盟内部凝聚力的下降及合作的减弱,甚至导致联盟内重现战略敌对行为。④

与此同时,冷战的结束促使军事领域发生了一个显著的变化,即国家对安全的关注从全球层面转向地区和地方层面。⑤ 随着苏联的解体,冷战时期许多被掩盖的矛盾逐渐被激化,地区性冲突开始爆发。许多中东欧国家在苏联解体后出现了种族冲突和领土纠纷,引发了内部的经济、社会和政治动荡。巴尔干地区涌现出了地区性冲突,威胁着北约的安全。

---

① 俞正梁等:《大国战略研究:未来世界的美、俄、日、欧(盟)和中国》,中央编译出版社1998年版,第14页。

② Gunther Hellmann, "Inevitable Decline Versus Predestined Stability", in Jeffrey Anderson, G. John Ikenberry and Thomas Risse, eds., *The End of the West? Crisis and Change in the Atlantic Order*, Ithaca: Cornell University Press, 2008, pp. 31 – 32.

③ [美]斯蒂芬·沃尔特:《联盟的起源》,周丕启译,北京大学出版社2007年版,第2页。

④ 参见 John Mearsheimer, "Back to the Future: Instability of Europe after the Cold War", *International Security*, Vol. 15, No. 1, Summer 1990, pp. 5 – 56; Pierre Hassner, "Europe Beyond Partition and Unity: Disintegration or Reconstruction?", *International Affairs*, Vol. 66, Issue 3, July 1990, pp. 461 – 475; Ronald Steel, "NATO's Last Mission", *Foreign Policy*, No. 74, Fall 1989, pp. 83 – 95.

⑤ [英]巴瑞·布赞等:《新安全论》,朱宁译,浙江人民出版社2003年版,第84页。

历史上，巴尔干地区频繁出现国与国之间以及不同民族之间的矛盾，一些大国也时常介入该地区的事务。因此该地区常年战乱频繁，被称为"欧洲的火药桶"。"二战"结束后直至东欧剧变发生前，该地区基本上维持着安定局面。但东欧剧变给该地区造成了巨大影响。20世纪80年代末，南斯拉夫联邦共和国逐渐开始解体，这激化了不同民族之间的矛盾。1992年4月爆发了"二战"结束以来欧洲大陆上规模最大的局部战争——波黑内战。战火几乎蔓延至波黑全境，并波及周边的欧洲国家。在此背景下，北约需面对来自防区周边的安全威胁。

二 北约的转型

面对新的国际环境，北约在冷战即将结束时开始转型。1990年5月17日，时任北约秘书长沃尔纳提出：北约并未过时，且不可或缺，原因在于它仍旧是自由世界中重要的政治联盟与价值观共同体、是一个构建和平与谋求变革的工具。此外，北约也依然扮演着跨大西洋安全联盟这一角色，在这一命运共同体中有能力连结北美与欧洲。但与此同时，外部环境的变化决定了北约必须做出一定的调整。沃尔纳谈到了北约调整的方向：从对抗转向合作、从军事联盟转向政治联盟、从进行威慑转向注重保护以及抵御风险、从维持和平转向构建和平、从一个由美国领导的联盟走向真正的伙伴关系。[1] 1990年7月，北约发表了《伦敦宣言》。在宣言的最后，北约正式宣布大西洋联盟开始进行转变。[2]

北约转型的第一个表现在于其军事战略的转变。冷战时期，出于对苏联和华约武装进攻的担忧，北约采用的军事战略主要以防御和回击来自苏东集团的军事打击为目的，注重核威慑与核打击，具有对抗性。20世纪50年代，北约实行的军事战略是艾森豪威尔提出的"大规模报复战略"，其基本思想是仰仗美国的核优势，通过美国的核报复遏制苏联对北

---

[1] 许海云等编译：《北约是什么——北约重要历史文献选编之二》，世界知识出版社2014年版，第363—364页。

[2] North Atlantic Treaty Organization, "Declaration on A Transformed North Atlantic Alliance: Issued by the Heads of State and Government participating in the meeting of the North Atlantic Council ('The London Declaration')", July 5, 1990 – July 6, 1990, last updated: July 12, 2010, https://www.nato.int/cps/en/natohq/official_texts_23693.htm.

约的进攻。20世纪60年代至冷战结束,北约奉行"灵活反应战略",其基本思想是根据国际政治局势的变化做出灵活反应,在不同情况下使用不同军事武器、准备打不同类型和不同规模的战争。这一战略要求北约组建起集常规力量、战略核力量和战术核力量为一体的威慑力量,其核心仍是核威慑。[①]当冷战即将结束时,北约调整了军事战略,以应对新的战略环境。在1990年7月发表的《伦敦宣言》中,北约宣布将改变冷战时期的"前沿防御",将其简化为适当保持前沿存在,并修改了冷战时期实行的"灵活反应战略",转为减少对核武器的依赖。[②]1991年11月8日,北约发布了第一份战略概念文件《联盟新战略概念》。该文件规定:北约将不再延用以核威慑或核打击为主的军事战略。虽然北约在维护欧洲战略稳定时仍将考虑苏联的军事实力及军事发展潜力,包括其核力量,但北约在欧洲继续部署核力量的目的将主要在于维持可信赖的大西洋联盟核态势、展现大西洋联盟的团结,以及履行预防战争的共同承诺。并且,北约在欧洲维持的核力量将处于足以维护和平与稳定的最低水平。[③]由此,北约的军事战略从冷战时期的注重核威慑与核打击,转为减少对核武器的依赖,北约的军事战略实现了转型。

冷战期间,北约与苏东集团处于对峙状态。在此背景下,北约与苏东集团内的苏联加盟共和国以及中东欧国家之间在军事和政治上都相互对立。苏联解体后,北约转变了对这些国家的态度,积极通过扩大自身的成员国规模,以及与这些国家发展伙伴关系的方式,主动构建欧洲——大西洋地区的和平。注重通过政治影响力和军事合作的方式,与冷战期间的敌国发展友好关系,是北约转型的第二个表现。

面对新的国际环境,北约认为:为保证安全,需在维持集体防御、进行危机管理与冲突预防的同时,维护新欧洲的和平、与中东欧国家进

[①] 王美权主编:《为了谁的安全——北约军事战略大透视》,新华出版社2000年版,第31—38页。

[②] North Atlantic Treaty Organization, "Declaration on A Transformed North Atlantic Alliance: Issued by the Heads of State and Government participating in the meeting of the North Atlantic Council ('The London Declaration')", July 5, 1990 – July 6, 1990, last updated: July 12, 2010, https://www.nato.int/cps/en/natohq/official_texts_23693.htm.

[③] North Atlantic Treaty Organization, "The Alliance's New Strategic Concept", November 7, 1991 – November 8, 1991, https://www.nato.int/cps/en/natohq/official_texts_23847.htm.

行对话,并且寻求与欧洲所有国家的合作。① 冷战结束后,北约开始筹划吸纳中东欧国家加入大西洋联盟,通过构建起一个更宽泛的欧洲安全框架,实现更大范围的欧洲——大西洋地区的安全与稳定。为此,北约采取了一系列政治措施,包括:鼓励和支持北约候选国国内的民主改革;向候选国推广合作、协商和一致同意原则等北约的政治模式与习惯;发展良好的睦邻政策;向候选国强调共同防御的重要性等。② 1997年,在马德里峰会上,北约邀请捷克、匈牙利和波兰进行入盟谈判,三个国家于1999年正式加入北约,是首批加入北约的前华沙集团国家。在那之后,北约一直在扩大成员国规模。2004年,北约正式接纳保加利亚、斯洛伐克、罗马尼亚、斯洛文尼亚、爱沙尼亚、拉脱维亚和立陶宛为北约成员国。2008年,克罗地亚和阿尔巴尼亚加入北约。2017年,黑山正式成为第29个北约国家。2019年,马其顿签署了加入北约的协议。在扩大成员国规模的过程中,北约对外输出自身的价值观,扩大了自身的政治影响力、增强了自身的政治职能。

除吸纳新成员国外,北约还积极发展与中东欧国家和独联体国家之间的友好关系、开展军事合作。1990年7月,北约在《伦敦宣言》中宣布:在新的国际战略环境下,北约将转变为一个能与欧洲所有国家建立起新型伙伴关系的机构,大西洋联盟必须与冷战时期曾是敌人的东欧国家建立起友谊。③ 1991年11月7日至8日,北约在罗马峰会上向中东欧国家正式发出了共同建立伙伴关系的邀请。同年12月,在布鲁塞尔外长会议上,北约专门邀请苏联、波兰、捷克斯洛伐克、匈牙利、保加利亚、罗马尼亚、爱沙尼亚、拉脱维亚与立陶宛一同加入建立伙伴关系的进程中。1993年10月21日,在北约国防部长会议上,美国提出与中东欧国家以及包括俄罗斯在内的独联体国家达成"和平伙伴关系计划"。1994年

---

① North Atlantic Treaty Organization, "The Alliance's New Strategic Concept", November 7, 1991 – November 8, 1991, https://www.nato.int/cps/en/natohq/official_texts_23847.htm.

② North Atlantic Treaty Organization, "Study on NATO Enlargement", September 3, 1995, https://www.nato.int/cps/en/natohq/official_texts_24733.htm.

③ North Atlantic Treaty Organization, "Declaration on A Transformed North Atlantic Alliance: Issued by the Heads of State and Government participating in the meeting of the North Atlantic Council ('The London Declaration')", July 5, 1990 – July 6, 1990, last updated: July 12, 2010, https://www.nato.int/cps/en/natohq/official_texts_23693.htm.

1月10日至11日,在自苏联解体以来召开的第一场峰会——布鲁塞尔峰会上,北约正式批准了"和平伙伴关系计划"。在"和平伙伴关系计划"中,北约表示:虽然不会为伙伴国承担安全保障义务,也不会承担保卫伙伴国边界安全的任务,但当伙伴国认为自身的领土完整、政治独立或国家安全遭受直接威胁时,北约将参与共同磋商、讨论应对措施。[1]

北约转型的第三个表现是在冷战结束后开始执行"域外行动"参与国际事务。1992年,北约为联合国对南联盟实施的武器禁运和经济制裁提供了海上支持。1993年4月,北约执行"禁飞行动"(Operation Deny Flight),出动战斗机在波黑领空实施联合国的禁飞计划。此次行动是北约自成立以来首次为实施联合国决议而在北约防区之外执行的军事行动。当波黑内战形势恶化时,北约的空军为联合国保护部队在波斯尼亚设立"安全区"的行动提供了支持。[2] 1994年4月中旬,北约在时任联合国秘书长布特罗斯·布特罗斯-加利及其特使的授权下,对围困戈拉日代市的塞族阵地持续进行了空袭。1994年8月5日,北约应联合国维和部队的要求对波黑萨拉热窝附近的塞族阵地展开了空袭。1995年12月14日,《代顿和平协议》签订,波黑内战结束。在《代顿和平协议》签订后,北约领导的"执行部队"部署于波黑,执行《代顿和平协议》中的军事任务。1996年,由北约领导的"稳定部队"取代"执行部队",继续维持波黑的安全形势、为波黑的战后重建提供支持。"稳定部队"于2004年结束行动。所有北约成员国都为"执行部队"和"稳定部队"的军事行动贡献了军队(冰岛是唯一一个国内没有武装部队的国家,但也派出了医护人员为其行动提供支持)。[3]

根据北约官网的记载,北约在波黑执行的军事行动不属于《北大西洋公约》第五条款所规定的集体防御行动,而是北约自成立以来首次执

---

[1] 陈宣圣:《风云变幻看北约》,世界知识出版社2009年版,第50—51页。

[2] Douglas T. Stuart, "The United States and NATO Out-Of-Area Disputes: Does the Cold War Provide Precedents, or Merely Prologue?", in Gustav Schmidt, ed., *A History of NATO: The First Fifty Years Volume* 1, Hampshire and New York: Palgrave, 2001, p. 137.

[3] North Atlantic Treaty Organization, "Peace Support Operations in Bosnia and Herzegovina", Last Updated: April 26, 2019, https://www.nato.int/cps/en/natolive/topics_52122.htm#.

行的危机管理行动。① 北约在波黑执行的军事行动最终促成了《代顿和平协议》的达成，这场"域外行动"的执行对于北约而言是一次"域外"军事干预实践，意味着北约在继续保卫集体安全的基础上，参与国际与地区冲突。军事介入波黑内战是北约"域外行动"的开端。在波黑内战之后，北约开始积极派驻军队远赴防区之外执行军事活动。随着"域外行动"的执行，北约在坚持集体防御的基础上，逐渐发展起了"域外"军事干预的职能。在国际环境出现变化的历史背景下，北约"域外"军事干预职能的发展为北约自身和大西洋联盟的存续提供了重要理由。

美国和欧洲盟国在安全问题上的不同主张，以及美欧在波黑内战中的军事行动经验，使得北约开始考虑在保持美国领导力的基础上，适当发展北约内部的欧洲安全防务特性。这是北约转型的第四个表现。

1993年年末，北约提出了"联合特遣部队"这一概念。1994年1月，北约在布鲁塞尔峰会上正式批准了成立联合特遣部队的计划。1996年6月，经北约外交部长和国防部长讨论后，北约制定出了联合特遣部队的政治—军事架构。根据北约的定义：联合特遣部队由两个或更多国家参与构建，涵盖陆军、海军、空军等其中两个或多个军种，组建的目的是执行一项具体的、特定的使命或任务，目标达成后将自行解散。在构建联合特遣部队的过程中，北约成员国领导人强调联合特遣部队这一概念的进一步发展需体现出：北约已做好准备，以北大西洋理事会根据具体情况所作的决定为基础，将北约资产应用于西欧联盟领导的行动中，从而支持北约内部欧洲安全防务特性的建设。② 具体而言，在美国不参与北约行动的情况下，北约中的欧洲盟国可参与组建联合特遣部队，由西欧联盟进行指挥和政治监督，执行军事干预、维和与救援等行动。在执行行动的过程中，该部队有权利动用北约的资产、使用北约的军事指挥

---

① North Atlantic Treaty Organization, "Crisis Management", last updated: February 27, 2018, https://www.nato.int/cps/en/natohq/topics_49192.htm.

② North Atlantic Treaty Organization, "The Combined Joint Task Forces Concept", 1999, https://www.nato.int/docu/comm/1999/9904-wsh/pres-eng/16cjtf.pdf.

系统，以及借用美国的指挥、情报及后勤保障等军事手段。① 此外，联合特遣部队还将吸收伙伴国的力量。伙伴国可自愿派驻军队加入，作为一个"应急部队"执行维和及其他人道主义救援任务。②

联合特遣部队的构建使北约产生了两种变化。一方面，联合特遣部队的建设实现了北约与西欧联盟的军事资源共享，使欧洲盟国在美国不参与北约行动的情况下亦可动用北约和西欧联盟的军事力量实现安全目标，赋予了北约欧洲盟国以更高程度的军事行动自主性和灵活性。另一方面，联合特遣部队的特征表明，在冷战结束这一新形势下，大西洋联盟框架内已开始出现新的军事行动方式。联合特遣部队由两个或两个以上成员国自愿组建，其目的是为执行一项特定的任务，任务目标达成后自行解散。其构建特点与意愿联盟的特征大致吻合。北约虽并未明确提及意愿联盟，但联合特遣部队的组建证明，意愿联盟这一行动方式在大西洋联盟内部已初见端倪。

第二节 北约"域外行动"政策的形成

冷战时期北约为执行"域外行动"做出的军事与政治准备，为冷战结束后北约"域外行动"政策的形成奠定了基础。冷战结束后，北约"域外行动"政策的形成大致经历了两个阶段。从冷战结束至2001年"9·11"恐怖袭击发生之前，是"域外行动"政策的起步与发展阶段。在这一阶段，北约在新的国际环境下开始进行转型，并在巴尔干地区执行了"域外行动"。新国际环境带来的安全威胁变化和"域外行动"的实践经验，推动着北约逐渐将与"域外行动"相关的内容加入官方政策文件中。与"域外行动"相关的政策规定可见于北约成员国于峰会上发布的宣言、北约的两份战略概念文件，以及其他类型的北约官方文件中。2001年"9·11"恐怖袭击的发生及随后北约驻阿部队的行动进展，使北约"域外行动"政策进入了成型阶段。2002年布拉格峰会上北约出台的

---

① 叶江：《解读美欧：欧洲一体化进程中的美欧关系》，上海三联书店1999年版，第265页。

② 陈宣圣：《风云变幻看北约》，世界知识出版社2009年版，第50—51页。

三份官方文件将反恐定为北约的重要任务，并对北约的反恐行动做出了规划。通过这三份文件，北约以反恐为突破口，将"域外行动"的地理范围扩展至全球、提升了执行"域外行动"的主动性。2010 年北约发布的第三份战略概念文件中将"域外行动"所属的危机管理行动升级为北约的基本核心任务之一，标志着"域外行动"政策的成型。在这一阶段，北约继续在政策文件中对北约军事态势的调整进行规划，发展北约国家的军队执行"域外行动"的能力。在北约"域外行动"政策的形成进程中，国际与地区安全形势的变化和北约执行"域外行动"的经验，是影响"域外行动"政策发展的两大主要原因。随着北约"域外行动"的产生与发展，北约还逐渐形成了一套"域外行动"决策模式。

一 北约"域外行动"政策的发展历程

在冷战即将结束时，由于北约认为自身面对的安全威胁来源于安全形势不稳定的中东欧国家，因此没有立即开展"域外行动"政策的制定工作。1991 年北约发布的第一份战略概念文件指出：1989 年以来，中东欧发生的深刻政治变化彻底改变了北约谋求实现其目标的安全环境，使北约面临的安全挑战与危险在本质上已不同于以往。不同之处在于北约将不大可能遭遇针对北约领土的大规模、整体性进攻，但需应对许多中东欧国家发生的种族冲突与领土争端可能带来的不稳定态势。北约着重关注中东欧国家的安全形势，担忧中东欧的不稳定将导致武装冲突、招致外部大国的介入、影响欧洲的稳定，或是波及北约、影响北约的安全。[①] 同时，由于中东欧国家上台的新政权纷纷向西方表示友好，北约为了实现更大范围的欧洲的稳定以及维护自身的安全，开始寻求与中东欧国家的对话与合作。因此，北约成员国国家元首和政府首脑于 1991 年 11 月 8 日在罗马召开峰会后决定，将北约的安全政策建立在对话、合作和保持集体防御能力的基础之上。北约第一份战略概念文件中也重申了这

---

① North Atlantic Treaty Organization, "The Alliance's New Strategic Concept: Agreed by the Heads of State and Government participating in the Meeting of the North Atlantic Council", November 7, 1991 – November 8, 1991, https://www.nato.int/cps/en/natohq/official_texts_23847.htm.

一点，同时声明了北约的宗旨仍是防御性的。[1]

　　1990年8月第一次海湾战争发生后，时任北约秘书长曼弗雷德·沃尔纳于11月在一次会议上发表演讲时，大胆倡议北约执行"域外行动"。他认为，《北大西洋公约》托付北约建立一个更加和平的国际秩序，且没有限制北约制定安全计划或进行安全协作的范围。他表示希望在联盟内建立一种认识，即在秉持团结精神的前提下，不同盟友介入特定"域外"事务的程度有所差别，但大西洋联盟共同的资产可被用于"域外"行动协调或为"域外"行动提供支持，并且当大西洋联盟的共同利益明确需要保护时，可将这一认识付诸实践。[2] 此时，虽然国际环境已发生变化，但许多北约成员国尚未完全消除对执行"域外行动"的担忧。部分成员国担心北约的"域外行动"将削弱大西洋联盟的凝聚力、动摇联盟成员对集体防御的承诺。还有部分成员国仍旧惧怕苏联，认为苏联内部的不稳定状态使得来自东方的威胁不可预知。[3] 因此，在冷战即将结束的这一段时间里，北约主要聚焦集体防御，同时关注着欧洲大陆以外的国际与地区安全形势，但北约内部已出现了支持执行"域外行动"的声音。

　　冷战的终结为北约提供了新的战略环境，也为北约带来了新的安全威胁。巴尔干地区两场冲突的爆发以及北约对这两场冲突的军事介入，对北约"域外行动"政策的形成产生了重要影响。在冷战结束至2001年"9·11"恐怖袭击事件发生前这段时间内，北约的"域外行动"政策制定进入了起步和发展阶段。在此阶段，北约在政策文件中对"域外行动"的性质和类型进行了界定，并为执行"域外行动"进行了军事力量态势

---

[1] North Atlantic Treaty Organization, "Declaration on Peace and Cooperation: Issued by the Heads of State and Government participating in the Meeting of the North Atlantic Council ('The Rome Declaration')", November 8, 1991, https://www.nato.int/cps/en/natolive/official_texts_23846.htm; North Atlantic Treaty Organization, "The Alliance's New Strategic Concept: agreed by the Heads of State and Government participating in the Meeting of the North Atlantic Council", November 7, 1991–November 8, 1991, https://www.nato.int/cps/en/natohq/official_texts_23847.htm.

[2] Martin A. Smith, *NATO in the First Decade after the Cold War*, Springer-Science + Business Media B. V., 2000, p. 131.

[3] Torunn Laugen, "Stumbing into A New Role: NATO's Out-of-Area Policy after the Cold War", Institute for Forsvarsstudier, 5/1999, p. 23.

方面的调整。

波黑内战和科索沃危机的爆发使北约意识到，在新的战略环境下，需重新判定北约面对的安全威胁。1997年7月，北约成员国在马德里峰会上达成了一致意见：由于战略环境已不同于冷战结束初期，需重新审议冷战结束初期制定的战略概念，确保新的战略概念与欧洲新安全形势保持一致。① 1999年4月24日，北约发布了历史上第二份战略概念文件《联盟战略概念》。文件将种族与宗教争端、领土纠纷、不充分的或失败的改革、人权践踏和国家解体列为北约优先关注的安全问题。原因在于北约担忧这些存在于防区内部或周边的安全威胁波及北约国家，或以其他方式影响北约安全。与此同时，北约还担忧防区周边会发生迅速演化的地区性危机。② 因此，北约在坚守集体防御的同时，着重关注防区周边地区的安全形势。

在1992年6月4日举行的北约外交部长会议上，北约成员国的外交部长提出：北约将愿意遵照自身程序、在对具体行动进行具体分析的基础上，为欧洲安全与合作会议（后更名为"欧洲安全与合作组织"）负责的维和行动提供支持，包括贡献北约的资源与专长。③ 这是北约历史上首次决定，也是第一次明确规定在防区外执行军事行动。④ 随后，根据安全形势的变化和北约在巴尔干地区的"域外行动"实践，北约首次对其"域外行动"的性质进行了界定。1999年第二份战略概念文件出台时，北约正在对科索沃进行空袭。北约在第二份战略概念文件中称其在巴尔干地区的行动为"危机反应行动"（crisis response operation），并进一步将

---

① North Atlantic Treaty Organization, "Madrid Declaration on Euro-Atlantic Security and Cooperation: Issued by the Heads of State and Government", July 8, 1997, https://www.nato.int/docu/pr/1997/p97-081e.htm.

② North Atlantic Treaty Organization, "The Alliance's Strategic Concept: Approved by the Heads of State and Government participating in the meeting of the North Atlantic Council in Washington D.C.", April 24, 1999, https://www.nato.int/cps/en/natolive/official_texts_27433.htm.

③ North Atlantic Treaty Organization, "Final Communiqué of Ministerial Meeting of the North Atlantic Council in Oslo", June 4, 1992, https://www.nato.int/docu/comm/49-95/c920604a.htm.

④ 朱耿华：《北约介入亚洲和联盟内外追随的限度》，复旦大学外交学专业博士学位论文，2013年，第54页；钟振明：《超越现实主义？：冷战后的北约及美欧联盟关系》，上海社会科学院出版社2014年版，第161页。

其定性为"非《北大西洋公约》第五条款危机反应行动"。① 《北大西洋公约》第五条款的内容是针对外来攻击实施集体回击,其性质是集体防御。因此"非第五条款危机反应行动"这一术语反映出北约在巴尔干地区的军事行动所具有的两个重要特点:第一,北约没有遭受来自巴尔干地区国家的直接武装攻击;第二,在巴尔干地区执行军事行动不属于北约的集体防御行动。由于北约将其在巴尔干地区的军事行动认定为危机反应行动,由此可见,北约"域外行动"的性质是危机反应行动,该行动不属于集体防御。北约还将"非第五条款危机反应行动"归入了危机管理行动的范畴,并将其在波黑执行的军事行动认定为北约历史上首次执行的危机管理行动。② 因此,北约的"域外行动"从属于危机管理行动。由此,"域外行动"的性质在北约政策文件中得到了界定。此外,第二份战略概念文件中专门有一部分对北约的冲突预防和危机管理行动作出了规划。这意味着北约明确地声明了自身拥有存续的理由,这一理由超越了集体防御,并且宣告了北约需为执行危机反应行动作出组织机构方面的重新规划。③

当第一份战略概念文件出台时,北约只要求军队的规模、准备程度和可利用性继续保持完全的集体防御特点。④ 自此之后,出于防范和应对新安全威胁的目的,同时结合巴尔干地区的"域外行动"实践,北约开始着手制定军事态势的调整政策,使北约成员国的军队更加适应"域外行动"的执行。1997 年,北约国际军事参谋部起草了一份涉及北约部队结构改革的提案,计划发展拥有更高程度危机反应能力的北约远征部队。由于当时大部分欧洲盟国面临国内经济问题的困扰和欧洲经济一体化深

---

① North Atlantic Treaty Organization, "The Alliance's Strategic Concept: Approved by the Heads of State and Government participating in the meeting of the North Atlantic Council in Washington D. C.", April 24, 1999, https://www.nato.int/cps/en/natolive/official_texts_27433.htm.

② North Atlantic Treaty Organization, "Crisis Management", Last Updated: February 27, 2018, https://www.nato.int/cps/en/natohq/topics_49192.htm#.

③ Sten Rynning, "Kosovo Traumas: How NATO got out of Its Depth in Crisis Management Operations", *Comparative Strategy*, Vol. 38, No. 5, 2019, p. 441.

④ North Atlantic Treaty Organization, "The Alliance's New Strategic Concept: agreed by the Heads of State and Government participating in the Meeting of the North Atlantic Council", November 7, 1991 – November 8, 1991, https://www.nato.int/cps/en/natohq/official_texts_23847.htm.

化的压力，提案起初并未得到多少欧洲盟国的支持。但后来美国极力推动此项提案。多数欧洲盟国也意识到了以下几个问题：一是欧洲盟国意识到了巴尔干地区发生的危机对本国政治与经济所造成的不稳定，为了保证一个和平稳定的发展环境，欧洲盟国认为北约必须向"域外"投射武力；二是欧洲盟国担忧一再推迟作出发展远征部队的能力，将使北约的公信力逐渐下降；三是欧洲盟国认为仍旧需要维持与美国军队之间的紧密联系。因此，多数欧洲盟国最终也同意加强北约远征部队的建设。[①]在1999年发布的第二份战略概念文件中，北约调整了军事态势指导原则，规定北约军队需在维持集体防御能力的同时，拥有执行冲突预防行动和非第五条款危机反应行动的能力。根据北约的规划：北约军队需在规模、备战、可利用性及其部署几方面都具有危机反应能力，还需能立即奔赴防区以外的地点。执行危机应对行动的军队需是处于高度备战状态下的常规军事部队。[②] 随着两份战略概念文件的出台，北约对"域外行动"军事能力的政策规划也进入了起步与发展阶段。

"9·11"恐怖袭击的发生使北约开始面对新的"域外"安全形势。恐怖主义威胁无法根据地理区域加以判定，并且不局限于特定的地理区域，其发生的时间和地点更是无法得到预测。恐怖主义，连同大规模杀伤性武器等问题的凸显，意味着能识别潜在敌人、能通过疆界和阵线划分敌友的时代已然终结。[③] 北约开始将恐怖主义视为主要的"域外"安全威胁，反恐成为北约军事行动的重要目标，北约"域外行动"政策进入成型阶段。在这一阶段，北约"域外行动"的范围得到了突破、主动性得到强化、重要性得到提升、军事态势得到了进一步调整。

事实上，在"9·11"恐怖袭击事件发生之前，北约一直对恐怖主义和大规模杀伤性武器带来的安全威胁有所关注。《罗马宣言》、第一

[①] John R. Deni, *Alliance Management and Maintenance: Restructuring NATO for the 21st Century*, Hampshire: Ashgate Publishing Limited, 2007, pp. 69–70.

[②] North Atlantic Treaty Organization, "The Alliance's Strategic Concept: Approved by the Heads of State and Government participating in the meeting of the North Atlantic Council in Washington D. C.", April 24, 1999, https://www.nato.int/cps/en/natolive/official_texts_27433.htm.

[③] 葛勇平、吉尔伯特·高内克:《从德国视角看恐怖主义、国际法与北约》，《中德法学论坛》2006年。

份战略概念文件、第二份战略概念文件等北约重要的官方文件都声明北约关注着全球范围内的恐怖主义威胁。但由于苏联解体后中东欧地区的安全形势一直不稳定,因此在"9·11"恐怖袭击事件发生之前,应对恐怖主义带来的安全威胁属于北约的次要任务。北约的应对方式仅是允许成员国根据《北大西洋公约》第四条款展开磋商、协调安排应对措施。①

"9·11"恐怖袭击事件发生后,反恐成为了北约优先关注的事项。在2002年11月21日的布拉格峰会上,北约成员国重点讨论了反恐问题,共同发布了《布拉格峰会宣言》、签署了由北约军事委员会制定的《防范恐怖主义军事概念》。这两份官方文件对北约"域外行动"的地理范围和执行"域外行动"的主动性重新进行了规定。"9·11"恐怖袭击事件发生前,北约一直是在防区周边的欧洲大陆上执行"域外行动",地理范围较为狭窄。1999年的第二份战略概念文件中规定:"对于联合国安理会授权或欧洲安全与合作组织负责的维和行动及其他行动,北约愿遵照自身程序、在对具体行动进行具体分析的基础上给予支持,包括贡献北约的资源与专长。"② 北约将"域外行动"的执行置于联合国和欧洲安全与合作组织的框架内,强调"域外行动"执行的前提是这些国际组织需要北约提供军事协助,"域外行动"的主动性受到限制。"9·11"恐怖袭击事件发生后,北约将"域外行动"发展成为了一项地理范围不受限制、由北约自主领导且无须被置于其他国际组织框架下执行的军事行动。《布拉格峰会宣言》声明:为应对恐怖主义威

---

① 参见 North Atlantic Treaty Organization, "Declaration on Peace and Cooperation: Issued by the Heads of State and Government participating in the Meeting of the North Atlantic Council ('The Rome Declaration')", November 8, 1991, https://www.nato.int/cps/en/natolive/official_texts_23846.htm; North Atlantic Treaty Organization, "The Alliance's New Strategic Concept", November 7, 1991 – November 8, 1991, https://www.nato.int/cps/en/natohq/official_texts_23847.htm; North Atlantic Treaty Organization, "The Alliance's Strategic Concept: Approved by the Heads of State and Government participating in the meeting of the North Atlantic Council in Washington D. C.", April 24, 1999, https://www.nato.int/cps/en/natolive/official_texts_27433.htm.

② North Atlantic Treaty Organization, "The Alliance's Strategic Concept: Approved by the Heads of State and Government participating in the meeting of the North Atlantic Council in Washington D. C.", April 24, 1999, https://www.nato.int/cps/en/natolive/official_texts_27433.htm.

胁所执行的行动应不受地理范围的限制。无论恐怖主义、大规模杀伤性武器及其运载手段构成的威胁源自何处，北约都准备执行全方位任务，在遵守《北大西洋公约》和《联合国宪章》的基础上，制止、瓦解、防御并防范恐怖主义的攻击。① 在《防范恐怖主义军事概念》中，北约再度表明了应对恐怖主义的态度，声明将在反恐斗争中主动采取行动制止或防止恐怖袭击，而非事后处理由恐怖袭击造成的后果。② 这两份官方文件使北约"域外行动"的地理范围扩展至全球，提升了北约执行"域外行动"的主动性。

2010年，北约在里斯本峰会上通过了第三份战略概念文件《积极参与，现代防御》，用于指导北约接下来十年的发展。该文件通过提升"危机管理"行动的地位，使"域外行动"发展成为一项确保北约安全的核心任务。该文件的出台是北约"域外行动"政策成型的标志。

冷战结束后，北约在逐渐发展执行危机管理行动的能力。在第二份战略概念文件中，北约已将"域外行动"归入危机管理行动的范畴。但在第三份战略概念文件出台之前，危机管理行动一直不属于北约的核心任务。第三份战略概念文件中不仅将"危机管理"规定为与"集体防御"和"合作安全"同等重要的北约基本核心任务之一，而且扩展了危机管理行动的内涵。根据北约的第三份战略概念文件：发生在北约边界之外的危机与冲突可能对北约领土和民众的安全构成直接威胁。因此，北约将在可能的地点和必要的时候执行危机管理行动。危机管理将涵盖所有阶段的危机处理，包括：在危机发生前进行危机预防，在危机发生时应对危机，以及在危机结束后稳定局势、进行重建。进一步发展执行"远征行动"（expeditionary operations）的原则、加强执行远征行动的军事能力建设，是危机管理行动行之有效的重要条件。反暴乱行动（counterinsurgency）、维稳行动（stabilization）和重建行动（reconstruction）是北约

---

① North Atlantic Treaty Organization, "Prague Summit Declaration: Issued by the Heads of State and Government participating in the meeting of the North Atlantic Council in Prague on 21 November 2002", November 21, 2002, https://www.nato.int/docu/pr/2002/p02-127e.htm.

② North Atlantic Treaty Organization, "NATO's Military Concept for Defense against Terrorism", Updated on June 7, 2011, https://www.nato.int/ims/docu/terrorism.htm.

列举出的几种远征行动类型。① 第三份战略概念文件中强调的"远征行动"实际上是"域外行动"的另一种表述形式,"远征行动"即"域外行动"。由于危机管理行动成为了北约的基本核心任务之一,因此"域外行动"也进而发展成为北约的一项核心军事行动,"域外行动"的重要性发生了根本性的变化。

近年来,北约面对的"域外"安全形势发生了重大变化。2014年,北约驻阿部队结束了在阿富汗的军事行动。这一年同时还爆发了乌克兰危机。2014年乌克兰危机爆发之前,西方国家在近25年内寻求将俄罗斯发展为伙伴国家。2014年发生的克里米亚事件和斯巴顿战争结束了西方国家与俄罗斯发展伙伴关系的时期。"伊拉克和大叙利亚伊斯兰国"(以下简称"伊斯兰国")与伊拉克政府于2014年在伊拉克北部爆发冲突,使当地安全形势发生了重大变化,也使北约面临着安全威胁。2015年至2017年,法国、比利时、英国、西班牙等欧洲国家多次遭遇恐怖袭击,欧洲面临着持续增强的恐怖主义威胁。② 面对变化的"域外"安全形势,北约在加强集体防御的同时,继续保持并尽力提升执行"域外行动"的能力。在2016年华沙峰会上,北约成员国领导人表示,不会让北约完全回归传统的集体防御任务而放弃危机管理与合作安全这两项基本核心任务。北约峰会提出了"安全投射"(Projecting Stability)这一概念,其核心是稳定北约防区周边的安全形势。危机管理行动,以及与相关伙伴国的合作都是实施这一概念的重要举措。在这一概念的指导下,北约将为乌克兰、格鲁吉亚、伊拉克和约旦等伙伴国提供更深层次的能力建设方面的支持;在地中海和爱琴海执行保卫海上安全的行动;为打击"伊斯兰国"的全球联盟提供支持。③ 通过维持危机管理行动的作用,北约至今

---

① North Atlantic Treaty Organization, "Active Engagement, Modern Defense: Strategic Concept for the Defense and Security of the Members of the North Atlantic Treaty Organization adopted by Heads of State and Government in Lisbon", November 19, 2010, https://www.nato.int/cps/en/natolive/official_texts_68580.htm.

② Julian Lindley-French et al., "One Alliance: The Future Tasks of the Adapted Alliance", Final Report of GLOBSEC NATO Adaptation Initiative, November 2017, pp. 10–12.

③ Ruben Díaz-Plaja, "Projecting Stability: An Agenda for Action", *NATO Review*, March 13, 2018, https://www.nato.int/docu/review/articles/2018/03/13/projecting-stability-an-agenda-for-action/index.html.

仍将"域外行动"置于军事行动中的重要地位。

"9·11"恐怖袭击发生以来,为防范和应对恐怖主义威胁,北约在多份政策文件中对军事态势的调整进行了规定,注重培养北约国家的军队奔赴防区之外打击恐怖主义的能力。北约驻阿富汗部队在阿富汗的"域外行动"进展与效果进一步促进北约发展执行危机反应行动的军事能力。"域外行动"的军事能力建设逐渐成为北约"域外行动"政策中的重要内容。

在2002年的布拉格峰会上,成员国达成了"布拉格能力承诺"以确保北约能一直履行打击恐怖主义的承诺、执行打击恐怖主义和大规模杀伤性武器的行动,并提升各成员国及北约整体的武装部队的作战能力。[1] 在《防范恐怖主义军事概念》中,北约规定军队需实现高度戒备以应对突发的恐怖袭击;一旦知晓恐怖分子的藏身之所或恐怖分子即将采取的行动,需能被快速部署至相关地域。[2] 在《布拉格峰会宣言》中,北约计划创建一支在2006年以前形成全面作战能力的"北约快速反应部队"。该部队将涵盖海、陆、空三个军种,拥有先进的技术、富有灵活性、可实施部署、能实现相互协作和可持续发展。该部队还需能根据北大西洋理事会的决定,迅速被部署到任何所需要的地点执行行动。[3] 2006年11月发布的《里加峰会宣言》声明:北约在阿富汗和巴尔干半岛的军事行动证实,北约需要现代化的、非常精干的武装力量,能根据北大西洋理事会的决定奔赴任何需要它们的地方实施快速部署。为此,北约将继续调整武装力量,以使其能在少有或缺乏东道国支持的情况下,执行与支持远离本土的多国联合远征行动,并长时间维持这类行动。[4] 2008年4

---

[1] North Atlantic Treaty Organization, "Prague Capabilities Commitment", Last Updated: January 14, 2011, https://www.nato.int/cps/en/natohq/topics_50087.htm.

[2] North Atlantic Treaty Organization, "NATO's Military Concept for Defense against Terrorism", Updated on June 7, 2011, https://www.nato.int/ims/docu/terrorism.htm.

[3] North Atlantic Treaty Organization, "Prague Summit Declaration: Issued by the Heads of State and Government participating in the meeting of the North Atlantic Council in Prague on 21 November 2002", November 21, 2002, https://www.nato.int/docu/pr/2002/p02-127e.htm.

[4] North Atlantic Treaty Organization, "Riga Summit Declaration: Issued by the Heads of State and Government participating in the meeting of the North Atlantic Council in Riga on 29 November 2006", November 29, 2006, https://www.nato.int/docu/pr/2006/p06-150e.htm.

月，北约在布加勒斯特峰会上重申对北约的军事规划。与2006年出台的决定相似，北约计划调整武装力量，使其能按照北大西洋理事会的决定，在北约防区内外、在其周边地区以及其他战略区域，在少有或缺少东道国支持的情况下，执行集体防御与危机反应行动。[①] 在2010年发布的第三份战略概念文件中，北约声明将发展并保持强大的、机动的、可被部署的常规军事力量，使其在履行第五条款职责的同时有能力执行远征行动，包括与北约快速反应部队协同行动。[②] 北约"域外行动"军事能力建设已逐渐发展成为北约政策中的重要议题。

总而言之，冷战结束后，国际与地区安全形势的变化和北约"域外行动"的实践经验，是促使北约成员国就"域外行动"相关政策问题进行磋商的主要原因。北约"域外行动"的相关政策规定可见于北约峰会召开后发布的正式宣言、北约制定的战略概念文件、北约防务计划委员会出台的规定等各种类型的官方文件中。北约"域外行动"的性质、类型、目的、地理范围、主动性、军事态势规划等内容在不同的政策文件中得到了规制，"域外行动"最终发展成为了北约的一项核心军事行动。

二 北约"域外行动"的决策过程

在北约"域外行动"政策的发展历程中，北约逐渐形成了一套"域外行动"决策模式。具体一项"域外行动"政策的提出与规划、"域外行动"军队的部署，以及行动最后的执行，需要北大西洋理事会、北约军事委员会、北约成员国政府之间在政治和军事领域多次进行协调与合作。从开始筹备"域外行动"到最后组成执行行动的部队，北约的"域外行动"政策决策过程大致可分为三个阶段。每一阶段的结束以正式文件的形成为标志，上一阶段形成的文件为下一阶段工作的开展奠定了基础。

[①] North Atlantic Treaty Organization, "Bucharest Summit Declaration: Issued by the Heads of State and Government participating in the meeting of the North Atlantic Council in Bucharest on 3 April 2008", April 3, 2008, https://www.nato.int/cps/en/natolive/official_texts_8443.htm.

[②] North Atlantic Treaty Organization, "Active Engagement, Modern Defense: Strategic Concept for the Defense and Security of the Members of the North Atlantic Treaty Organization adopted by Heads of State and Government in Lisbon", November 19, 2010, https://www.nato.int/cps/en/natolive/official_texts_68580.htm.

第一阶段主要由北大西洋理事会为行动的执行作出总体规划与政治指导。在执行"域外行动"的整个过程中，北大西洋理事会的政治掌控十分关键。任何涉及部队部署计划或军队雇佣等问题的决定，都需得到北大西洋理事会明确的政治授权。北大西洋理事会将首先发布一份"授权令"，为各有关部门接下来的工作提供授权与指导。同时，北大西洋理事会将拟出一份"初始指令"，为北约的军事行动提供授权、规划各项指标。"初始指令"将被送达至北约军事委员会的战略指挥官手中，为其制定"军事行动计划"提供内容框架。"初始指令"需涵盖以下内容：行动的合法性；行动的属性；行动的战略目标；可能出现的政治或军事结果；战略使命与任务；行动自由与行动限制；军事介入规则指导；行动的预期持续时长（可能知晓的情况下提供）；军事后勤及提供关键军事支持的领域；民事—军事协调机制。[①]

第二阶段主要由北约军事委员会的战略指挥官统筹考虑执行行动的军事要求。战略指挥官接收到来自北大西洋理事会的政治指导后，将形成一份"行动概念"（Concept of Operations）。在北大西洋理事会批准"行动概念"文件后，战略指挥官将开始制定军事行动计划，其中正式包含一份详细的"行动需求说明"（Statement of Requirement）。战略指挥官随后将最终版本的军事行动计划上交至北约军事委员会以求得认可，同时上交至北大西洋理事会以求得批准。在进展顺利的情况下，北大西洋理事会将发布"北大西洋理事会实施指令"（NAC Execution Directive），批准实施军事行动计划。[②]

第三阶段涉及执行行动的部队组建。在正式派遣军队执行军事行动之前，北约内部将进行一项适用于所有北约主导的行动与任务的部队组建程序。盟军军事行动司令部的"部队组建分部"和各成员国的军事代

[①] Military Agency for Standardization of North Atlantic Treaty Organization, "Allied Joint Publication - 3.4.1: Peace-Support Operations", July 2001 Edition, https://info.publicintelligence.net/NATO-PeaceSupport.pdf.

[②] North Atlantic Treaty Organization, "NATO's Assessment of a Crisis and Development of Response Strategies", May 10, 2011, https://www.nato.int/cps/en/natohq/official_texts_75565.htm?selectedLocale=en; Military Agency for Standardization of North Atlantic Treaty Organization, "Allied Joint Publication - 3.4.1: Peace-Support Operations", July 2001 Edition, https://info.publicintelligence.net/NATO-PeaceSupport.pdf.

表负责掌控北约的"部队组建"程序。在第二阶段得到审批的"行动需求说明"为这一阶段的部队组建提供指导，涉及执行行动所需军事能力、部队数量、部队指挥结构、（联合）支援部队和军事设备等内容。该文件将被传达至各北约成员国。成员国将对"行动需求说明"中的内容进行斟酌，并最终决定是否为执行北约的行动或任务提供军队等军事资源。从2003年起，在执行任何一项北约主导的行动和任务之前，北约都将召开"全球部队组建讨论会"进行相关讨论。在会上，愿意为军事行动作出贡献的北约及伙伴国正式声明将提供人力与设备以支持北约执行行动或任务。这些国家将提交"部队筹备"的相关信息，对本国提供的军事资源及部队部署等注意事项作出具体说明。"部队筹备"的相关信息提交后，"部队组建"的流程完成。① 随后，北约"域外行动"可被付诸实践。

第三节　美欧对北约"域外行动"政策的分歧

在北约"域外行动"政策形成的过程中，美国和部分欧洲盟国对于"域外行动"的一些相关问题存在不同的意见。在"域外行动"政策的起步和发展阶段，美欧的"域外行动"政策分歧主要集中在是否扩大北约的"域外行动"范围这一问题上。在"域外行动"政策的成型阶段，美欧的"域外行动"政策分歧主要集中在"域外行动"在北约军事行动中的地位这一问题上。美欧在北约"域外行动"政策上的分歧反映出大西洋联盟所发生的变化。

一　"域外行动"范围扩大引发美欧争论

从冷战结束直到2001年"9·11"恐怖袭击事件发生前，北约中的欧洲盟国首要关注的是在欧洲大陆上执行的军事行动。美国则不倾向于

---

① North Atlantic Treaty Organization, "Troop Contributions", Last Updated: June 6, 2017, https://www.nato.int/cps/en/natohq/topics_50316.htm?; Military Agency for Standardization of North Atlantic Treaty Organization, "Allied Joint Publication-3.4.1: Peace-Support Operations", July 2001 Edition, https://info.publicintelligence.net/NATO-PeaceSupport.pdf.

积极介入欧洲国家的军事行动,不主张发动地面部队执行北约的军事行动。美国优先关注的是如何使得欧洲盟国能为美国领导的、在欧洲以外执行的军事行动做出更多的贡献。① 因此,在这一段时期,美欧在"域外行动"政策上的分歧主要集中在是否应扩大北约"域外行动"范围的问题上。

冷战结束后,美国认为北约存在的意义越来越取决于其执行"域外行动"和消除非传统安全威胁的能力。② 1993年7月,时任美国参议员理查德·卢格主张:北约必须采用一个"全球日程表"以维持自身存在的现实意义甚至是生存的状态,即"走出域外或歇业"(out-of-area or out of business)。③ 从1993年至1996年主管美国国际安全政策的助理国防部长艾什顿·卡特,以及在1994年至1997年担任美国国防部长的威廉姆·佩里均主张北约应承担起执行"域外行动"的任务。原因在于:冷战结束后北约成员国面对的首要威胁不再是疆土遭受武装进攻,而是成员国集体利益遭受挑战,这些利益有可能来自于北约的领土范围以外。他们强调,北约需逐渐将战略重点从领土防御转移至捍卫北约防区以外的共同利益之上。后冷战时代北约首要的战略与军事用途是为迅速地组建军事实力强大的"意愿联盟"、在北约防区之外展现武力提供机制基础。④ 1998年,时任美国国务卿玛德琳·奥尔布赖特声明:北约应成为一个维护和平的军事力量,其行动范围应从中东地区一直延伸到中非地区。⑤ 1999年,在北约召开华盛顿峰会讨论第二份战略概念文件的前几个月,

---

① Robert P. Grant, "Coalitions of the Willing: NATO and Post-Cold War Military Intervention", NATO Research Fellowship Final Report, June 30, 1999, https://www.nato.int/acad/fellow/97-99/grant.pdf.

② Derek E. Mix, "The United States and Europe: Current Issues", Congressional Research Service Report, February 3, 2015, p. 7.

③ Alessandro Marrone, "The Equilibrium of the 2010 NATO Strategic Concept", *The International Spectator*, Vol. 46, No. 3, September 2011, p. 95; Stephen S. Rosenfeld, "NATO's Last Chance", Washington Post, July 2, 1993, https://www.washingtonpost.com/archive/opinions/1993/07/02/natos-last-chance/22054ea7-5958-44b0-9e6a-212ee1da51de/.

④ [美]艾什顿·卡特、[美]威廉姆·佩里:《预防性防御:一项美国新安全战略》,胡利平、杨韵琴译,上海人民出版社2000年版,第56页。

⑤ Ted Galen Carpenter, "NATO's New Strategic Concept: Coherent Blueprint or Conceptual Muddle?", *Journal of Strategic Studies*, Vol. 23, Issue 3, Summer 2000, p. 11.

美国希望扩大北约行动范围的倾向愈加明显。克林顿政府坚持认为大规模杀伤性武器的扩散和恐怖主义造成的"域外"威胁日益严重，并催促其他北约盟国在大西洋联盟层面制定有效的计划，在这些威胁抵达北约防区之前对其作出回应。①

美国推动北约扩大"域外行动"范围的主张未能得到北约欧洲盟国的积极响应。北约中大多数西欧盟国认为，北约的价值应在于维护欧洲地区的和平与安全，主张大西洋联盟应专注于地区性而非全球性事务。② 1998 年，时任法国外交部长于贝尔·韦德里纳表达了对北约扩大行动范围的担忧。他认为北约过度扩大行动范围将可能削弱大西洋联盟、离间大西洋联盟的盟友。时任西班牙外交部长阿贝尔·马图特斯认为美国带领北约在欧洲以外地区执行军事行动与欧洲的利益并不相关。③ 对于大多数欧洲盟国而言，长期以来，北约的吸引力在于维系欧洲与美国之间在安全领域的联系、确保美国在面对外敌时不会抛弃欧洲盟友。④ 美国在全球范围内欧洲以外的许多地区存在利益，但欧洲在这些地区并不存在与美国一致的利益。此外，巴尔干地区发生的两场危机也使得欧洲国家将安全问题的关注点聚焦于欧洲大陆。因此，大部分欧洲盟国希望限制北约"域外行动"的地理范围。美欧在北约"域外行动"范围扩大问题上的矛盾由此产生。

二 美欧对北约"域外行动"重要性的争论

当第一次海湾战争及随后的巴尔干地区冲突迫使北约开始考虑执行"域外行动"时，盟国之间就开始争论是否有必要赋予北约执行"域外行

---

① Richard E. Rupp, *NATO after 9/11: An Alliance in Continuing Decline*, New York: Palgrave Macmillan, 2006, p. 61.

② Arnold Kammel, Benjamin Zyla, "Looking for a 'Berlin Plus in Reverse'? NATO in Search of a New Strategic Concept", *Orbis*, Vol. 55, Fall 2011, p. 649.

③ Ted Galen Carpenter, "NATO's New Strategic Concept: Coherent Blueprint or Conceptual Muddle?", *Journal of Strategic Studies*, Vol. 23, Issue 3, Summer 2000, p. 12.

④ Ted Galen Carpenter, "NATO's New Strategic Concept: Coherent Blueprint or Conceptual Muddle?", *Journal of Strategic Studies*, Vol. 23, Issue 3, Summer 2000, p. 12.

动"的角色。① 从"域外行动"政策开始制定直至 2010 年"域外行动"发展成为北约的核心任务之一，北约内部对于"域外行动"重要性的争论不绝于耳。特别是 2001 年"9·11"恐怖袭击事件发生后，美国更加积极地推动北约提升"域外行动"在北约军事行动中的地位。美国的主张得到了英国、丹麦等欧洲盟国的响应。但法国、德国，以及一些东欧盟国担忧"域外行动"与北约传统的集体防御任务之间存在冲突，因此对于"域外行动"的重要性持有不同看法。

2002 年，时任美国常驻北约大使尼古拉斯·伯恩斯认为，北约需要将工作重点由内部转向外部，因为北约面临的最大威胁不再来自于欧洲内部，而是来自于从北非到中亚的地区，是有人将恐怖主义和大规模杀伤性武器结合在了一起。② 2009 年 2 月，对美国政策制定及国际安全研究具有重要影响力的四个智库——美国大西洋理事会、美国国际战略研究中心、美国技术与国家安全政策中心及约翰·霍普金斯大学的跨大西洋关系研究中心在共同完成"华盛顿北约项目"后联合发布了一份与北约相关的研究报告。报告指出：北约在过去的十五年里执行军事行动时一直秉承着"要么走向域外，要么歇业"的理念，并且就实际情况而言，北约的军事行动范围确实已从周边的巴尔干地区延伸至了中亚的阿富汗，因此北约已经是一个"远征联盟"了。专家学者们将北约的"域外行动"划分为危机预防与应对行动、维稳与重建行动，以及与其他伙伴国的联合行动等三种类型，并建议将执行"域外行动"发展成为与集体防御同等重要的北约任务。③

英国是美国的坚定支持者，同样主张提升北约"域外行动"的重要性。英国下议院防务委员会在 2008 年 3 月发布的报告中对北约的未来与欧洲的防务进行了探讨，认为北约不仅需要将行动范围扩展至全世界，

---

① Sten Rynning, *NATO Renewed: The Power and Purpose of Transatlantic Cooperation*, New York: Palgrave Macmillan, 2005, p. 46.

② 邢骅、苏惠民、王毅主编：《新世纪北约的走向》，时事出版社 2004 年版，第 118 页。

③ Daniel Hamilton et al., "Alliance Reborn: An Atlantic Compact for the 21st Century", The Washington Project launched by Atlantic Council of the United States, Center for Strategic and International Studies, Center for Technology and National Security Policy and Center for Transatlantic Relations at Johns Hopkins University, February 2009, pp. 21 – 22, 33 – 34.

而且需要得到美国的持续支持，二者之间存在着相辅相成的关系。报告声明：由于大西洋联盟所面对的威胁具有全球性，因此，北约除了成为全球性行为体之外别无选择。无论威胁出自何处，北约均应予以抗击，这种意愿对于大西洋联盟的存续而言至关重要。倘若北约使自身局限于一个只专注于保卫北大西洋领土的地区性行为体的角色，那么其价值将被削弱（特别是对于美国而言）、其未来将存在不确定性。[1]

在北约通过第三份战略概念文件、"域外行动"升级为北约的核心任务之一之前，波兰国际事务研究所就北约的"域外行动"问题对所有北约成员国进行了调查与研究。根据调查结果，除英国外，丹麦、挪威、意大利、荷兰和匈牙利也在"域外行动"的重要性问题上追随美国。这些国家主张北约走向全球、并认为"域外行动"对大西洋联盟而言非常重要。报告显示：丹麦强烈支持北约执行不受地理范围限制的"域外行动"，认为执行"域外行动"不仅是北约或西方在为国际稳定、人道主义援助或世界经济发展作出贡献，而且也是北约捍卫大西洋联盟成员基本利益的表现。丹麦和匈牙利都认为集体防御与"域外行动"之间并不对立。丹麦的观点是执行"域外行动"能通过增进北约成员国军队之间的相互配合，增强北约传统的集体防御能力。匈牙利认为从长远来看，执行"域外行动"将逐渐发展成为北约的重要任务。挪威主张，不论是出于政治原因还是军事原因，北约都有必要执行"域外行动"，原因在于北约的"域外行动"有助于维护大西洋联盟的凝聚力；成员国在大西洋联盟的框架下就"域外行动"进行合作也有利于维护成员国的利益。意大利虽强调《北大西洋公约》第五条款是大西洋联盟建立的基础，但主张除集体防御外，北约还应执行"域外行动"，从而保卫大西洋联盟内的公民在新战略环境下免遭来自防区之外的多种威胁。荷兰同样也强调北约执行"域外行动"消除"域外"威胁具有重要意义。[2]

---

[1] House of Commons Defence Committee of the United Kingdom, "NATO's Role and Relevance in the 21st Century", Ninth Report of session 2007 – 2008, March 4, 2008, https：//publications. parliament. uk/pa/cm200708/cmselect/cmdfence/111/11107. htm.

[2] 参见 Beata Górka-Winter and Marek Madej, eds., "NATO Member States and the New Strategic Concept：An Overview", The Polish Institute of International Affairs, Warsaw, May 2010, https：//www. files. ethz. ch/isn/116768/PISM_Report_NATO_ENG. pdf.

第二章　冷战后北约"域外行动"政策的形成及争议　/　83

　　法国、德国、比利时、卢森堡、葡萄牙、捷克、斯洛伐克和罗马尼亚与美英等国意见相反。这些国家普遍认为集体防御任务的重要性胜于"域外行动"，担心北约的"域外行动"与集体防御之间将产生冲突，主张北约不应过于重视在全球范围内执行军事行动，而应专注于对大西洋联盟的集体防御。波兰国际事务研究所的调查报告显示：法国认为北约在防区以外执行行动不应被规制化。在法国看来，北约远征"域外"的行动，只有在应对恐怖主义威胁，或是对攻击能源供应基础设施的行为进行回击等情况下才是正当的。德国同样反对北约全球化，认为北约最重要的任务是《北大西洋公约》第五条款中规定的集体防御。德国还主张，只有当大西洋联盟面对的直接安全威胁确实存在，且北约防区的安全肯定会受其影响时，执行"域外行动"才具有正当性。比利时同样强调北约的核心任务是集体防御，反对重新定义或延伸性解读《北大西洋公约》第五条款，不赞同北约承担在全球范围内的危机反应行动。比利时虽然原则上并不反对北约执行"域外行动"，但主张北约不应介入与北约安全无关的"域外"危机和"域外"冲突。卢森堡也认为《北大西洋公约》第五条款是大西洋联盟的核心，主张对第五条款的解读不应过于宽泛，而应突出北约的集体防御责任。卢森堡的观点是北约不应过于频繁地执行"域外行动"，而应在深入分析某项"域外行动"将对北约防区安全造成的影响之后再决定是否执行该"域外行动"。葡萄牙主张北约将注意力集中在大西洋两岸、专注于集体防御任务。捷克将北约视为保卫欧洲——大西洋地区安全的基础，认为尽管"域外"环境复杂多变、新挑战层出不穷，北约仍应集中力量防止领土遭受攻击。斯洛伐克虽声明支持北约的转型并将调整本国军事能力以适应北约执行"域外行动"的需要，但主张北约仍应首先关注集体防御任务。罗马尼亚也十分重视《北大西洋公约》第五条款，认为集体防御才应当是北约优先考虑的事项。[①]

　　一些在地理上靠近俄罗斯或与俄罗斯接壤的东欧盟国，如爱沙尼亚、

---

① 各国的主张参见 Beata Górka-Winter and Marek Madej, eds., "NATO Member States and the New Strategic Concept: An Overview", The Polish Institute of International Affairs, Warsaw, May 2010, https://www.files.ethz.ch/isn/116768/PISM_Report_NATO_ENG.pdf.

拉脱维亚、立陶宛等,一直将俄罗斯视为最大的安全威胁。① 出于地理、历史和文化等方面的原因,这些国家一直对俄罗斯心存恐惧,因而更为关心北约是否能保护它们免遭俄罗斯的威胁。这些国家普遍认为北约不应过于关注"域外行动",而应更加关注欧洲、将注意力集中在保护欧洲免遭俄罗斯的侵犯和胁迫问题上。在俄罗斯与格鲁吉亚之间的冲突爆发前,时任拉脱维亚总统瓦伊拉·维基耶-弗赖贝加于2006年12月表示,倘若拉脱维亚遭受俄罗斯的攻击,希望北约能立刻做出反应、采取所有可采取的措施保护拉脱维亚。弗赖贝加认为:这毫无疑问是北约的基本原则,若大西洋联盟在这方面失败,那么大西洋联盟就会瓦解。② 2008年8月,俄罗斯与格鲁吉亚为争夺南奥塞梯的控制权而发生战争后,波兰和波罗的海国家对俄罗斯的恐惧进一步加深。这些国家呼吁北约增强保卫防区领土安全的实力而非远征"域外"的能力。③ 这些国家与美国在北约"域外行动"的重要性问题上存在意见分歧。2008年12月9日,时任美国常驻北约代表库尔特·沃尔克在一次发言中表示:美国非常关注俄罗斯与格鲁吉亚之间的纠纷,但并不认为这应占满北约的日程表,相比于俄罗斯与格鲁吉亚之间的纠纷,还有许多更重要、更紧急的事情值得美国和北约关注。阿富汗军事行动、恐怖主义一类的新型安全威胁、"失败国家"以及这些问题造成的影响,是沃尔克所列举出的优先于南奥塞梯冲突的事项。④ 2009年7月,一群中东欧国家的前政府官员和知识分子联合签署了一份致美国总统奥巴马的公开信,自称发出的是北约和欧盟内部的大西洋主义声音。他们质疑奥巴马政府未能尽力阻止俄罗斯侵略东欧。⑤

美欧之间不论是对扩大"域外行动"范围的争议还是对提升"域外

---

① Jens Ringsmose and Sten Rynning, "Come Home, NATO? The Atlantic Alliance's New Strategic Concept", Danish Institute for International Studies, Copenhagen, 2009, p. 17.

② David S. Yost, "NATO's Evolving Purposes and the Next Strategic Concept", *International Affairs*, Vol. 86, Issue 2, 2010, p. 499.

③ Thom Shanker, "Joint Chiefs Chairman Stresses NATO Defense for Baltic Region", *New York Times*, October 23, 2008, https://www.nytimes.com/2008/10/23/world/europe/23mullen.html.

④ Jens Ringsmose and Sten Rynning, "Come Home, NATO? The Atlantic Alliance's New Strategic Concept", Danish Institute for International Studies, Copenhagen, 2009, p. 18.

⑤ 周琪:《欧美关系的裂痕及发展趋势》,《欧洲研究》2018年第6期。

行动"重要性的争论,都反映出冷战结束后大西洋联盟成员在威胁认知方面出现的差异,及其安全利益的分离。从20世纪90年代开始,美国的战略重心逐渐从欧洲转移。由于冷战的终结和恐怖主义威胁的凸显,不论是在地理意义上还是政治意义上,欧洲都将不再像在冷战时期那般处于美国战略的中心地位。[1] 冷战结束后,美国逐渐更加关注自身在欧洲以外地区的安全利益。例如,美国非常重视在中东的安全利益。1995年美国国防部发布的一份关于对中东的安全战略报告中提到,海湾地区石油的生产和输出仍旧遭受着反美的地区大国及其他不安定因素的威胁;以中东为温床的国际恐怖主义和伊斯兰极端势力正在蔓延等等。[2] 2001年"9·11"恐怖袭击事件发生后,美国开始重视恐怖主义、大规模杀伤性武器及其他新型威胁,并调整了全球战略,将反恐作为长期的战略重点。[3] 在全球范围内打击恐怖主义发展成为美国重要的安全利益,这使得美国更加关注中亚、中东等欧洲以外地区的安全形势。1998年,曾任美国国务卿的沃伦·克里斯托弗和曾任美国国防部长的威廉姆·佩里建议将大西洋联盟发展成为一个可以在任何"西方集体利益"遭受威胁的地方投射力量的工具。[4] "西方集体利益"指的就是美国自身的安全利益。美国主张扩大北约"域外行动"的范围、提升"域外行动"在北约军事行动中的重要性,实际上是企图将北约发展成为保障自身在全球范围内安全利益的工具。与美国相比,冷战结束后,法国、德国等部分欧洲盟国在欧洲以外的地区并不存在同样重要的安全利益。这些国家更加关注欧洲大陆的安全形势。防范和抵制俄罗斯的安全威胁,是地理上临近俄罗斯的东欧盟国最为关注的安全利益。因此,部分欧洲盟国并不积极响应美国的号召,坚持认为北约的职能应主要在于传统的集体防御任务、"域外行动"虽存在合理性但应居于次要地位。

---

[1] Nicole Gnesotto, "EU, US: Visions of the World, Visions of the Other", in Gustav Lindstrom ed., *Shift or Rift: Assessing US-EU Relations after Iraq*, Paris: Institute for Security Studies, 2003, p. 33.

[2] 陈效卫:《美国联盟战略研究》,国防大学出版社2002年版,第27页。

[3] 郭宪纲:《美国全球战略的重心转移》,《国际问题研究》2003年第2期。

[4] Ted Galen Carpenter, "NATO's New Strategic Concept: Coherent Blueprint or Conceptual Muddle?" *Journal of Strategic Studies*, Vol. 23, Issue 3, Summer 2000, p. 11.

虽然美欧在北约"域外行动"相关政策问题上存有分歧，但最终北约"域外行动"政策得到了发展，体现了美国的意愿。从冷战结束至2010年北约通过第三份战略概念文件，北约的"域外行动"政策逐渐成型。北约官方文件赋予了北约在全球范围内执行"域外行动"的权利，并将"域外行动"提升为北约核心任务之一，与集体防御具有同等重要性。美国扩大北约"域外行动"范围和提升"域外行动"地位的主张最终发展成为正式的北约政策。与此同时，集体防御任务始终在北约的政策文件中被列为核心任务，体现出美欧在"域外行动"与集体防御之间关系问题上的妥协。

本章小结

本章探讨了冷战结束后北约"域外行动"政策的形成及美欧在北约"域外行动"政策上的争议。冷战结束后，北约面临的战略环境变化、北约为适应新战略环境做出的转型、北约"域外行动"政策的形成历程和决策过程，以及美欧在北约"域外行动"政策上的分歧是本章研究的主要内容。

本章第一节的第一部分概述了北约在冷战结束后面对的新国际环境。华约解散和苏联解体意味着美苏对峙的冷战时代终结。苏联的解体使冷战时期促使北约成立的外部安全威胁情况发生了改变，这是北约面对的最重要的国际环境变化。伴随着苏联解体而来的是美欧在安全领域的分化和地区性冲突的爆发。北约面临着生存危机和来自防区周边的安全威胁。第一节的第二部分归纳了北约为应对国际环境变化而转型的表现。北约的转型主要表现为：第一，放弃了冷战时期以核威慑与核打击为主的军事战略，在新战略中减少了对核武器的依赖。第二，以合作和对话的方式发展与前苏联加盟共和国的伙伴关系、积极吸纳中东欧国家加入北约。在此过程中注重发挥政治影响力、增强了政治职能。第三，出动军队赴防区之外执行军事行动，发展了"域外"军事干预的职能，为北约和大西洋联盟的存续提供了重要理由。第四，着手建设联合特遣部队，在保持美国领导力的基础上，适当发展了欧洲安全防务特性，增加了新的安全合作组织形式。

本章第二节对"域外行动"政策的发展进程进行了梳理，并阐述了

"域外行动"政策的决策过程。北约的"域外行动"政策形成于冷战结束后。国际与地区安全形势的变化，以及北约的"域外行动"实践效果和经验教训是影响"域外行动"政策发展的两大重要因素。总体而言，北约的"域外行动"政策发展可分为两个阶段。从冷战结束至2001年"9·11"恐怖袭击事件发生之前，是"域外行动"政策的起步和发展阶段。在1992年北约外交部长会议上，北约决定为欧洲安全与合作会议的维和行动提供支持，这标志着北约首次决定在"域外"执行军事行动。在1999年通过的第二份战略概念文件中，北约将"域外行动"的性质界定为危机管理范畴内的"非第五条款危机反应行动"。在2001年"9·11"恐怖袭击发生之后，北约"域外行动"政策进入成型阶段。恐怖主义威胁和北约领导的驻阿富汗部队在阿富汗的军事行动效果对"域外行动"政策的成型起到了重要影响。在这一阶段，北约出台的政策文件使"域外行动"实现了地理范围的突破、赋予了北约执行"域外行动"的主动性。2010年北约第三份战略概念文件将"域外行动"所属的危机管理行动升级为北约的核心任务之一，标志着"域外行动"政策的成型。在"域外行动"政策形成的过程中，北约逐渐要求军队从专注于集体防御转变为同时兼具集体防御能力和"域外行动"能力。对北约军队"域外行动"能力的规划与调整也反映在多份北约官方文件中。在"域外行动"政策的制定和完善过程中，北约逐渐形成了自成体系的"域外行动"决策模式。每一项具体"域外行动"政策的产生，都涉及北大西洋理事会、北约军事委员会和北约成员国政府在政治和军事方面的协调与合作。

本章第三节归纳了美欧在"域外行动"政策制定过程中产生的意见分歧，并通过对美欧分歧的原因进行分析，阐述了大西洋联盟所发生的变化。在"域外行动"政策形成的不同阶段，美欧的分歧主要聚焦于"域外行动"不同方面的政策问题上。在"域外行动"政策的起步与发展阶段，美欧主要对扩大"域外行动"的地理范围存在争议。在"域外行动"政策的成型阶段，美欧对于提升"域外行动"在北约军事行动中的地位看法不一。美欧在"域外行动"政策上的意见分歧，反映出冷战结束后大西洋联盟成员对于威胁认知的差异，及其安全利益的分离。共同外部安全威胁的改变是导致大西洋联盟成员在威胁认知和安全利益方面产生差异的主要原因。

第 三 章

北约"域外行动"的特点

本章将归纳总结北约"域外行动"的主要特点,并分析其中一些特点对大西洋联盟所造成的影响。北约"域外行动"主要有三个特点:一是行动类型多元;二是在行动方式上以意愿联盟为主;三是行动中伙伴关系多样化。本章将分三个小节对三方面的特点逐一进行研究。本章第一节将探讨北约"域外行动"的类型。首先将介绍北约对军事行动类型的划分,然后阐述北约"域外行动"的类型。本章第二节将阐释意愿联盟的概念、分析意愿联盟的构建特点,并探究意愿联盟这一行动方式对大西洋联盟的影响。本章第三节将探讨北约"域外行动"所涉及的伙伴关系,分析美欧在北约"全球伙伴关系"问题上的分歧及其对大西洋联盟所造成的影响。

第一节 "域外行动"形式多元

在北约"域外行动"政策的发展历程中,北约通过第二份战略概念文件将"域外行动"定性为危机反应行动。危机反应行动的类型可被视为北约"域外行动"的类型。北约官方对包括危机反应行动在内的军事行动类型进行了划分。根据北约官方的划分,北约的"域外行动"具有类型多元化的特点。

一 北约对军事行动种类的划分

在《美国军事术语解读词典》中,"operation"一词被定义为"军事行动、作战行动",即"具有共同目的或统一方案的一系列战术行动"或

"执行战略、作战、战术、勤务、训练或行政性军事任务的军事行动"。[1]北约的军事行动涵盖了多种类型，与"军事行动"一词所指的内容相吻合。在北约军事标准化局[2]于2001年7月发布的官方文件《3.4.1号联盟联合出版文件：和平支持行动》中和北约的官方网站上，北约对其执行的军事行动种类进行了划分。

根据北约军事标准化局发布的官方文件和北约官网的信息，北约的军事行动可被划分为两大类：一类是《北大西洋公约》第五条款所规定的集体防御行动；另一类是非第五条款军事行动，即"危机反应行动"。和平支持行动（peace support operations）可被认为是"危机反应行动"的同义词。北约执行危机反应行动的主要目的在于处理复杂的突发情况[3]，以及应对在不确定和不断变化的战略环境下由已"崩溃"（collapsed）国家或"处于崩溃状态"（collapsing）的国家带来的强劲挑战。危机反应行动的种类通常包括冲突预防（conflict prevention）、维和（peacekeeping）、调解（peacemaking）、和平建设（peace building）、和平的强制实现（peace enforcement）和人道主义救援（humanitarian relief）六大类。每一个类别的行动之下可再做进一步的类型划分。在执行其中一些类别的行动时，北约有时会综合采取军事、外交和民事手段。根据

---

[1] 程勇、马建华主编：《美国军事术语解读词典》，中国科学技术大学出版社2016年版，第364页。

[2] 其原英文名称为"Military Standardization Agency"。该机构于1951年成立于伦敦，同年其英文名称改为"Military Agency for Standardization"，主要负责北约的标准化事务。2000年，该机构与1995年成立的"北约标准化办事处"（Office of NATO Standardization）一同被合并为"北约标准化局"（NATO Standardization Agency）。该局于2014年因北约机构改革而解散。2014年至今，由"标准化委员会"（Committee for Standardization，于2001年成立）负责北约的标准化事务，包括引导北约标准化政策的发展方向；监督北约标准化政策的实施；协调北约的标准化行动；为北约各方面标准的发展、维持、管理与实践提供便利等。详见North Atlantic Treaty Organization, "Committee for Standardization", Last Updated: July 14, 2015, https://www.nato.int/cps/en/natohq/topics_69277.htm.

[3] 《3.4.1号联盟联合出版文件：和平支持行动》中将"复杂的突发情况"（complex emergencies）界定为复杂的、由多个党派参与的、发生在国家内部的冲突。这种冲突将可能引发威胁地区与国际安全的人道主义灾难。国家制度的崩溃、法治与秩序的瓦解、强盗行为、混乱的形势，以及部分居民的迁移是该类冲突中频繁出现的现象。详见Military Agency for Standardization of North Atlantic Treaty Organization, "Allied Joint Publication – 3.4.1: Peace-Support Operations", July 2001 Edition, https://info.publicintelligence.net/NATO-PeaceSupport.pdf.

北约官网和北约军事标准化局发布的官方文件,北约具体的军事行动分类情况如表一所示。

表一

北约的军事行动类型				
集体防御行动	《北大西洋公约》第五条款中规定的军事行动			
危机反应行动(或和平支持行动)	冲突预防(conflict prevention)	预防性军事部署(preventive deployment)	早期警告(early warning)	
^	^	^	监视(surveillance)	
^	^	^	稳定的实现(stabilizing measures):在冲突各方之间建立起有效的联络与沟通方式;实现冲突当地武装派别之间相互的、均衡的军事人员与设备削减;军队的隔离;对武器运用及军事人员部署的区域性限制,包括强制实施禁飞区等;提前预报军事活动或军事演习;联合视察存在争议的地区	
^	^	^	训练它国军事人员及改革它国军事部门(training and security sector reform)	
^	^	^	法治与秩序的恢复(restoration of law and order):反暴乱行动;反恐行动等	
^	^	军事实况调查(military fact-finding)		
^	^	视察(inspection)		
^	^	监督(monitor)		

续表

危机反应行动（或和平支持行动）	维和（peace keeping）	观察与监控（observation and monitor）	综合运用观察、监控、核实、汇报、建立信任（必要时采用）等方式平息潜在冲突；观察、监控难民及其他流亡者的活动
		停战协定的执行及停火监督（supervision of truces and cease-fire）	执行停战协定或停火协议中涉及的军备控制等任务；与冲突各方的部队在军事层面和民事层面进行联络；转移或重新安置难民及流亡者等
		干预（interposition）	建立缓冲带或中立地区
		遣散（demobilization）	解除武装（demilitarization）；裁军（disarmament）
	和平过渡阶段的军事协助（transition assistance）		
	人道主义保护行动（protection of humanitarian operations）		
	人权保护（protection of human rights）		
	爆炸性军械及地雷清除（explosive ordnance and mine clearance）		
	冲突控制（conflict containment）		
	和平的强制实现（peace enforcement）	交战各方的强制分离（forcible separation of belligerent parties）	
		制裁的强制执行（enforcement of sanctions）	
		保护区或安全区的建立与监管（establishment and supervision of protected or safe areas）	建立、监督、强制施行武器禁区；建立及维持军队驻地区域；坚守阵地；巡逻与搜查等
	建设和平（peace building）		
	建立和平（peace making）		
	人道主义救援（humanitarian relief）		

本表根据北约官方网站和北约军事标准化局发布的《3.4.1号联盟联合出版文件：和平支持行动》中的内容归纳整理而成。[1]

---

[1] 参见 Military Agency for Standardization of North Atlantic Treaty Organization, "Allied Joint Publication – 3.4.1: Peace-Support Operations", July 2001 Edition, https://info.publicintelligence.net/NATO-PeaceSupport.pdf; North Atlantic Treaty Organization, "Crisis Management", Last Updated: February 27, 2018, https://www.nato.int/cps/en/natohq/topics_49192.htm.

二 北约的"域外行动"类型

北约的"域外行动"目前已涉足欧洲、中东、非洲、中亚等地区，行动类型多元化。以下将选取北约在波黑、科索沃、阿富汗、利比亚和伊拉克的"域外行动"类型进行阐述。

在波黑的"域外行动"中，北约最初出动了数十架战斗机在波黑领空实施联合国的禁飞计划，这一行动属于"冲突预防"类型。1994年北约对围困戈拉日代市的塞族阵地的持续空袭，以及1995年北约对波黑萨拉热窝附近的塞族阵地的空袭，则更偏向于维和行动类型中的"冲突控制"行动。1995年，北约领导的"执行部队"部署于波黑执行《代顿和平协议》中的军事任务。北约将1995年部署于波黑的"执行部队"所执行的军事行动认定为"和平支持行动"，可进一步归为维和行动下属的"停战协定的执行及停火监督"这一类型。1996年，由北约领导的"稳定部队"取代"执行部队"，继续协助维持波黑的安全环境、为波黑的战后重建提供支持。"稳定部队"自1996年1月至2004年12月在波黑所执行的军事行动内容包括：支持当地的防务改革；执行排雷行动；逮捕被指控犯有战争罪行的人；协助难民及流离失所者回归家园；进行日常巡逻以保障地区安全；部署多国特别行动小组以处理骚乱事件；收集并销毁个人持有的未注册登记的武器与军用物资等。北约也将"稳定部队"的行动归为"和平支持行动"，但偏向于其下属的"和平的强制实现"这一类型。[①]

北约在科索沃的军事行动主要属于"和平的强制实现"行动和维和行动。根据北约官网的记载，北约在科索沃执行"盟军行动"的目标包括：终结所有军事行动、暴力及镇压行为；将军事人员、警察及准军事部队从科索沃撤离；在科索沃实现国际驻军；将难民及流离失所者送归家园，并为他们开放人道主义救援机构；遵照国际法与《联合国宪章》，

---

① North Atlantic Treaty Organization, "Peace Support Operations in Bosnia and Herzegovina", last updated: April 26, 2019, https://www.nato.int/cps/en/natolive/topics_52122.htm.

为科索沃达成政治协议等。① 北约空袭科索沃主要属于"和平的强制实现"行动,原因在于其最终终止了科索沃境内交战各方的战斗。空袭科索沃之后,北约领导的科索沃部队继续保持着北约在科索沃的军事存在。其行动涉及维和行动和"和平的强制实现"行动,行动内容包括:送返或重新安置难民及流离失所者;战后重建;排雷;维护安全与公共秩序;维护边境安全;制止跨境武器走私;武器销毁等。②

在北约领导的驻阿部队中,不同北约盟国在阿富汗不同地区执行军事行动。美国、加拿大、英国等国家主要聚集在阿富汗形势较为动荡的南部地区执行反暴乱和反恐行动。这些国家执行的军事行动主要属于"冲突预防"行动下属的"法治与秩序的恢复"行动。德国等北约盟国在阿富汗主要执行战后援建等非战斗性质的军事行动,侧重于维和行动和"和平建设"行动。在行动后期,北约主要承担了训练阿富汗军队的任务,属于冲突预防中的"预防性军事部署"行动。

北约领导的意愿联盟在利比亚执行的军事行动内容包括:在地中海强制武器禁运以阻止他国武器、相关材料和雇佣兵流入利比亚境内;强制设立及维护禁飞区;对威胁利比亚居民和人员集中地区安全的军事部队施以空中和海上打击等。③ 武器禁运、强制设立及维护禁飞区属于"冲突预防"行动中的"预防性军事部署"行动。对军事部队的空中与海上打击行动偏向于维和类型的军事行动。

北约在伊拉克执行的"域外行动"长期以来主要聚焦于训练军事部队。自 2004 年至 2011 年,北约在伊拉克执行着"北约伊拉克训练任务",行动的内容主要是训练、指导及协助伊拉克安全部队,目的在于协助伊拉克建立起有效的、具有责任感的安全部队。2017 年 1 月,北约在首都巴格达部署了一支由 8 名民事与军事工作人员组成的核心小组,建立起了北约在伊拉克长久的军事存在。自 2018 年 10 月北约开始在伊拉克

---

① North Atlantic Treaty Organization, "Kosovo Air Campaign: Operation Allied Force (Archived)", last updated: April 7, 2016, https://www.nato.int/cps/en/natohq/topics_49602.htm.

② North Atlantic Treaty Organization, "NATO's Role in Kosovo", last updated: November 19, 2019, https://www.nato.int/cps/en/natohq/topics_48818.htm.

③ North Atlantic Treaty Organization, "NATO and Libya", last updated: November 9, 2015, https://www.nato.int/cps/en/natohq/topics_71652.htm.

执行非战斗型的军事能力建设行动——"北约伊拉克任务",旨在协助伊拉克发展自身能力以建设更加可持续、透明和高效的国家安全机构与更加专业化的军事教育机构。[①] 北约在伊拉克的"域外行动"涉及"训练他国军事人员及改革他国军事部门",属于"冲突预防"行动框架下的"预防性军事部署"行动这一类型。

北约执行的"域外行动"类型,通常会根据具体地点安全形势的变化以及北约与不同行为体之间的互动结果来进行调整。总体而言,北约在不同地点执行的"域外行动"大多综合囊括了危机反应行动中两种以上的行动类型,少部分"域外行动"专注于某一种类型。北约的"域外行动"具有类型多样化的特点。

第二节　以"意愿联盟"为主要行动方式

美国国防大学国家战略研究院资深研究员亚历山大·克劳瑟在 2016 年发表的一篇文章中提到:"北约已成为全球意愿联盟的中心。"[②] 意愿联盟逐渐成为了北约"域外行动"的主要行动方式。在北约"域外行动"的发展历史中,意愿联盟分为两种类型。第一类是由北约领导构建的意愿联盟。在这类意愿联盟中,所有北约成员国或部分北约成员国参加了北约领导的"域外行动",北约的伙伴国或其他非北约成员国自愿加入意愿联盟中,为北约的"域外行动"提供支持与协助。这类意愿联盟的典型是北约领导的"驻阿富汗国际安全援助部队"和北约为在利比亚执行"域外行动"组建的意愿联盟。此类意愿联盟执行的"域外行动"属于北约的"域外行动",对大西洋联盟造成了直接的影响。第二类是由某个北约成员国单独领导构建的意愿联盟。这类意愿联盟虽不以北约的名义执行行动,但其行动吸收了部分北约成员国的力量,同时也接纳其他非北约国家的军事援助及其他形式的支持。美国为发动阿富汗战争组建的意

---

① North Atlantic Treaty Organization, "NATO Mission Iraq", last updated: June 24, 2019, https://www.nato.int/cps/en/natohq/topics_166936.htm.

② G. Alexander Crowther, "NATO Nouvelle: Everything Old Is New Again", *Joint Force Quarterly*, 83, 4th Quarter, October 2016, p. 91.

愿联盟以及美国为发动伊拉克战争组建的意愿联盟，便属于这一类型。此类意愿联盟执行的"域外行动"虽不属于北约的"域外行动"，但涉及部分北约成员国的军事参与以及美欧在相关"域外行动"问题上的互动，因而对于大西洋联盟也造成了影响。

一 "意愿联盟"概念界定

在冷战结束之前，北约内部就对意愿联盟问题进行了讨论。北约曾于1985年形成了一份关于"域外行动"事务的临时报告。报告指出了北约面对的"域外"威胁对北约安全的重要性，并提到：组建适应地区安全需要的临时团体（ad hoc groupings）是应对"域外"威胁的最佳方式。[①] 20世纪90年代北约提出的"联合特遣部队"是在北约框架内发展意愿联盟这一行动方式的开端。"9·11"恐怖袭击事件发生后，美国于2002年在《国家安全战略》中提出将通过组织联盟来实施战略，联盟将尽可能广泛，联盟成员将由有能力和有意愿促进"有利于自由的均势"的国家所组成。[②] "意愿联盟"的军事行动成为了美国安全政策中的一项重要内容。

"意愿联盟"（coalition of the willing）也可被称为"临时联盟"（ad hoc coalition），是不同于传统联盟（alliance）的一种安全合作形式。意愿联盟所属的联盟形式对应的英文表述"coalition"意味着"许多国家为了一个共同目的而聚合到一起，目的达成后，这组国家自行解散。"[③] "coalition"也可被理解为一种联合，即一种目标单一、针对性强的临时性安全合作关系，既可以是国际领域各种力量之间的临时集合，也可以是国内政党之间的联合。[④] 自2003年开始长期担任美国对外关系委员会会长的理查德·哈斯在其著作《"规制主义"——冷战后的美国全球新战略》

[①] Gareth Winrow, "NATO and Out-of-Area: A Post-Cold War Challenge", *European Security*, Vol. 3, No. 4, Winter 1994, p. 621.

[②] The White House of the United States, "The National Security Strategy of the United States", September 2002, https://2009-2017.state.gov/documents/organization/63562.pdf.

[③] Glenn H. Snyder, *Alliance Politics*, Ithaca and New York: Cornell University Press, 1997, p. 12.

[④] 孙德刚：《多元平衡与"准联盟"理论研究》，时事出版社2007年版，第59页。

一书中对"意愿联盟"进行了界定。根据哈斯的定义,"意愿联盟"通常由几个国家为达到共同的、狭隘的目标而联合组建起来。有关国家加入"意愿联盟"时拥有自主权,其他国家若拥有加入意愿联盟的实力与意愿便可成为会员国。当目标实现时,盟国便会分道扬镳,意愿联盟随之解体。"意愿联盟"在形式上没有正式的组织,也不需要获得广泛或一致的共识。[①] 国内也有一些学者对意愿联盟进行了研究,并提出了一些与"意愿联盟"含义相近的概念。例如,刘丰提出"军事干涉联合阵线"这一概念以指代在战争或冲突已经发生的情况下,由立场相近的国家为进行海外军事干涉这一特定任务而结成的临时性合作安排。刘丰认为:军事干涉联合阵线组建的目的是应对共同的威胁或展开联合作战;其成员通常不是多边军事联盟中的所有或大部分成员,不属于联盟成员的国家也可能加入其中;其内部结构较为松散,通常不存在正式的制度安排。[②] 孙德刚认为:"意愿联盟"是"准联盟"的表现形式。除"意愿联盟"外,临时联盟、"事实上的联盟"(de facto alliance)、流动的联盟(fluid alliance)等这些国际安全学界和大众媒体经常提及的名称都是"准联盟"的表现形式。根据孙德刚的定义,"准联盟"指的是"两个或两个以上国际实体在次级安全合作方针而不是军事盟约之上形成的持久性或临时性安全管理模式。"[③]

综上所述,"意愿联盟"指的是:由两个或两个以上国家为实现一项特定安全目标而临时结成的非正式安全合作安排。意愿联盟由有意愿和有能力共同实现这项安全目标的国家所组成,在安全目标实现后,意愿联盟将自行解体。

二 "意愿联盟"的构建特点

意愿联盟是与传统联盟不同的安全合作形式。与传统联盟相比,意愿联盟的构建存在以下三个重要特点。

[①] [美] 理查德·N. 哈斯:《"规制主义"——冷战后的美国全球新战略》,陈遥遥、荣凌译,新华出版社1999年版,第95、98页。
[②] 刘丰:《联合阵线与美国军事干涉》,《国际安全研究》2013年第6期。
[③] 孙德刚:《多元平衡与"准联盟"理论研究》,时事出版社2007年版,第69—70页。

意愿联盟的构建特点之一是具有强烈的针对性。传统联盟的行动目标依情况而定，其组建的目的虽是为应对一个特定的事件，但这一事件并非已经发生，在将来，这一事件发生的可能性也不确定。[1] 因此，传统联盟的构建未必具有针对性。不同于传统联盟，意愿联盟在危机爆发或是问题出现之前并不存在[2]，其构建的目的在于应对一个已出现的、清晰可见的威胁。[3] 在展开安全合作时，意愿联盟的行动往往会针对某一项具体的任务，有着单一的目标。[4]"9·11"恐怖袭击事件发生之后，美国决定采取反恐行动，之后才为此组建起意愿联盟。这一意愿联盟的行动目标具有单一性，即对阿富汗境内的基地组织和塔利班进行军事打击、逮捕本·拉登、应对恐怖主义这一已经存在的威胁。北约驻阿富汗部队这一意愿联盟组建的背景是阿富汗境内藏有恐怖分子，恐怖分子已对美国发动了"9·11"恐怖主义袭击，恐怖主义威胁已经显现。驻阿部队有特定的行动目标，就是使阿富汗不再沦为恐怖分子的温床。驻阿部队也拥有针对性很强的行动任务，包括清剿恐怖分子、维和、战后援建等。安全威胁的发生使得意愿联盟在构建时便已确定了其行动所针对的具体目标。在执行军事行动前，意愿联盟还设定了非常具体的行动任务和行动策略。因此，意愿联盟在构建之时，其面对的威胁是清晰的，其行动目标、行动任务和行动策略都具有针对性。

意愿联盟构建的特点之二是具有临时性。传统联盟更加侧重于追求政治层面的有效性，相比较而言，意愿联盟更注重追求行动层面的有效性，不需要过高的整合程度。这也是意愿联盟区别于传统联盟的特征之

---

[1] Glenn H. Snyder, *Alliance Politics*, Ithaca and New York: Cornell University Press, 1997, p. 16.

[2] [美]理查德·N. 哈斯：《"规制主义"——冷战后的美国全球新战略》，陈遥遥、荣凌译，新华出版社1999年版，第100页。

[3] Dr. Patricia A. Weitsman, "Wartime Alliances versus Coalition Warfare: How Institutional Structure Matters in the Multilateral Prosecution of Wars", *ASPJ Africa & Francophonie*, 3rd Quarter, 2011, pp. 48-49.

[4] 赵伟明、孙德刚：《美国准联盟战略初探——以伊拉克统一战线为例》，《西亚非洲》2005年第5期。

一。① 意愿联盟由不同国家为实现特定的目标临时构建起来，其构建过程无须经过一系列政治与军事机构的磋商与决策。与具有持久性的传统联盟不同，意愿联盟无须对联盟未来各方面行动的协调作出承诺，而只需在军事行动方面实现临时的协调。② 意愿联盟的成员国也是在自愿的原则下临时加入的。传统的联盟具有持久性，而临时组建的意愿联盟在达成行动目标后会自行解体。

意愿联盟构建的第三个特点是组织形式松散。缺乏正式的军事联盟协定是意愿联盟具有这一特点的主要原因。传统联盟在构建之时，盟国需共同签署正式的、有法律效力的军事条约。通常这类军事条约涉及共同防御的规划、明确规定盟国之间有进行相互援助的军事义务。联盟成员所签订的共同防御条约是最具备约束力的、正式的安全合作协定，同时也是联盟实施战略的基础。③ 一些学者特别强调了军事承诺或军事协定在联盟构建中的重要地位。阿尔诺德·沃尔弗斯（Arnold Wolfers）认为联盟是两个或更多主权国家之间作出的相互提供军事援助的承诺。组建联盟的国家一旦签署了包含着承诺的军事协定，便是对其他盟国正式许诺一同对抗共同的敌人。④ 詹姆斯·莫罗（James D. Morrow）指出：两个或更多国家组成联盟时将签署条约，条约中的内容不仅包括盟国在战争到来的情况下所期望采取的特定的军事行动，而且对于何种情况下盟国应履行的义务将作出明确规定。⑤ 斯蒂凡·伯格斯曼指出：联盟是多个国家在国家安全领域达成的明确协定。在联盟中，成员国承诺，当无法意料的情况发生时，将通过实质性地贡献资源的形式提供相互援助。⑥ 乔

---

① Dr. Patricia A. Weitsman, "Wartime Alliances versus Coalition Warfare: How Institutional Structure Matters in the Multilateral Prosecution of Wars", *ASPJ Africa & Francophonie*, 3rd Quarter 2011, pp. 48 – 49.

② James D. Morrow, "Alliances and Asymmetry: An Alternative to the Capability Aggregation Model of Alliances", *American Journal of Political Science*, Vol. 35, No. 4, November 1991, p. 906.

③ 孙德刚：《论"准联盟"战略》，《世界经济与政治》2011年第2期。

④ Arnold Wolfers, "Alliances", in David L. Sills ed., *International Encyclopedia of the Social Sciences*, Vol. 1, New York: Macmillan, 1968, pp. 268 – 271.

⑤ James D. Morrow, "Alliances: Why Write Them Down?", *Annual Review of Political Science*, Vol. 3, 2000, p. 63.

⑥ Stefan Bergsmann, "The Concept of Military Alliance", in Erich Reiter and Heinz Gärtner, eds., *Small States and Alliances*, Heidelberg: Springer-Verlag Berlin Heidelberg, 2001, p. 26.

治·利斯卡特别提到：两个或两个以上国家在签订军事盟约的基础之上针对特定敌人而形成的安全合作关系被称为"条约联盟"。在条约联盟内，国与国之间的安全合作通常包括三种内容：指挥所有军事力量；成员之间共享通信、后勤保障设施和交通等；研究、开发各种军事力量和材料。[1] 斯蒂芬·沃尔特更是明确认为：承诺在特定环境下为应对外部某个或某些行为体而相互提供军事支持，是所有联盟都具有的标志性特征。[2] 由于具有法律效力的军事条约对盟国的军事义务进行了明确的规定，因此盟国的行为能受到约束。意愿联盟的成员在选择加入时并未签订正式的军事联盟协定，因此成员国之间不存在相互提供军事援助、共享情报、共同抗击敌人等具体的承诺。[3] 不签订正式军事联盟协定省去了谈判、签署、各成员国国内政府批准等相关事宜，有助于意愿联盟提升执行军事行动的效率与灵活性。但与此同时，由于缺乏正式的军事联盟协定对盟国军事义务进行规定，意愿联盟成员相互之间不存在提供军事援助的义务，盟国政府对本国的军事行动拥有高度自主决定权，盟国行为存在很大程度的不稳定性，使得意愿联盟组织形式松散。

意愿联盟组织形式松散的表现之一在于：由于缺乏相互军事援助的硬性规定，意愿联盟成员存在逃避提供军事援助的可能性。例如，美国为在阿富汗执行"持久自由行动"而组建的意愿联盟吸纳了69个国家，但其中真正为执行这次军事行动贡献了军事力量的盟国只有21个。在这21个国家中，有14个是北约成员国。它们分别是加拿大、英国、法国、德国、意大利、荷兰、丹麦、挪威、捷克、波兰、希腊、西班牙、葡萄牙和土耳其。其中，英国和法国为美国提供了较高程度的军事支持。爱沙尼亚、拉脱维亚、罗马尼亚、斯洛伐克、澳大利亚、新西兰和日本是7个为此次行动贡献了军事力量的非北约国家。其余48个未向此次行动贡献军事力量的意愿联盟成员，只是为美国提供了一些象征性的支持。波斯尼亚、智利、埃及、巴林、印度尼西亚和土库曼斯坦等国虽在口头上

---

[1] George Liska, *Nations in Alliance*, Baltimore: Johns Hopkins Press, 1968, pp. 40, 118.
[2] Stephen Walt, "Why Alliances Endure or Collapse", *Survival: Global Politics and Strategy*, Vol. 39, No. 1, Spring 1997, p. 157.
[3] 孙德刚：《国际安全之联盟理论探析》，《欧洲研究》2004年第4期。

承诺支持美国的反恐斗争,但最终却未能给美国提供直接的、实质性的军事支持。①

意愿联盟组织形式松散的第二个表现在于:由于意愿联盟成员之间缺乏正式的军事承诺,在执行军事活动的过程中,某些成员国随时可在未履行军事承诺的情况下退出意愿联盟。例如,美国在 2003 年领导意愿联盟发动了伊拉克战争,但不久后便有意愿联盟盟友选择退出。从 2004 年 2 月开始至 2006 年 1 月,先后有 16 个成员国在任务结束之前便提前退出了美国为进攻伊拉克组建的意愿联盟。这些国家包括尼加拉瓜、西班牙、泰国、多米尼加共和国、洪都拉斯、菲律宾、挪威、新西兰、匈牙利、汤加、摩尔多瓦、葡萄牙、保加利亚、荷兰、乌克兰和意大利。这些国家出于不同的原因选择退出意愿联盟。尼加拉瓜于 2004 年 2 月便宣布其部队无法继续协助美国完成在伊拉克的军事行动,原因在于其国内财政出现了困难。西班牙于 2004 年 4 月 28 日提前退出意愿联盟的原因在于国内政坛的更迭。泰国警察在与阿富汗暴乱分子进行战斗时丧生,是致使泰国于 2004 年 4 月退出意愿联盟的直接原因之一。② 盟国在未实现联盟目标的情况下提前退出意愿联盟,影响意愿联盟目标实现的进度,同时也反映出了意愿联盟组织形式的松散。

三 "意愿联盟"对大西洋联盟的影响

曾任美国传统基金会研究员的约翰·赫斯曼将意愿联盟比作"摘樱桃",即美国政府可在无须签订正式军事协定的同时,根据不同形势、不同情况和不同任务来挑选本国青睐的、同时有意愿追随美国的盟友。③ 理查德·科洛卡特指出:不同于正式的联盟(alliance),美国为反恐组建的联盟(coalition)建立在盟国不同的理解、略有几分正式性质的协约和美国的压力之上。在这类联盟中,美国需要盟国提供实际协助和政治

---

① David J. Gerleman, Jennifer E. Stevens and Steven A. Hildreth, *Operation Enduring Freedom: Foreign Pledges of Military & Intelligence Support*, CRS Report for Congress, Updated on October 17, 2001, http://www.globalsecurity.org/military/library/report/crs/RL31152.pdf.

② Atsushi Tago, "When Are Democratic Friends Unreliable? The Unilateral Withdrawal of Troops from the 'Coalition of the Willing'", *Journal of Peace Research*, Vol. 46, No. 2, March 2009, p. 228.

③ 孙德刚:《多元平衡与"准联盟"理论研究》,时事出版社 2007 年版,第 419 页。

支持；盟国需为达到美国的这些要求作出不同程度的承诺，并需具备达到美国这些要求的意愿和能力。① 意愿联盟主要由美国临时构建并主导，且行动目标由美国设定，因而体现着美国的意志。大西洋联盟内其他盟国只有追随美国加入意愿联盟或是置身事外两种选择，却没有机会就意愿联盟行动的相关问题展开磋商。因此，意愿联盟这一行动方式降低了大西洋联盟安全合作的机制化水平，影响了联盟组织形式的紧密程度。

美国为发动阿富汗战争而组建意愿联盟这一做法使大西洋联盟安全合作的机制化水平下降，也引发了部分大西洋联盟成员对美国的不满。当"9·11"恐怖袭击事件发生时，美国内部已对下列问题达成了共识：第一，除英国外，美国的北约盟友并未在冷战后公平地分担共同安全的责任；第二，大西洋联盟面对的最主要的共同安全威胁来自北约的防区之外；第三，当执行军事行动时，美国不能再受制于某个国际机构。② 2001年"9·11"恐怖袭击事件发生后，北约中的欧洲盟国表达了对美国打击恐怖主义的支持。北约启动了《北大西洋公约》第五条款，支持美国反恐。但美国并未动用北约的武装力量攻打阿富汗。时任美国国防部长唐纳德·拉姆斯菲尔德于2001年9月27日表示，这场战争的发动将不会经由一个大型的、为打击敌对力量这一单一目的而组建的联盟。美国将组建起若干不固定的联盟，这些联盟将不是一成不变的。这些联盟中的成员国将担负不同的角色、作出不同的贡献：一部分国家将提供外交方面的支持，一部分国家将在财政领域发挥作用，一部分国家将在军事或物流方面承担任务。联盟中的一些盟国将公开地支持美国，另外一些盟国出于各自不同的原因将单独地或私下里为美国提供支持。在这场反恐战争中，将由具体行动决定联盟的组建，这个顺序不会颠倒。③ 美国为

---

① Richard Crockatt, *America Embattled: September 11, Anti-Americanism, and the Global Order*, London and New York: Routledge, May 27, 2004, p.148.

② Douglas T. Stuart, "NATO and the Wider World: from Regional Collective Defense to Global Coalitions of the Willing", *Australian Journal of International Affairs*, Vol.58, No.1, March 2004, p.40.

③ Donald H. Rumsfeld, "A New Kind of War", New York Times, September 27, 2001, https://www.nytimes.com/2001/09/27/opinion/a-new-kind-of-war.html.

发动阿富汗战争组建起了意愿联盟。部分北约成员国加入了这一意愿联盟中,包括英国、加拿大、德国、法国、荷兰、意大利、西班牙、捷克、波兰和土耳其。这一意愿联盟的成员还包括日本、韩国、澳大利亚、约旦等非北约国家。在这一意愿联盟的空袭作战行动、城市进攻作战行动、山区搜剿作战行动等主体行动中,美国和英国贡献了绝大部分力量。其他盟国派出了不同数量的军舰、空军预警飞机、作战飞机、海军支援舰艇、陆军特种部队、步兵、工兵和防化兵等协助作战。[1] 阿富汗战争开始一个月之后,一份国际民意调查结果显示,除美国以外,2/3 的舆论导向都感觉美国的所作所为缺乏对盟国利益的考虑。[2] 欧洲盟国还对美国独断专行的做法表示担忧。2001 年 10 月,一位美国记者在美国为阿富汗战争组建起意愿联盟后,概述了一些欧洲人对美国这一行为的看法。根据这位记者得到的信息,欧洲人知晓美国已为反恐行动组建起了一个广泛却又松散的联盟。美国组建意愿联盟不论体现出的是美国的多边主义观念还是新的地缘政治学逻辑,都使欧洲人感到苦恼。欧洲人认为,当美国总统乔治·布什提出以"要么支持我们,要么就是反对我们"的观念应对恐怖主义并收获广泛支持时,其传达的潜台词是,美国组建的意愿联盟将只存在一个队长,并只遵照一个剧本行事。并且,这类意愿联盟不是一个成员国拥有平等发言权的论坛;在这类意愿联盟中,美国下达精确的任务,不对大多数盟国要求过多,但就算对盟国无所要求也将伤害部分盟友。[3]

在美国组建的意愿联盟中,部分北约成员国参与了联盟的行动。由于意愿联盟具有临时性、在行动过程中不必受制于一系列政治、军事机构的限制,因此具有传统联盟所不及的灵活性。除美国外,部分参与了意愿联盟行动的其他北约欧洲盟国也对意愿联盟这一安全合作形式持积极态度,甚至更为倾向于通过意愿联盟执行军事行动。以英国为例,英

---

[1] 朱成虎、孟凡礼主编:《当代美国军事》(修订版),社会科学文献出版社 2012 年版,第 263—266 页。
[2] [美] 查尔斯·库普乾:《美国时代的终结——美国外交政策与 21 世纪的地缘政治》,潘忠岐译,上海人民出版社 2004 年版,第 270 页。
[3] [美] 查尔斯·库普乾:《美国时代的终结——美国外交政策与 21 世纪的地缘政治》,潘忠岐译,上海人民出版社 2004 年版,第 269 页。

国加入了美国为军事打击伊拉克组建的意愿联盟,在军事打击行动中作出了重要的军事贡献。英国国防部在其发布的一份分析"伊拉克自由行动"的报告中表达了对意愿联盟这一安全合作形式的积极态度。在英国国防部看来,意愿联盟的行动在军事、政治和外交方面都存在优势。意愿联盟可聚集各国的军事力量、实现灵活的战争抉择、共享信息情报,并实现各国对风险的共同分担。[1] 在"伊拉克自由行动"中担任英国空军分遣队指挥官的空军中将格伦·托比坦言,出于行动进度的需要,意愿联盟需快速做出行动决定,因此自己在参与执行"伊拉克自由行动"时被授予了更高程度的行动决定权。通常情况下,指挥官在执行军事行动前需经由英国国防部和常设联合总部共同制定军事行动并随后对军事行动进行监察。而在此次意愿联盟行动中,指挥官无须再返回国防部和常设联合总部经历一道又一道的程序。因此,在此次行动中,英国的行动更具灵活性、战略更具连贯性。英国在此次行动中一天最多能出动多达1700架次战机执行军事任务。行动指挥官拥有更大程度的行动决定权,是英国高效完成空袭行动的关键因素。[2] 意愿联盟执行的军事行动,使部分有意愿且有能力追随美国的北约欧洲盟国更为青睐这种新的安全合作形式。但对于不情愿追随意愿联盟执行军事行动的北约成员国而言,意愿联盟的出现意味着这些国家在大西洋联盟内面临着被美国边缘化的危险。这使得大西洋联盟内安全合作的机制化程度下降、联盟成员安全合作的紧密程度下降。

此外,由于意愿联盟的构建特点之一是因缺乏正式军事联盟协定而组织形式松散,意愿联盟的出现使美欧在"域外行动"的责任分担问题上产生了矛盾。意愿联盟的成员由有意愿和有能力追随美国的国家组成,北约盟国可自愿决定是否加入意愿联盟中。正是由于存在自愿原则,在美国组建意愿联盟执行的"域外"军事行动中,部分北约盟国可选择不加入联盟、不分担责任,却不会遭受惩罚。这种情况引发了美欧之间在

---

[1] Ministry of Defense of the United Kingdom, "Operations in Iraq: First Reflections", July 2003, p. 7, https://www.globalsecurity.org/military/library/report/2003/iraq2003operations_ukmod_july03.pdf.

[2] Sophy Gardner, "Operation Iraqi Freedom: Coalition Operations", *Air and Space Power Journal*, Vol. 18, No. 4, Winter 2004, pp. 92, 95.

"域外行动"责任分担问题上的矛盾,削弱了大西洋联盟成员之间的凝聚力。以利比亚战争中的北约意愿联盟为例,2011年3月,由部分北约成员国及北约伙伴国组成的意愿联盟在利比亚执行"联合保护者行动",内容包括强制执行武器禁运、维持禁飞区等。"联合保护者行动"结束于2011年10月31日。① 在"联合保护者行动"中,只有14个北约成员国提供了空军或海军部队,这个数量只占到当时北约成员国数量的一半。这14个成员国分别是:美国、英国、比利时、保加利亚、加拿大、丹麦、法国、希腊、意大利、荷兰、挪威、罗马尼亚、西班牙和土耳其。而在这14个国家中,又只有美国、英国、比利时、加拿大、丹麦、法国、意大利和挪威这8个国家真正参与了空袭行动。② 曾任美国国防部长的罗伯特·盖茨直言不讳地批评了部分北约盟国在利比亚战争中的表现,认为小部分大西洋联盟成员没有为北约领导的意愿联盟在利比亚执行的军事行动作出军事贡献。盖茨还担忧美欧之间的责任分担问题将使北约变为一个"双轨"联盟,即一部分成员国专门执行人道主义救援、发展援助、维护和平和开展对话谈判等较为温和的军事任务,而另一部分成员国执行涉及硬实力的作战任务;一部分成员国有意愿且有能力支付军事开支并承担联盟内的责任,而另一部分成员国仅贪图享受北约的会员资格而不愿意承担军事开支和面对军事危机。③ 意愿联盟这一安全合作形式引发了美欧在防务责任分担方面的矛盾。

在"9·11"恐怖袭击事件发生后,意愿联盟已逐渐成为北约"域外行动"的主要行动方式。在北约的"域外行动"中,意愿联盟所拥有的特点对大西洋联盟的走向造成了深远影响。

---

① North Atlantic Treaty Organization, "NATO and Libya", last updated: November 9, 2015, https://www.nato.int/cps/en/natolive/topics_71652.htm#.

② Sten Rynning, "Coalitions, Institutions and Big Tents: The New Strategic Reality of Armed Intervention", *International Affairs*, Vol. 89, No. 1, 2013, pp. 62 – 63.

③ Terry Terriff, " 'Déjà vu all over again?': 11 September 2001 and NATO Military Transformation", in Ellen Hallams, Luca Ratti and Benjamin Zyla, eds., *NATO Beyond 9/11: The Transformation of the Atlantic Alliance*, London and New York: Palgrave Macmillan, 2013, p. 107.

第三节 "域外行动"中伙伴关系多样化

一 北约的伙伴关系

冷战结束以来，北约始终重视与不同地域的国家发展友好合作关系，其中一个重要目的是希望在执行军事活动的过程中，通过吸收这些伙伴国家的力量，促进北约军事行动目标的顺利实现。迄今为止，北约已同世界范围内多个地区的国家建立起了伙伴关系。当北约执行"域外行动"时，北约的许多伙伴国都通过不同的方式为北约提供了支持与援助。

北约最早在 20 世纪初开始与非北约国家正式建立伙伴关系。1991年，北约建立起了与非北约国家的合作机构"北大西洋合作理事会"。1994 年 1 月，北约邀请前华沙条约组织国家和欧洲中立国加入了北约首个正式的伙伴关系项目"和平伙伴关系计划"，在维和、军事演习等方面开展相互合作。在后来的"欧洲—大西洋伙伴关系理事会"这一强化版的"和平伙伴关系计划"合作框架中，北约继续与俄罗斯、乌克兰、乌兹别克斯坦等国家进行着军事合作。在地中海区域，北约于1994 年与摩洛哥、毛里塔尼亚、阿尔及利亚、突尼斯、埃及、约旦和以色列建立了"地中海对话机制"，以加强与这些国家在政治、军事、经济等方面的合作。在中东地区，北约于 2004 年与科威特、卡塔尔、阿联酋和巴林签署了加强安全合作的"伊斯坦布尔合作倡议"。2010 年出台的第三份战略概念文件和 2011 年出台的伙伴关系政策文件使北约的伙伴关系发展进入了一个新阶段。其中，第三份战略概念文件确认，伙伴国虽不享有与北约成员国一致的军事行动最终决定权，但伙伴国在参与由北约领导的军事行动战略商议与决策商议的过程中，可在一定程度上发挥实质性作用。[①]2011 年 4 月北约外交部长会议上，北约结合第三份战略概念文件的要求，通过了一项新型伙伴关系政策。在这份政策文件中，促进伙伴国参与由

---

① North Atlantic Treaty Organization, "Partnerships: Projecting Stability through Cooperation", last updated: August 30, 2018, https://www.nato.int/cps/en/natohq/topics_84336.htm#.

北约领导执行的行动和任务被列为北约建立伙伴关系的战略目标之一。①在 2014 年 9 月召开的威尔士峰会上，北约成员国领导人签署了两项倡议——"相互协作伙伴关系倡议"和"防务与相关安全能力建设倡议"。"相互协作伙伴关系倡议"中提出的措施旨在确保北约与伙伴国得以维持多年来在共同执行军事行动的过程中建立起来的联系，并促使这种联系进一步发展，使伙伴国能在将来为北约执行的军事行动继续作出贡献。②

全球范围内一些国家虽不在北约构建的伙伴关系网络内，但对于北约而言具有战略上的重要性，并为北约的军事行动作出了贡献。北约将这类国家称为北约的"全球伙伴"。目前，阿富汗、澳大利亚、新西兰、哥伦比亚、伊拉克、日本、韩国、蒙古国、巴基斯坦都是北约的"全球伙伴"。③

二 伙伴国对北约"域外行动"的贡献

在北约"域外行动"的发展历程中，北约的伙伴国可根据行动的类型、行动的地域和行动所需的军事条件，自由选择参与北约的"域外行动"。④ 北约在执行"域外行动"的过程中得到了来自世界范围内许多伙伴国和其他非北约国家的支持。例如，1996 年 12 月，北约在波黑领导"稳定部队"执行巩固波黑和平的军事行动时，许多北约伙伴国为"稳定部队"的行动贡献了军事力量。这些国家是：阿尔巴尼亚、保加利亚、爱沙尼亚、拉脱维亚、立陶宛、罗马尼亚、斯洛伐克、斯洛文尼亚、奥

---

① North Atlantic Treaty Organization, "Active Engagement in Cooperative Security: A More Efficient and Flexible Partnership Policy", April 15, 2011, https://www.nato.int/nato_static/assets/pdf/pdf_2011_04/20110415_110415-Partnership-Policy.pdf.

② North Atlantic Treaty Organization, "Partnerships: Projecting Stability through Cooperation", Last Updated: August 30, 2018, https://www.nato.int/cps/en/natohq/topics_84336.htm#.

③ North Atlantic Treaty Organization, "Relations with Partners across the Globe", last updated: May 19, 2017, https://www.nato.int/cps/en/natohq/topics_49188.htm; North Atlantic Treaty Organization, "Relations with Colombia", last updated: December 6, 2018, https://www.nato.int/cps/en/natohq/topics_143936.htm.

④ Markus Kaim, "Reforming NATO's Partnerships", Research Paper of Stiftung Wissenschaft und Politik, Berlin, January 2017, p. 13.

地利、阿根廷、芬兰、爱尔兰、摩洛哥、瑞典、俄罗斯、澳大利亚和新西兰。① 当北约驻阿部队于2004年至2005年在阿富汗北部、法拉赫、吉尔、哈特、巴德吉斯等省份执行反恐、打击毒品交易、维稳与重建等行动时，北约的伙伴国加入了北约的行动、为北约提供了军事支持和其他形式的援助。2005年至2006年，在阿富汗南部、坎大哈、赫尔曼德等地执行军事行动的国家总数已超40个，其中不仅有北约成员国，还包括北约的"和平伙伴关系国家"，以及来自亚太地区的国家。② 2011年，北约领导的意愿联盟在利比亚执行"联合保卫者行动"时，瑞典、卡塔尔、阿联酋、约旦、摩洛哥等北约的伙伴国和其他非北约国家均为北约的军事行动作出了贡献。③

北约的伙伴国通过不同的方式为北约的"域外行动"贡献力量。一些伙伴国直接派出了本国军队参与北约的"域外行动"。以澳大利亚和新西兰为例：截至2010年10月，共有1550名澳大利亚国防军参与了北约驻阿部队执行的军事行动。澳大利亚国防军的军事行动主要包括：参与喀布尔的国家指挥小队的工作；在乌鲁兹甘省首府塔林科特参与一个与荷兰领导的省级重建小组相联系的指导特遣小组的工作；参与部署于乌鲁兹甘省一个特别行动特遣小组的行动；在坎大哈机场参与空军部队控制与通信中心的工作；派出16人组成炮兵分遣队与英国部队一同部署于赫尔曼德省；参与一个拆除临时爆炸装置特遣队的工作等等。④ 新西兰的军队也为北约驻阿富汗部队的军事行动贡献了力量。2005至2014年，220名新西兰国防军的人员领导了在阿富汗巴米扬省的省级重建小组的工作。新西兰特种部队参与了北约打击塔利班暴乱的行动。⑤

---

① North Atlantic Treaty Organization, "History of the NATO-Led Stabilization Force in Bosnia and Herzegovina", https://www.nato.int/sfor/docu/d981116a.htm.

② [美] 伊万·迪内夫·伊万诺夫：《转型中的北约——新联盟、新任务和新能力》，赵文亮译，世界知识出版社2013年版，第256页。

③ North Atlantic Treaty Organization, "NATO and Libya", last updated: November 9, 2015, https://www.nato.int/cps/en/natohq/topics_71652.htm#.

④ Nautilus Institute for Security and Sustainability, "Australia in Afghanistan—Briefing Book", October 21, 2010, https://nautilus.org/publications/books/australian-forces-abroad/afghanistan/.

⑤ Ben Wellings et al., "Narrative Alignment and Misalignment: NATO as a Global Actor as Seen from Australia and New Zealand", *Asian Security*, Vol. 14, No. 1, 2018, p. 25.

一些伙伴国虽未派出军队参与北约执行的"域外行动",但通过其他方式为北约的"域外行动"提供支持。例如,北约领导的驻阿富汗部队在阿富汗执行军事行动时获得了来自中亚国家的支持与军事援助。中亚国家支持与援助的方式包括给予北约国家飞越本国领空的权利、向北约国家租借军事基地等。哈萨克斯坦、吉尔吉斯斯坦、塔吉克斯坦、乌兹别克斯坦开放了铁路或公路,为北约驻阿富汗部队向阿富汗运送及从阿富汗运回"非致命性"军用物资补给提供了便利。①

三 美欧在北约"全球伙伴关系"问题上的分歧

北约伙伴关系的发展与北约的"域外行动"密切相关。在北约发展伙伴关系的过程中,美国和欧洲盟国在北约"全球伙伴关系"机制的确立这一问题上存在意见分歧。2006年11月21日,负责美国政治事务的副国务卿尼古拉斯·伯恩斯在北约里加峰会召开前的一个新闻发布会上发言时,提出在北约内部建立起全球伙伴机制。伯恩斯谈道,北约目前已拥有两个伙伴关系机制,一是"和平伙伴关系计划",二是"地中海对话机制",在里加峰会上,北约将建立起第三种伙伴关系机制,这一伙伴关系机制中的国家将被称为北约的"全球伙伴"。日本、韩国、澳大利亚,以及欧洲的瑞典和芬兰是伯恩斯明确提及的北约"全球伙伴"候选国。② 时任美国常驻北约代表维多利亚·纽兰在其他场合也表示北约应注重与澳大利亚、日本之类的国家开展深入合作,并成为一个真正能在全球范围内部署军队的军事力量。③

部分欧洲盟国对美国倡导的"全球伙伴关系"表示担忧。法国担忧北约的"全球伙伴关系"将降低美国对北约集体防御任务的关注、使北约回避在其内部达成共识的任务。曾担任法国外交部长的米歇尔·埃利奥-马里于2006年年底指出:北约正尝试提高与包括澳大利亚、日本在

---

① North Atlantic Treaty Organization, "NATO's Relations with Central Asia", last updated: February 22, 2016, https://www.nato.int/cps/en/natohq/topics_107957.htm#.
② R. Nicholas Burns, "Briefing on NATO Issues Prior to Riga Summit", Washington D. C., November 21, 2006, https://2001-2009.state.gov/p/us/rm/2006/76464.htm.
③ Ioanna-Nikoletta Zyga, "Emerging Security Challenges: A Glue for NATO and Partners?", Research Division of NATO Defense College, No. 85, November 2012, p. 6.

内的非北约国家之间关系的实用性，发展北约"全球伙伴关系"的做法将可能削弱欧洲国家与北美国家之间的团结。德国除担忧"全球伙伴关系"将降低美国对北约集体防御的关注外，还担忧北约沦为一个由志趣相投的国家所组成的集团、变成一个将矛头指向世界范围内其他地区的"全球性北约"。[①]

尽管部分欧洲盟国并不积极支持美国提出的北约"全球伙伴关系"计划，但北约最终还是按照美国的意愿发展起了"全球伙伴关系"机制。北约"全球伙伴关系"机制的确立与北约的"域外行动"之间存在着紧密联系，是美国推动北约走向全球、利用北约实现其自身利益的表现。

美国的反恐战略是促使美国提出发展北约"全球伙伴关系"的一个重要原因。2001年"9·11"恐怖袭击事件发生后，美国将反恐斗争视为实现国家安全的重要任务，并希望联合世界范围内其他国家的军事力量打击恐怖主义。在这一背景之下，美国计划改变包括大西洋联盟在内的现有联盟关系，使其更加适应美国的战略需求。美国于2006年发布了一份《四年防务评估报告》。报告中重点强调反恐斗争，并指出：虽然当前的反恐斗争主要集中在伊拉克和阿富汗，但美国仍有必要在接下来的几年里为成功保卫国家安全及其在全球范围内的利益而作出准备和安排。为此，美国在强调本国军队发展全球范围内的流动能力和远征行动能力的同时，还计划将美国当前静态的联盟关系打造为动态的伙伴关系。[②] 大西洋联盟作为美国主导的一个庞大的政治军事联盟，是美国计划调整的一个重点目标。2007年11月，时任美国常驻北约大使维多利亚·纽兰表达了美国发展北约"全球伙伴关系"的意愿，声明北约正逐渐为保卫全世界的"民主国家"的共同安全利益而组建伙伴关系提供一个平台。因此北约不再只包含26个成员国，而是正快速成为全球"民主国家"的安

[①] 丽贝卡·摩尔：《伙伴关系走向全球——在北约转变中的非成员国以及非欧盟国家所扮演的角色》，载许海云编著《挑战与应战：新世纪的北约——北约战略转型与发展研究文献汇编》，世界知识出版社2013年版，第253—254页。

[②] Department of Defense of the United States, "Quadrennial Defense Review Report", February 2006, https://dod.defense.gov/Portals/1/features/defenseReviews/QDR/Report20060203.pdf.

全共同体核心。①

美国主导的北约在阿富汗执行的"域外行动"是促使美国提出发展北约"全球伙伴关系"的另一个重要原因。北约于2003年开始领导驻阿部队在阿富汗执行军事行动。在阿富汗的军事行动使北约对军队的需求十分之大,且令北约处于极大的军事压力之下。② 由于澳大利亚、日本、韩国等非北约伙伴国为北约驻阿富汗部队的军事行动贡献了极大的军事力量,同时澳大利亚、日本、韩国等国又是美国的盟友,因此美国希望将这些国家发展为北约正式的伙伴国,从而使美国能进一步机制化地利用这些国家的军事力量实现美国和北约的战略目标。2006年伯恩斯提出在北约内部建立"全球伙伴关系"机制时,明确提到了将日本、韩国和澳大利亚发展为北约"全球伙伴"的原因:一是这三国非常有兴趣与北约实现更为密切的政治合作;二是这三国与北约在军事上正进行着合作并希望与北约进行更多的军事合作;三是这三国为北约在巴尔干、伊拉克和阿富汗的行动都提供了支持。此外,伯恩斯还指出,美国希望将瑞典和芬兰发展为北约"全球伙伴"的原因也是在于两国为北约在波黑、科索沃和阿富汗的军事行动都作出了积极贡献。③ 由此可见,美国倡导建立的"全球伙伴关系"在本质上不同于北约其他形式的伙伴关系。原因之一是美国主张发展的全球伙伴关系并非出于维护秩序的政治目的,而是出于安全利益的考量。原因之二是这一伙伴关系建立在军事实力的原则之上,旨在吸引拥有强劲军事实力的国家加入北约从而为北约提供军事支持。④

---

① "Year of Balkan Opportunity, Remarks by Ambassador Nuland at the Faculty of Electrical Engineering in Skopje", Macedonia, November 8, 2007; Quoted from Trine Flockhart and Kristian Søby Kristensen, "NATO and Global Partnerships—To Be Global or to Act Globally?", Danish Institute for International Studies, Copenhagen, 2008, p. 13.

② Trine Flockhart and Kristian Søby Kristensen, "NATO and Global Partnerships—To Be Global or to Act Globally?", Danish Institute for International Studies, Copenhagen, 2008, p. 11.

③ R. Nicholas Burns, "Briefing on NATO Issues Prior to Riga Summit", Washington D. C., November 21, 2006, https: //2001 - 2009. state. gov/p/us/rm/2006/76464. htm.

④ Karl-Heinz Kamp, "'Global Partnership': A New Conflict within NATO?", Analysen und Argumente der Konrad-Adenauer-Stiftung x, No. 29, 2006, https: //www. kas. de/c/document_library/get_file? uuid = ba4c1c21-38d0-99a7-dd71-b0f37273b79c&groupId = 25203.

总而言之，美国发展北约"全球伙伴关系"的意图是通过与全球范围内军事能力较为强劲的国家在"域外行动"中进行机制化军事合作，以协助美国维护其在全球范围内的安全利益。正如法德等国所担忧的，在美国的主导之下，大西洋联盟由冷战时期专注于保卫欧洲——大西洋地区安全的防御型联盟，转变成为了通过在全球范围内执行"域外行动"以实现美国战略目标的进攻型联盟。

本章小结

本章归纳和总结了北约"域外行动"的三个主要特点，并分析了其中一些特点对大西洋联盟所造成的影响。

本章第一节归纳和总结了北约"域外行动"的第一个主要特点——行动类型多元。由于北约的"域外行动"属于危机反应行动，因此北约"域外行动"的类型与危机反应行动的种类相对应。冲突预防、维和、和平建设、和平的强制实现是最常出现的北约"域外行动"类型。北约在不同地点所执行的"域外行动"，大多采取了危机反应行动中两种以上的行动类型，也有少部分"域外行动"集中采用某一种行动类型。

本章第二节探讨了北约"域外行动"的第二个主要特点——以意愿联盟为主的行动方式，包括意愿联盟的概念界定、构建特点，及其对大西洋联盟造成的影响。在综合分析国内外专家学者对"意愿联盟"所下定义的基础上，本节将"意愿联盟"界定为由两个或两个以上国家在自愿的基础上，为实现一项特定安全目标而临时结成的非正式安全合作安排。意愿联盟的构建主要有三大特点：一是在行动目标、行动任务等方面具有很强的针对性；二是具有临时性；三是组织形式松散。意愿联盟的出现及其所采取的行动对大西洋联盟的影响，主要体现在以下三个方面：第一，影响了大西洋联盟成员之间的凝聚力，降低了大西洋联盟安全合作的机制化水平。第二，削弱了大西洋联盟成员安全合作的紧密程度。第三，使大西洋联盟成员在"域外行动"责任分担问题上的矛盾凸显。

本章第三节探讨了北约"域外行动"的第三个主要特点——"域外行动"中伙伴关系多样化，分析了美欧在北约"全球伙伴关系"问题上的分歧及其对大西洋联盟所造成的影响。北约在世界范围内不同地区与不同国家建立伙伴关系，其中一个重要目的是希望伙伴国为北约的军事行动提供支持与援助。在北约执行"域外行动"的过程中，许多北约伙伴国通过不同的方式为北约提供了支持与援助。美国和部分欧洲盟国围绕着北约的"全球伙伴关系"问题进行了争论，但"全球伙伴关系"机制最终成为了北约伙伴关系政策的一部分。"全球伙伴关系"机制的建立，反映出大西洋联盟的变化：由冷战时期专注于保卫欧洲——大西洋地区安全的防御型联盟，转变为通过在全球范围内执行"域外行动"以实现美国战略目标的进攻型联盟。

第四章

北约"域外行动"的案例分析

自冷战结束以来,北约在欧洲、非洲、中亚等世界范围内多个地区执行了"域外行动"。本章将选取北约在科索沃的"域外行动"、美国与部分北约成员国组成的意愿联盟对伊拉克的军事干预,以及北约领导的驻阿富汗部队在阿富汗的军事行动进行案例研究,分析北约"域外行动"对大西洋联盟所造成的影响。

北约在科索沃的"域外行动"是冷战结束以来北约领导执行的一场重要的"域外行动"。这场"域外行动"也是北约历史上首次在未经联合国授权的情况下,针对一个主权国家所进行的军事打击行动。这场行动对于大西洋联盟的存续与转型起到了重要作用,同时也与后期美国领导的意愿联盟的产生直接相关。伊拉克问题是"9·11"恐怖袭击事件发生后,北约面对的一个重要的"域外"问题。伊拉克问题集中暴露了大西洋联盟成员在"域外行动"相关问题上的分歧,对大西洋联盟关系造成了难以弥合的负面影响。北约领导的驻阿富汗部队在阿富汗的军事行动,是北约历史上首次在欧洲大陆以外的地区执行的军事行动。北约对这次"域外行动"给予了高度重视。这场"域外行动"暴露了大西洋联盟成员在执行军事行动的过程中存在的重要问题。这三场"域外行动"展现了美国和欧洲盟国对"域外行动"的态度变化,反映出美欧在北约"域外行动"问题上的矛盾,对研究大西洋联盟的发展与变化具有重要意义。

本章第一节将对北约在科索沃的"域外行动"进行案例分析。这一节将叙述北约空袭科索沃的背景、探讨北约空袭科索沃的原因,并分析在科索沃的空袭行动对大西洋联盟造成的影响。本章第二节将对伊拉克问题"意愿联盟"的组建进行案例分析。首先将阐述美国对伊拉克的政策，随后将阐述伊拉克问题上意愿联盟的组建过程及其军事干预行动，然后将分析伊拉克战争对大西洋联盟造成的影响。本章第三节将以北约领导的驻阿富汗部队为研究对象，对北约在阿富汗的"域外行动"进行案例分析：第一部分将叙述北约驻阿富汗部队的构建及其行动；第二部分将归纳总结出北约在阿富汗的"域外行动"效果并分析原因；第三部分将研究北约在阿富汗的"域外行动"对大西洋联盟的影响。

第一节 北约在科索沃的"盟军行动"

由美国带领执行的空袭科索沃的"盟军行动"（Operation Allied Force）被认为是自二战结束以来发生在欧洲的最为激烈、持续时间最长的军事行动；也是北约首次针对一个主权国家执行的军事行动。[1] 北约对科索沃进行的军事打击，是冷战结束后北约"域外行动"的一次重要实践，对大西洋联盟而言具有重要意义。

一 北约对科索沃的军事干预及其原因

科索沃位于欧洲东南部的巴尔干半岛，是南联盟塞尔维亚共和国的一个自治省。二战结束后，科索沃被划归南斯拉夫。科索沃境内90%的人口是阿尔巴尼亚族人，其余人口主要是塞尔维亚人与黑山人。当科索沃被划归南联盟的版图之时，南联盟由约瑟普·布罗兹·铁托领导。阿族人一度寻求科索沃的独立，但由于铁托享有崇高的威望，且实施了一系列举措调节民族矛盾、安抚阿族人，因此铁托在世时科索沃的民族矛盾未曾被激化。铁托离世后，南联盟境内的民族矛盾逐渐凸显，南联盟走向解体，科索沃境内阿族人的分离倾向也日益膨胀、分离主义活动愈演愈烈。1996年，阿族中的激进分子组建起武装部队"科索沃解放军"，企图通过暴力实现科索沃的独立，并与南联盟军之间爆发了大规模武装冲突。北约对"科索沃解放军"持支持态度，并要求南联盟政府停止使用武力、给予科索沃更大程度的自治权以解决内部的民族矛盾。南联盟

---

[1] Benjamin S. Lambeth, *NATO's Air War for Kosovo: A Strategic and Operational Assessment*, Santa Monica: RAND Corporation, 2001, pp. 20 – 21.

一开始拒绝对北约做出让步，但后来对北约妥协。1991年1月，塞尔维亚警察与阿族武装分子发生流血冲突，北约趁机向南联盟提出了一份科索沃问题解决方案，内容涉及科索沃独立、北约军队进驻科索沃等问题，并要求南联盟全盘接受这份方案。南联盟表示拒绝接受北约提出的条件。在此背景下，北约于1999年3月23日宣布将对南联盟实施大规模空袭。1999年3月24日，北约在美国的带领下开始执行"盟军行动"，对科索沃进行了78天的空袭。"盟军行动"于1999年6月10日结束。在这场北约"域外行动"中，北约出动了由8万余人组成的兵力、动用了超过1200架各个种类的飞机、投掷了23000多枚炸弹。[1]

北约空袭科索沃的原因之一是为了对巴尔干地区进行战略控制。在波黑问题已经得到解决之后，北约武力介入科索沃危机，可实现对巴尔干地区的战略控制、推翻米洛舍维奇政权，进而压缩俄罗斯的战略空间。科索沃的东面和北面与塞尔维亚接壤；南面靠近马其顿；西南面的邻国是阿尔巴尼亚；西北面面对的是黑山。从地缘政治角度而言，科索沃所处的巴尔干地区战略地位十分重要：向西可通过亚得里亚海进入西欧，向北可深入中欧与东欧，向东可伸展至战略枢纽中东地区。历史上，巴尔干地区长期处于不稳定状态，不仅各国之间因民族、宗教、领土问题纷争不断，其他地区的大国也对该地区的事务频频插手。美国和北约皆十分重视巴尔干地区。科索沃危机爆发时，巴尔干地区的大部分国家都已与北约建立起了联系：希腊、匈牙利和土耳其已成为北约的成员国；波黑处于北约部队的控制之中；克罗地亚、罗马尼亚、阿尔巴尼亚、斯洛文尼亚和马其顿是北约"和平伙伴关系计划"的成员国，并且已正式提出加入北约的申请。唯独处于巴尔干要冲的南联盟，不仅是巴尔干地区最强大的国家，而且是除白俄罗斯外，在欧洲唯一不申请加入北约，也不加入北约发起的伙伴关系计划的国家。此外，南联盟还是俄罗斯在巴尔干地区仅存的一个传统盟友。南联盟对美国的立场强硬，被认为具

---

[1] 中国现代国际关系研究院美欧研究中心编：《北约的命运》，时事出版社2004年版，第72—75页。

有与美国和北约对抗的倾向。① 南联盟领导人米洛舍维奇对于北约提出的要求拒不答应且态度强硬,也引起了美国和北约的不满。美国及北约通过干预科索沃危机推翻米洛舍维奇政权,可消除巴尔干半岛上的最后一个异己政权,将巴尔干地区国家囊括进美国和北约的控制范围,进而将俄罗斯的影响力排挤出巴尔干地区。因此,军事进攻科索沃对美国和北约而言具有重要的战略意义。

北约空袭科索沃的第二个原因,是为了防止巴尔干地区暴力冲突的升级与扩散、阻止安全威胁蔓延至北约国家境内。尽管部分北约欧洲盟国国内民众对于空袭科索沃持反对态度,但北约仍旧将执行"盟军行动"的承诺付诸实现,其中一个重要的原因,是北约担忧科索沃危机在政治、经济和军事领域扩散。②

科索沃在地理位置上邻近北约成员国,其安全形势关乎北约成员国的安全利益。美国与欧洲盟国普遍认可军事干预科索沃对保卫北约安全的意义。部分北约国家担忧科索沃危机的外溢效应。与欧洲大陆隔海相望的英国是第一个主张武力干预科索沃的北约国家。1998年8月,英国内阁同意英国在任何北约执行的行动中发挥重要作用。在整个科索沃内战期间,英国还是唯一一个时刻准备着为实现北约目标而出动地面部队的北约成员国。③ 英国主张武力干预科索沃的主要原因,是担忧科索沃局势失控后,安全威胁将蔓延至周边欧洲国家,进而使整个欧洲大陆遭到威胁。1999年3月23日,时任英国首相托尼·布莱尔在议会下议院中参加辩论时谈到了英国向北约空袭科索沃的行动派出兵力的原因。布莱尔指出:刚发生不久的波黑内战已充分说明,巴尔干地区内任何一个地方一旦出现不稳定或爆发内战,最终都将不可避免地外溢至整个巴尔干地区,并对欧洲其他地区也造成影响。布莱尔对科索沃危机的影响进行了分析,认为:如果任由科索沃的事态自行发展而不管不顾,那么科索沃

---

① 涂荣娟:《北约空袭南联盟原因探析》,《西南民族学院学报》(哲学社会科学版)2000年第S2期;吴鑫:《复燃的巴尔干火药桶——科索沃战争》,《军事历史》2006年第11期。

② Julie Garey, *The US Role in NATO's Survival after the Cold War*, Cham (Switzerland): Palgrave Macmillan, 2020, pp. 67–69.

③ Mark Wintz, *Transatlantic Diplomacy and the Use of Military Force in the Post-Cold War Era*, New York: Palgrave Macmillan, 2010, p. 140.

危机将有可能促使阿尔巴尼亚境内的动乱死灰复燃、使马其顿陷入不稳定状态、在波斯尼亚产生连锁反应,并将使希腊与土耳其之间的矛盾升级,整个欧洲的战略利益将因此陷入险境。英国十分担忧欧洲陷入混乱与无序的状态。[1] 法国政府也将地区安全作为支持北约空袭科索沃的重要理由。时任法国总统雅克·希拉克于1999年2月表示:循环的暴力活动逐渐威胁整个东南欧地区的稳定,这是法国所不能接受的,法国希望欧洲大陆保持和平。一位法国官员也坦言,法国之所以支持空袭科索沃,一方面是由于和平的外交手段未能解决问题,另一方面是因为科索沃的地理位置十分重要。这位法国官员担忧科索沃危机转变为类似以色列与巴勒斯坦之间的那一类冲突,认为那将对法国不利。[2] 科索沃民族冲突爆发后,大西洋另一边的美国也力促北约军事干预科索沃。1998年12月8日,时任美国国务卿玛德琳·奥尔布赖特在发表对北大西洋理事会的讲话时,呼吁北约对科索沃进行军事干预、积极应对来自防区之外的冲突。奥尔布赖特谈到:21世纪的北约将面临一个不同于以往的战略环境。冷战时期,北约的主要任务是对北大西洋区域的领土与安全进行集体防御,在这一点上成员国毫无疑虑。但北约如今及以后将要面对的威胁有着不同的来源,其中包括来自北约防区之外的威胁。奥尔布赖特认为:北约成员国需要认识到的是,北约防区之外发生的事情将对北约的重大利益造成影响。北约必须更好地准备应对除传统的武装进攻之外的危机。这些危机若无法尽早得到有效管控,就将可能演变为《北大西洋公约》第五条款所表述的,对北约防区安全产生影响的安全威胁。在波斯尼亚采取行动的原因在于此,在科索沃采取军事行动以防止暴力再次发生的原因也在于此。[3] 部分北约国家还担忧科索沃危机导致的难民问题。自科索

---

[1] Jason W. Davidson, *America's Allies and War*, New York: Palgrave Macmillan, 2011, pp. 78–79.

[2] Jason W. Davidson, *America's Allies and War*, New York: Palgrave Macmillan, 2011, pp. 87–88.

[3] Department of State of the United States, "Secretary of State Madeleine K. Albright's Statement to the North Atlantic Council", Released by the Office of the Spokesman, Brussels, December 8, 1998, https://1997–2001.state.gov/statements/1998/981208.html.

沃危机爆发至1998年年底，共有超过30万科索沃人被迫逃离家园。[①] 意大利是对科索沃危机造成的难民问题最为担忧的北约国家之一。对难民的恐惧是意大利支持北约空袭科索沃的直接原因。在地理位置上，意大利与科索沃之间仅隔着一片亚得里亚海，难民渡海便可直接到达意大利。时任意大利总理马西莫·达莱马表示，意大利的地理位置使意大利对科索沃危机紧迫性的认识较其他国家更为深刻。1999年3月30日，达莱马对意大利公众说明了两个支持北约空袭科索沃行动的理由：一是意大利希望亚得里亚海对岸那片离意大利如此之近的陆地处于和平状态；二是当时意大利境内已经有太多难民和流离失所的人了。[②]

北约空袭科索沃的第三个原因在于维护北约在国际社会的名声与地位。北约将科索沃危机视为发生在家门口的安全隐患，将军事干涉科索沃视为展示北约实力与影响力的一次机会。时任北约秘书长哈维尔·索拉纳强调了军事干预科索沃对北约的意义，认为当外交手段解决科索沃危机没有成果时，如若不对此次危机进行军事干预，那么大西洋共同体的整体价值体系、西方组织机构的公信力，以及跨大西洋关系都将受到损害。[③] 美国也强调军事干预科索沃对北约的意义。时任美国总统克林顿在开始空袭科索沃的第一天晚上对美国公众发表讲话，强调军事干预科索沃在道德上具有必要性，并声称科索沃的安全稳定对美国的国家利益也具有重要性。在克林顿看来：不论是对于科索沃境内的平民还是美国的国家利益，在科索沃问题上无动于衷比有所作为更危险，倘若美国及其盟友任由事态发展而不采取应对措施，米洛舍维奇将把北约国家的踌躇不决解读为对杀戮的默许，如此一来就将涌现更多的大屠杀、成千上万的难民，以及更多渴求复仇的受害者；若美国及其盟友无视这些平民在北约的门口遭受屠杀，将有损北约的名声，而北约是近50年来美欧安

---

① North Atlantic Treaty Organization, "Kosovo Air Campaign: Operation Allied Force Archived", last updated: April 7, 2016, https://www.nato.int/cps/en/natohq/topics_49602.htm.
② Jason W. Davidson, *America's Allies and War*, New York: Palgrave Macmillan, 2011, p. 97.
③ Javier Solana, "NATO's Success in Kosovo", *Foreign Affairs*, Vol. 78, No. 6, 1999, pp. 117 – 118.

全赖以维系的基石。①

二 科索沃行动对大西洋联盟的影响

北约在科索沃的空袭行动基本上达到了北约的预定目标。美欧对于军事干预科索沃的决定及结果普遍持肯定的、积极的态度。美国总统克林顿认为：北约成功空袭科索沃，扭转了一场残酷的种族清洗局势、防止了巴尔干半岛上更大规模战争的爆发，是民主价值观的胜利，也是美国的胜利。英国首相布莱尔称："盟军行动"代表的是使用全新方式处理国际事务的尝试，代表着国际社会出现的一种新原则。时任德国外长乔什卡·费舍尔将阻止米洛舍维奇的行动与抵制希特勒和墨索里尼相类比。② 时任法国总理利昂内尔·若斯潘将"盟军行动"标榜为一场为保卫欧洲文明而进行的战斗。③ 北约在科索沃的军事打击行动对大西洋联盟产生了一系列影响：第一，军事干预科索沃终结了科索沃危机，被视为大西洋联盟存续的重要理由，也预示着北约的转型。第二，由于空袭科索沃未经联合国安理会授权，引发了大西洋联盟成员国对此次"域外行动"及北约未来"域外行动"合法性的争论。第三，空袭科索沃的行动暴露出了美欧的军事能力差异和北约机制存在的弊端，与后期意愿联盟这一"域外行动"方式的产生有直接联系。

空袭科索沃是由北约领导执行的一场"域外行动"。从时间上看，1992年北约在波黑的军事行动是冷战结束后北约执行的第一场"域外行动"。当时北约是应联合国的请求参与解决波黑问题，为联合国提供军事援助。在科索沃境内的"域外行动"则是由北约独自执行的军事行动。美国在空袭科索沃的军事行动中扮演了领导者角色，欧洲盟国在军事技术和军事资源方面与美国存在较大的差距。尽管如此，克林顿政府的官

---

① CNN News, "Transcript: Clinton addresses Nation on Yugoslavia Strike", March 24, 1999, http://edition.cnn.com/ALLPOLITICS/stories/1999/03/25/clinton.transcript/.

② Mark Webber, "The Kosovo War: A Recapitulation", *International Affairs*, Vol. 85, No. 3, 2009, p. 453.

③ Alex Macleod, "France: Kosovo and the Emergence of a New European Security", in Pierre Martin and Mark R. Brawley, eds., *Alliance Politics, Kosovo, and NATO's War: Allied Force or Forced Allies*, New York: Palgrave Macmillan, 2000, p. 117.

员仍旧肯定了北约在此次军事行动中发挥的作用。时任美国国防部长威廉·科恩和美国国防部参谋长联席会议主席亨利·谢尔顿在对科索沃的军事行动进行回顾时,肯定了北约对空袭科索沃作出的贡献,认为:若是缺少了北约盟友及其他伙伴国一同提供的军事支持、政治支持及外交支持,"盟军行动"将不可能被成功执行。[①] 空袭科索沃行动意味着北约作为一个政治军事组织,已经具备条件独自领导"域外"军事行动、对国际和平与安全施加重要影响。就行动目的而言,空袭科索沃是北约的一次"域外行动"实践,使北约进一步延伸了"域外"军事干预的职能。为大西洋联盟的存续提供了新的依据。同时,"域外"军事干预职能的发展也意味着北约的转型。

北约对科索沃进行的军事干涉虽是成员国采取的集体行动,但未经联合国安理会授权,因此在本质上属于联合国宪章禁止的"单边"行动。[②] 大西洋联盟的成员在执行"盟军行动"之前及行动结束之后,针对这场"域外行动"的合法性问题进行了讨论。空袭科索沃之前,美国及部分欧洲盟国争论的焦点主要在于空袭行动是否应在联合国安理会的授权下进行。空袭行动结束后,美欧之间的分歧主要在于此次缺乏联合国安理会授权的行动能否作为日后北约"域外行动"的先例。1998年秋季,所有北约成员国都认同这种观点:无论是从道德上还是从政治上讲,都有必要干预科索沃危机。但比利时、法国、德国、希腊、意大利和西班牙等欧洲盟国对于军事打击科索沃存有政治方面和法律方面的顾虑。欧洲盟国对军事打击科索沃合法性的担忧,与《北大西洋公约》中的规定相关。根据《北大西洋公约》第一条款的规定,北约执行的所有军事行动都需遵循联合国的原则。这也意味着北约动用武力之前,必须得到来自联合国的明确授权。[③] 在联合国安理会未授权的情况下,部分欧洲盟国

---

① William S. Cohen and Henry H. Shelton, "Joint Statement on the Kosovo after Action Review", last modified on October 14, 1999, http://www.au.af.mil/au/awc/aecgate/kosovoaa/jointstmt.htm.

② 赵洋:《国际干涉中的合法性与有效性研究——基于联合国与地区性组织合作视角》,《国际政治研究》2019年第6期。

③ Ryan C. Hendrickson, "NATO's Operation Allied Force: Strategic Concepts and Institutional Relationships", in Håkan Edström and Dennis Gyllensporre, eds., *Pursuing Strategy*: *NATO Operations from the Gulf War to Gaddafi*, England: Palgrave Macmillan, 2012, p.86.

虽然有军事干预科索沃的意愿,但也不愿意公然与联合国安理会对立。英国和德国认为,科索沃危机形势严重、必须进行应急处理,因而寻求通过其他途径证明军事介入科索沃的合法性。法国和意大利坚持认为,军事介入科索沃需得到联合国安理会的明确授权,但同时也意识到,在科索沃危机这类例外情况下可以不遵循这一原则。法国总统希拉克于1998年10月6日表示:虽然法国认为武力使用应得到来自联合国安理会的授权,但科索沃境内的人道主义危机使得武力使用的例外情况具有合理性。希拉克将科索沃危机视为一起特殊事件,并表示当有必要时,法国也将与其他国家一同对科索沃进行军事干预。[1] 美国对空袭科索沃的态度与欧洲盟国形成鲜明对比。美国是最强烈主张军事打击科索沃的北约国家之一。在回应军事打击科索沃的合法性问题时,美国官员指责塞尔维亚武装部队已公然违反了联合国1160号和1199号决议的要求。此外,美国还认为《联合国宪章》第七章也为北约军事打击科索沃提供了充足的依据。[2] 在美国看来,在对科索沃进行军事打击之前,必须获得来自联合国的授权这一规则并非神圣不可侵犯,也并非是绝对的。[3] 最终,在大西洋联盟层面,北约并未对空袭科索沃的法律依据作出具体声明,而是试图寻找军事打击科索沃的合理性。1999年4月12日,在布鲁塞尔召开的北大西洋理事会特别部长级会议发布声明,其中第一段内容从价值观的角度出发,声称科索沃危机挑战了民主、人权、法治这些北约自成立以来便极力维护的价值观。言下之意是军事打击科索沃是北约为维护价值观而团结一致应对挑战的表现。声明的第二段从南联盟的作为这一角度出发,声称:南联盟屡次违反联合国安理会作出的决议,在米洛舍维奇指挥之下的南联盟军队和警察对科索沃平民的袭击,不但引发了极其严重的人道主义灾难,而且威胁着周边区域的稳定。此份声明认为"南联盟对人权的践踏及武力的肆意滥用,无法通过其他途径加以控制,这

---

[1] Ivo Daalder and Michael E. O'Hanlon, *Winning Ugly: NATO's War to Save Kosovo*, Washington, D. C.: Brookings Institution Press, 2000, pp. 44 – 45.

[2] Catherine Guicherd, "International Law and the War in Kosovo", *Survival: Global Politics and Strategy*, Vol. 41, No. 2, Summer 1999, p. 26.

[3] Ivo Daalder and Michael E. O'Hanlon, *Winning Ugly: NATO's War to Save Kosovo*, Washington, D. C.: Brookings Institution Press, 2000, p. 45.

是北约需要军事打击科索沃的原因,也是北约军事打击科索沃的合理性所在。"①

空袭科索沃之后,美欧对于此次"域外行动"的合法性问题再一次进行了讨论。美国认为空袭科索沃的军事行动不仅不存在合法性问题,而且可以为国际法的发展提供可借鉴的案例。包括国务卿奥尔布赖特在内的部分美欧领导人希望北约对科索沃的干预能作为一次先例,为国际法提供惯例,促进建立起新的国际法规范——在没有联合国安理会授权的情况下可容许出于人道主义目的的军事干预。② 以德国和法国为代表的一些欧洲盟国则不希望北约在科索沃执行的缺乏合法性的军事行动成为往后北约"域外行动"的先例。德国和法国在科索沃战争结束后进行反省,认为:在行动合法性方面,空袭科索沃仅能作为一个例外而存在。类似的北约军事行动日后不应再出现,北约在未来执行"域外行动"时,仍旧必须事先得到联合国安理会的授权。实际上,德国国内由社会民主党和绿党组成的联合政府不仅不乐意在未经联合国安理会授权的情况下参与对科索沃的军事打击,而且后来还后悔参与了未经联合国安理会授权的空袭科索沃行动。③

北约空袭科索沃的军事行动不仅引起了成员国对"域外行动"合法性的争论,而且深刻暴露出了美欧军事实力的不平衡。美国是空袭科索沃行动中的主导国,为此次军事行动提供的人数在北约国家中居于首位。美国部署了31600名军事人员④,约占北约国家所有军事人员数量的1/3。美国在科索沃战争中不仅提供了大多数军事物资,而且军事技术的先进性远超欧洲国家。在空袭科索沃时,北约所使用的巡航导弹、卫星侦察

---

① North Atlantic Treaty Organization, "The Situation in and around Kosovo: Statement Issued at the Extraordinary Ministerial Meeting of the North Atlantic Council held at NATO Headquarters, Brussels, April 12, 1999", Press Release M-NAC-1 (99) 51, https://www.nato.int/docu/pr/1999/p99-051e.htm.

② Allen Buchanan, *Human Rights, Legitimacy, and The Use of Force*, New York: Oxford University Press, 2010, p. 299.

③ Heiko Borchert and Mary N. Hampton, "The Lessons of Kosovo: Boon or Bust for Transatlantic Security?", *Orbis*, Vol. 46, Issue 2, April 1, 2002, p. 378.

④ Patrick T. Egan, "The Kosovo Intervention and Collective Self-Defense", *International Peacekeeping*, Vol. 8, No. 3, Autumn 2001, p. 40.

系统与通信系统均出自美国。北约80%的空中打击战机由美国提供。欧洲盟国出动了7000架飞机，其中只有小部分能对目标进行精确的轰炸。欧洲盟国为科索沃战争提供了250万人组成的军队，但这些军队主要被用于本土防御，仅有小部分兵力能被快速部署至防区以外的其他地方。此外，这些军队的组织结构仍停留在冷战时期与华约组织对峙时的水平，军队行动速度堪忧，军队的运输能力以及其他方面的部署能力也并不理想。[1] 时任北约秘书长乔治·罗伯逊表示，北约在科索沃的军事行动证明，以美国为代表的一些北约国家在科技领域远超其他盟国，这将使得北约集体执行军事行动存在困难。罗伯逊强调，北约应以此为鉴，避免最终分化为一个"双轨"联盟，即拥有前沿科技的盟国提供远程武器、战机和物流，其他盟国出动部队，这是不公平也是不具有可持续性的分工。[2]

此外，北约空袭科索沃的军事行动暴露出北约在机制方面存在的弊端。北约内部的"一致同意"决策模式虽然赋予了"域外行动"以一定的合法性与公信力[3]，但具体涉及目标选择、行动战略等事项时，这一决策模式也成为影响北约行动效率和触发成员国矛盾的重要因素。

由于大部分欧洲盟国军事实力落后，北约空袭行动的制定与实施实际上由美国所主导。随着空袭行动的展开，选择空袭目标和制定任务的责任逐渐从北约层面转移至代号"贵族铁砧"（Noble Anvil）的美国联合特遣部队手中。虽然美国几乎完全掌握了选择空袭目标的权力，但在实施行动前仍需其他北约盟国共同批准空袭目标。特别是当所选取的目标具有政治敏感性或可能涉及附带伤害（collateral damage）时，需得到北大西洋理事会成员的一致同意。[4] 而北约盟国有权利否定任何一个美国选

---

[1] 中国现代国际关系研究院美欧研究中心编：《北约的命运》，时事出版社2004年版，第201、209页。

[2] North Atlantic Treaty Organization, "Dinner Speech by Lord Robertson, NATO Secretary General", IISS, Arundel House London, March 22, 2000, https://www.nato.int/docu/speech/2000/s000322b.htm.

[3] Ellen Williams, "Out of Area and Very Much in Business? NATO, the U.S., and the Post-9/11 International Security Environment", *Comparative Strategy*, Vol. 27, No. 1, 2008, p. 67.

[4] Mark Wintz, *Transatlantic Diplomacy and the Use of Military Force in the Post-Cold War Era*, New York: Palgrave Macmillan, 2010, p. 113.

取的打击目标或是某一项打击任务。每当美国选取了一个行动目标后，每个北约成员国政府的政治领导人和军事官员都会在实施行动之前对该目标进行审查。成员国政府通常会评估打击某个目标将造成的人员伤亡情况，部分成员国在批准打击该目标之前还会先参阅本国法律。如此一来，评估和审查的过程往往限制了打击目标的数量。以法国为代表的部分北约成员国还会较为频繁地行使否决权否定某一个具体的行动目标。[①] 在一些情况下，由于某些盟国在最后时刻行使了否决权，美国迫不得已召回了已经出发前往目的地执行轰炸任务的飞机。此外，美国的行动计划还会因成员国的反对而不得不被推迟。例如，美国在空袭的第一周摧毁塞尔维亚供电系统的这一计划，因法国在打击时间和武器使用问题上提出反对意见而被拖延。时隔一个月之后，法国才同意美国使用CBU – 94炸弹轰炸供电系统。[②] 1999年6月，当北约带领的科索沃部队部署在塞尔维亚时，俄罗斯的伞兵部队进入了普里什蒂纳机场，并拒绝北约使用该机场。俄罗斯的这一举动给北约派遣进入科索沃的部队造成了威胁。指挥"盟军行动"的韦斯利·克拉克上将要求北约在科索沃部队的指挥官、英国的迈克尔·杰克逊将军出动突击部队封锁普里什蒂纳机场的跑道，防止俄罗斯的军队占领该机场。杰克逊将军在英国政府的支持下，拒绝执行克拉克上将的指令。克拉克和杰克逊二人随后就执行指令的问题发生了纠纷。二人的纠纷导致美国和英国官员多次相互拨打电话进行协商与调和。法国也在英国的紧急要求下退出了此次行动。[③] 北约的"一致同意"决策模式使成员国在执行行动时受到了各种流程的制约，影响了北约的行动效率。

北约在空袭科索沃行动中暴露出的机制弊端令美国不满。美国对于

[①] Ellen Hallams, "The Transatlantic Alliance Renewed: The United States and NATO since 9/11", *Journal of Transatlantic Studies*, Vol. 7, No. 1, March 2009, p. 43.

[②] 陈效卫主编：《合作与冲突——战后美国军事联盟的系统考察》，军事科学出版社2001年版，第32—33页。

[③] Wesley Clark, *Waging Modern War: Bosnia, Kosovo, and the Future of Combat*, New York: Public Affairs, 2002, pp. 385, 396 – 399; Dr. Patricia A. Weitsman, "Wartime Alliances versus Coalition Warfare: How Institutional Structure Matters in the Multilateral Prosecution of Wars", *ASPJ Africa & Francophonie*, 3rd Quarter 2011, p. 42.

本国行动目的和行动目标受北约机制制约感到反感。克拉克上将指出：几乎所有盟国都会对一项美国的决定提出质疑或是替代方案，因此盟国的自由裁量机会越少，对军事行动效率的提升才越有利。[1] 一位北约的美国官员通过几个疑问解释了为何美国存有绕开北约执行军事行动的意愿："让我们回到决策过程中——我们遭受了袭击，现在我们需作出回应……谁能与我们共同作战？北约能现在就在不需作出政治决定、不进行政治辩论、不需召集一组人商讨、不动员所有国家磋商的情况下就与美国并肩作战吗？北约能在三个月内就采取行动吗？不，北约做不到。"[2] 2001年7月，美国审计总署在其发布的一份报告中批评了北约盟国在科索沃空袭行动中的表现，表达了对北约机制的不满。报告认为：在科索沃危机中，维护大西洋联盟成员之间凝聚力的需要，不仅导致行动严重偏离了标准的美国军事原则，而且使得行动缺乏清晰的目标、备受限制。许多参与了此次北约行动的美国军官和文职官员认为，上述问题将引发更长久的冲突……导致大西洋联盟部队面临严重的危机。[3] 在空袭科索沃行动中暴露出的北约机制弊端是美国与部分北约成员国组建意愿联盟赴阿富汗执行反恐战争的重要原因。

第二节 "意愿联盟"与伊拉克战争

在伊拉克战争中，部分北约成员国选择追随美国发动对伊拉克的军事进攻。如本书第三章中所述，美国为发动伊拉克战争组建了意愿联盟，此举降低了大西洋联盟安全合作的机制化程度和联盟成员安全合作的紧密程度。除此之外，美国和以法国、德国为代表的欧洲盟国在伊拉克问题上的意见纷争集中反映出美欧在"域外行动"问题上的态度差异。导

---

[1] Wesley K. Clark, *Waging Modern War: Bosnia, Kosovo, and the Future of Combat*, New York: Public Affairs, 2002, p. 429.

[2] Ellen Hallams, "The Transatlantic Alliance Renewed: The United States and NATO since 9/11", *Journal of Transatlantic Studies*, Vol. 7, No. 1, March 2009, p. 47.

[3] Stanley R. Sloan, *NATO, the European Union, and the Atlantic Community: The Transatlantic Bargain Reconsidered*, New York: Rowman & Littlefield Publishers, Inc., 2003, p. 103, in Richard E Rupp, *NATO after 9/11: An Alliance in Continuing Decline*, New York: Palgrave Macmillan, 2006, p. 70.

致美欧对这些问题存在态度差异的原因使大西洋联盟内部的安全合作受到了障碍。大西洋联盟内部的凝聚力也因伊拉克战争而遭到削弱。

一 美国的伊拉克政策

"9·11"恐怖袭击事件发生之前，伊拉克与美国之间的关系在很长一段时间内都处于不友好状态。自第一次海湾战争结束之后，美国布什政府内部的大部分保守分子便一直将萨达姆·侯赛因视为眼中钉。在美国总统乔治·赫伯特·沃克·布什（即"老布什"）对科威特进行的一次访问中，萨达姆企图对其进行暗杀，这一事件更是使得美国与伊拉克之间的关系进一步恶化。[①] 2001年9月11日，美国纽约发生了一系列恐怖袭击事件：恐怖分子撞毁了纽约世贸中心一号楼和二号楼；美国国防部五角大楼也在另一队恐怖分子的袭击之下坍塌。"9·11"恐怖主义袭击事件发生后，美国总统乔治·沃克·布什（即"小布什"）便开始怀疑伊拉克与恐怖主义之间存在关联。"9·11"恐怖袭击事件发生后，小布什于2001年9月12日至17日与美国总统国家安全顾问每日会面，商议回应"9·11"的对策。这段时间，小布什召开会议讨论了以下问题：萨达姆是否参与了"9·11"恐怖袭击；美国是否应将攻打伊拉克作为对"9·11"恐怖主义袭击的一项回应。2001年9月17日，美国情报机构的调查报告得出的结论是没有证据证明伊拉克应对"9·11"恐怖袭击负责。在此情况下，小布什仍对美国国家安全委员会坦言自己相信伊拉克参与了"9·11"恐怖袭击，但鉴于目前手头所掌握的证据不足，先不打算攻打伊拉克。[②] 2002年1月，小布什在国情咨文中声称伊拉克政权暗中谋划发展炭疽、神经毒气和核武器已超十年之久。此外，小布什认定伊拉克、朝鲜和伊朗都企图获得核武器和大规模杀伤性武器，称这三个国家和它们的恐怖主义盟友组成了"邪恶轴心"，准备威胁世界和平。[③]

[①]　［挪威］盖尔·伦德斯塔德：《大国博弈》，张云雷译，吴征宇校，中国人民大学出版社2015年版，第112页。

[②]　Jon Western, "The War over Iraq: Selling War to the American Public", *Security Studies*, Vol. 14, No. 1, 2005, p. 106.

[③]　George W. Bush, "State of the Union Address", January 29, 2002, https://georgewbush-whitehouse.archives.gov/news/releases/2002/01/20020129-11.html.

2002年10月，小布什在谈论美国地缘战略时特意强调，本届政府和克林顿政府都认为推翻伊拉克政权是必不可少的。[1]

美国首先在联合国内寻求对武力打击伊拉克的支持，但在此问题上，美国与其他联合国安理会成员国产生了矛盾。联合国内部花了将近两个月的时间磋商讨论是否通过对伊拉克动武的联合国安理会决议。磋商的成果是2002年11月8日出台了第1441号安理会决议。该决议虽没有授权美国军事打击伊拉克，但允许联合国在伊拉克进行所有调查活动的过程中有驻军相随。该决议出台后，伊拉克政府向时任联合国秘书长科菲·安南递交了一封回信，表示接受决议中提出的条款，但拒绝承认伊拉克拥有大规模杀伤性武器。与此同时，伊拉克政府并未对此前联合国调查员记录的生化材料问题作出解释。美国布什政府认为这是萨达姆·侯赛因不愿意遵守联合国决议的表现。由于美国缺乏联合国安理会成员的支持，无法获得来自安理会的授权，因此希望借助北约获得国际社会对军事打击伊拉克的支持。[2]

二　美国组建"意愿联盟"并发动对伊战争

根据法新社2002年11月15日的报道，布什总统的国家安全顾问声称巴格达与恐怖分子之间存在"危险的关系"，并且巴格达寻求制造生物、化学与核武器，违反了联合国的决议，因此主张北约应军事打击伊拉克。布什总统也于2002年11月19日公开声明，若萨达姆拒绝解除武装，美国将采取针对伊拉克的军事行动，领导一个意志坚定的联盟以解除伊拉克的武装。为此，美国渴求北约盟友予以支持。[3] 但在2002年11月20日至21日的北约峰会上，法国、德国等部分北约欧洲盟国都表示不支持美国对伊拉克发动军事进攻。

大西洋联盟内的欧洲盟国因伊拉克问题而分化。法国、德国、比利时、卢森堡等欧洲盟国强烈反对美国军事打击伊拉克的政策。英国、意

---

[1] ［法］托马·拉比诺：《美国战争文化》，陈沁等译，上海社会科学院出版社2018年版，第112页。

[2] Julie Garey, *The US Role in NATO's Survival after the Cold War*, Cham (Switzerland): Palgrave Macmillan, 2020, pp. 126–127.

[3] 陈宣圣：《风云变幻看北约》，世界知识出版社2009年版，第206页。

大利、西班牙、丹麦、荷兰、葡萄牙和大部分中东欧国家的政府选择追随美国的对伊政策。2003年1月22日，时任法国总统希拉克与时任德国总理格哈德·施罗德发表联合声明，称两国将一同努力反对小布什政府通过武力解决伊拉克问题。在这一联合声明发布当天的晚些时候，时任美国国防部长唐纳德·拉姆斯菲尔德在美国国防部的吹风会上轻蔑地提出了"新老欧洲说"。① 拉姆斯菲尔德声称欧洲已一分为二："一边是有活力的、展望未来的'新'欧洲国家，这些国家希望与美国合作；另一边是顽固的、悲观的'老'欧洲国家，这些国家怨恨美国的领导；法国、德国、比利时就属于这类国家。"② 美国还怂恿欧洲盟国相互对立，积极鼓动英国、意大利和西班牙与法、德、比唱反调，同时诱使波兰、捷克、匈牙利三个新加入北约的成员国和寻求加入北约的中东欧国家与波罗的海沿岸国家一同向法、德、比施加压力。③ 2003年1月30日，英国、西班牙、意大利、葡萄牙、丹麦、波兰、匈牙利和捷克八个国家发表联合声明支持在军事干预伊拉克一事上采取统一的、强硬的立场，催促萨达姆·侯赛因遵守解除武装的决议，并极力呼吁所有欧洲国家站在美国一边。欧洲盟国在美国的压力之下出现了分化。④

在北约内部，美国试图以军事援助土耳其为突破口，寻得北约盟国的军事支持。2003年2月初，美国向北大西洋理事会呈交了一份提议，表示希望北约能开始筹划威慑与防御措施以应对伊拉克可能给土耳其造成的威胁。但北约成员国对于采取威慑与防御措施的必要性和时间持不同看法，因此北约内部未能就此提议达成一致意见。2003年2月10日，土耳其正式援引《北大西洋公约》第四条款，希望当伊拉克的武装冲突对土耳其人口和领土造成威胁时，北约能够提供防御援助，并要求北大西洋理事会就此展开磋商。针对土耳其提出的请求，北约内部进行了数

---

① 赵怀普：《当代美欧关系史》，世界知识出版社2011年版，第335—336页。
② William I. Hitchcock, "The Ghost of Crises Past: The Troubled Alliance in Historical Perspective", in Jeffrey Anderson, G. John Ikenberry and Thomas Risse, eds., *The End of the West? Crisis and Change in the Atlantic Order*, Ithaca: Cornell University Press, 2008, p. 77.
③ 邢骅、苏惠民、王毅主编：《新世纪北约的走向》，时事出版社2004年版，第11页。
④ William I. Hitchcock, "The Ghost of Crises Past: The Troubled Alliance in Historical Perspective", in Jeffrey Anderson, G. John Ikenberry and Thomas Risse, eds., *The End of the West? Crisis and Change in the Atlantic Order*, Ithaca: Cornell University Press, 2008, p. 77.

天的辩论，但未能达成共识。持反对意见的欧洲盟国主要是法国和德国。法国和德国对美国援助土耳其的倡议表示质疑，认为美国援助土耳其的决定旨在使进攻伊拉克的问题合法化。部分北约成员国还认为，即便美国是真心援助土耳其，接受美国的倡议也会将北约拖入一场旷日持久的军事干预行动中。因德国和法国的抵制，北约秘书长罗伯逊随后将援助土耳其的问题移交北约防务计划委员会讨论。2003年2月16日，北约防务计划委员会接手了这一议题。由于法国已脱离北约军事一体化机构、不是北约防务计划委员会的成员，无法抵制援助土耳其的方案。德国和比利时后来在援助土耳其问题上也放弃了抵制。因此，援助土耳其的方案最后获得了通过。同月19日，北约防务计划委员会授权军事委员会在"威慑展示行动"的名义之下采取协助土耳其的防御措施。① 虽然北约为协助土耳其提供了预防性的防御支持，但北约最终并没有以集体的名义发动对伊拉克的军事进攻。②

美国执意武力攻打伊拉克，于是一方面在联合国内对伊拉克问题进行谈判，另一方面在北约内部进行协调，与此同时为武力攻打伊拉克进行军事准备。2003年3月初，美国及其在联合国安理会中的盟友提出了关于解决伊拉克问题的第二份决议草案，但该决议草案也因法、德、俄反对对伊动武而未能获得通过。③ 在未能获得联合国授权、北约也无法提供直接军事支持的情况下，美国组建起了意愿联盟，于2003年3月20日发动"伊拉克自由行动"开始对伊拉克展开军事进攻。在美国为军事进攻伊拉克而组建的意愿联盟中，既包括美国、英国、波兰、丹麦等北约国家，也包括澳大利亚、日本、韩国等非北约国家。2011年12月15日，美国驻伊拉克部队在巴格达附近的军事基地举行降旗仪式，宣告伊拉克战争结束。在美国的领导下，意愿联盟进行的耗时9年

---

① Public Diplomacy Division of North Atlantic Treaty Organization, "NATO A-Z Pages", Brussels, December 2014, p. 194, https：//www.nato.int/nato_static_fl2014/assets/pdf/pdf_publications/20150316_2014_AZ_pages.pdf; Julie Garey, *The US Role in NATO's Survival after the Cold War*, Cham (Switzerland): Palgrave Macmillan, 2020, p. 128.

② North Atlantic Treaty Organization, "NATO and the 2003 Campaign against Iraq (Archived)", Last Updated: September 1, 2015, https：//www.nato.int/cps/en/natohq/topics_51977.htm.

③ 赵怀普：《当代美欧关系史》，世界知识出版社2011年版，第338页。

的伊拉克战争最终推翻了萨达姆政权，但并未搜查到所谓的大规模杀伤性武器。

三 伊拉克战争对大西洋联盟的影响

美国与部分北约欧洲盟国通过组建意愿联盟的行动方式发动了伊拉克战争，引起了北约内部对伊拉克问题的激烈争论。在伊拉克问题上的意见分歧深刻暴露出"9·11"恐怖袭击发生以来，大西洋联盟成员国在"域外行动"相关问题上的分歧。这些分歧使得大西洋联盟内部的安全合作受到了阻碍、削弱了大西洋联盟内部的凝聚力。

首先，美欧在伊拉克问题上的意见纷争反映出了美欧应对恐怖主义的态度差异。美国倾向于优先出动军事力量，通过武力打击恐怖分子、摧毁恐怖主义；欧洲盟国则倾向于优先采取和平的外交手段从根源上解决问题、根除恐怖主义隐患。

伊拉克战争发生的重要背景是美国执意将伊拉克与恐怖主义和大规模杀伤性武器联系在一起。在"9·11"恐怖袭击事件发生之前，激进的伊斯兰主义和大规模杀伤性武器这两种威胁都曾长期是美国外交政策中讨论的问题。激进的伊斯兰主义这一威胁至少自1978年伊朗革命爆发时便已受到美国的关注；大规模杀伤性武器的威胁自核武器时代开始出现时便已存在。"9·11"恐怖袭击的发生使美国将这两种威胁与恐怖主义结合在了一起。[1] 小布什政府及其支持者之所以主张发动伊拉克战争，主要是因为他们认定：第一，伊拉克造成的威胁迫在眉睫。第二，伊拉克藏有大规模杀伤性武器，伊拉克的独裁者萨达姆将这些武器移交给了恐怖主义组织。第三，萨达姆支持基地组织，因此更容易将这些武器移交出去。[2] 由于认定了伊拉克与恐怖主义和大规模杀伤性武器存在联系，美国希望用打击恐怖主义的方式打击伊拉克。美国在2002年发布的《国家安全战略报告》中除了论及将先发制人地对付恐怖主义威胁

---

[1] [美]弗朗西斯·福山：《美国处在十字路口：民主、权力与新保守主义的遗产》，周琪译，中国社会科学出版社2008年版，第60页。

[2] [法]托马·拉比诺：《美国战争文化》，陈沁等译，上海社会科学院出版社2018年版，第120页。

以外，还强调将综合一切手段对付恐怖主义，其中运用军事力量是首选方式。①

北约将"恐怖主义"定义为一种对武力或暴力的非法使用或威胁性使用。这种行为旨在通过强制或恐吓政府或社会，或实现对某一部分人的控制，寻求实现政治、宗教或意识形态方面的目的。"反恐"意味着采取所有预防性、防御性和攻击性措施回应恐怖主义行为。② 美国中央情报局第 18 任局长迈克尔·海登于 2008 年 4 月 30 日在美国堪萨斯州立大学发表演讲时坦言，虽然美国和欧洲国家都将恐怖主义视为一个紧迫的危险，但美欧对恐怖主义的性质和反恐的方式存在不同的看法。在美国看来，反恐意味着一场在全球范围内的战争。作为获胜的前提条件，美国需要与恐怖分子展开战斗，无论这些敌人身在何处。许多欧洲国家则首先将恐怖主义视为一个发生在某个国家内部的问题，或是一个与执法有关的问题。当恐怖主义活动发生时，欧洲国家的政府虽也相互合作或与美国合作来化解威胁，但并不倾向于将恐怖主义视为一个势不可挡的国际性挑战，而是将反恐的目的局限于保卫某一个国家的安全。即便这些欧洲国家对恐怖主义的看法与美国相同，美欧之间也会在反恐方式方面进行争论，包括什么是高效的方式、什么是合适的方式，通常还将这两个问题结合起来讨论。③ 正如海登所言，法国、德国等部分欧洲盟国对恐怖主义性质的认知与美国存在差异。在法国、德国及其他一些欧洲盟国看来，恐怖主义相比起一种战争行为而言更偏向于是一种犯罪行为。这些欧洲国家非常重视外交的作用，认为实现伊斯兰世界稳定的必要条件是采取细致入微的外交手段，而非直截了当的军

---

① The White House of the United States, "The National Security Strategy of the United States", September 2002, https：//2009 - 2017. state. gov/documents/organization/63562. pdf.

② International Military Staff of North Atlantic Treaty Organization, "NATO's Military Concept for Defence against Terrorism", Last Updated：August 19, 2016, https：//www. nato. int/cps/en/natohq/topics_69482. htm.

③ Central Intelligence Agency of the United States, "Transcript of Remarks by Director of the Central Intelligence Agency General Michael V. Hayden at the Landon Lecture Series, Kansas State University", April 30, 2008, https：//www. cia. gov/news-information/speeches-testimony/speeches-testimony-archive-2008/landon-lecture-series. html.

事进攻。① 相比起美国以暴制暴的反恐方式，许多欧洲盟国更偏向于从根本上防止恐怖主义再生，主张应冷静地分析恐怖主义产生的根源、关注全球范围内各国为解决贫困问题和化解民族仇恨所作出的努力。② 在伊拉克问题上，许多欧洲盟国和美国一样也认识到萨达姆将对周边邻国带来威胁。但欧洲盟国认为，1990年第一次海湾战争之后，联合国已对伊拉克实施了多项制裁措施，再加上美国和英国强制在伊拉克设立了禁飞区，萨达姆实际上已经受到了国际社会的有效控制，不大可能再度拥有和制造生化武器。更重要的是，在许多欧洲盟国看来，美国无法提供充足的证据证明伊拉克与恐怖主义之间存在直接、必然的联系，因此不应如此紧急地对伊拉克发动军事进攻，因为此举风险极大、后果难料。③

恐怖袭击问题虽早在20世纪90年代便已存在，但在"9·11"恐怖袭击事件发生之前，北约内部很少或几乎没有关注与讨论恐怖主义的性质、恐怖主义产生的根源、恐怖主义将对大西洋联盟的观念、政策、机构或能力造成的影响等问题。④ "9·11"恐怖袭击事件的发生使美国和欧洲盟国开始重视恐怖主义威胁，并在政策文件中制定了北约的反恐任务。在美国认定伊拉克与恐怖主义存在关联的背景下，美国和法德等欧洲盟国对军事进攻伊拉克的意见分歧反映出美欧对待恐怖主义这一共同安全威胁的不同态度。美欧之间的战略文化差异是导致美欧态度不同的重要原因。罗伯特·卡根曾总结出了美国和欧洲国家的战略文化特点。欧洲国家的战略文化特点包括：强调协商、谈判；重视外交；强调说服；不强迫他人；不对他人进行威逼等。相比起欧洲国家，美国则对外交方式缺乏耐心，更倾向于借助实力来解决问题。当面对真实的或潜在的对手

---

① Tom Donnelly, "Rethinking NATO", *NATO Review*, Issue 2, Summer 2003, https://www.nato.int/docu/review/2003/issue2/english/art2.html.

② William I. Hitchcock, "The Ghost of Crises Past: The Troubled Alliance in Historical Perspective", in Jeffrey Anderson, G. John Ikenberry and Thomas Risse, eds., *The End of the West? Crisis and Change in the Atlantic Order*, Ithaca: Cornell University Press, 2008, p. 74.

③ Elizabeth Pond, "The Dynamics of the Feud over Iraq", in David M. Andrews, ed., *The Atlantic Alliance under Stress: US-European Relations after Iraq*, New York: Cambridge University Press, 2005, p. 34.

④ Richard E. Rupp, *NATO after 9/11: An Alliance in Continuing Decline*, New York: Palgrave Macmillan, 2006, p. 95.

时，美国通常更倾向于采取强制措施而非说服的方式。[1] 在"9·11"恐怖袭击发生前的20世纪90年代，曾出现过一些恐怖袭击事件。在1999年华盛顿峰会召开前，美国与其他北约盟国的政府进行磋商时，便催促盟国共同为北约制定打击恐怖主义的战斗行动战略与战术。[2] 在"9·11"恐怖袭击中，美国本土直接遭到了攻击，相比于欧洲盟国，美国对恐怖主义的仇恨和恐惧程度更加强烈。因此，美国动用军事力量打击恐怖主义的倾向实际上一直存在，这是美国崇尚武力解决问题的表现、是美国战略文化使然。美欧在对待恐怖主义问题上的态度差异体现出美欧战略文化对大西洋联盟成员之间安全合作的制约作用。

其次，美欧之间的分歧反映出美欧在"域外行动"原则问题上的差异。在美国组建意愿联盟对伊拉克发动军事进攻之前，美国与法德等欧洲盟国之间的一个主要分歧点是联合国在伊拉克问题上的作用。当北约内部在探讨援助土耳其的问题时，美国与德国、法国和比利时之间在保卫土耳其以及制定相应的威慑与防御措施问题上争论激烈。美国催促北约同意对土耳其提供军事援助。法国、德国和比利时则认为北约过早实施任何防御性举措都将可能影响联合国安理会正在进行的针对伊拉克问题的辩论、使和平解决伊拉克问题的努力付诸东流。[3] 美国与法德等欧洲国家的意见纷争还涉及是否在联合国委派的调查人员有搜查结果之前便对伊拉克采取军事行动这一问题。法国、德国等部分欧洲盟国意识到了伊拉克政府没有遵循国际法，并且也知晓伊拉克政府固执的态度将造成严重的后果，但仍旧认为应给予联合国调查员更多的时间，不论是为了说服伊拉克政府遵循联合国的条件，还是为了寻找更多证据证明伊拉克储备生化武器这一行为。[4] 德国总理施罗德非常重视联合国在伊拉克问题

---

[1] ［美］罗伯特·卡根:《天堂与实力——世界新秩序下的美国与欧洲》, 肖蓉、魏红霞译, 新华出版社2004年版, 第3—5页。

[2] Richard E. Rupp, *NATO after 9/11: An Alliance in Continuing Decline*, New York: Palgrave Macmillan, 2006, p. 95.

[3] Public Diplomacy Division of North Atlantic Treaty Organization, "NATO A-Z Pages", Brussels, December 2014, p. 194, https://www.nato.int/nato_static_fl2014/assets/pdf/pdf_publications/20150316_2014_AZ_pages.pdf.

[4] Julie Garey, *The US Role in NATO's Survival after the Cold War*, Cham (Switzerland): Palgrave Macmillan, 2020, pp. 126–127.

上发挥的作用，认为德国有责任保护联合国的核查人员顺利完成任务。施罗德还表示，可以在不发动战争的情况下令伊拉克缴械，德国并不赞成与盟国一道对伊拉克发动战争成为唯一的选择。① 法国同样强调应重视联合国在伊拉克问题上的作用，认为应以联合国委派的调查员最终作出的调查结果为基础来讨论军事进攻伊拉克的必要性和紧迫性，在联合国的调查结果生成之前不应仓促地进攻伊拉克。时任法国外交部长多米尼克·德·维尔潘坚持认为在做出任何选择时都有必要考虑维护联合国的体系。② 在法国看来，在伊拉克问题上，法国的目标是使萨达姆缴械、防止大规模杀伤性武器扩散，而这必须等到联合国派遣的核查人员赴伊拉克核查归来之后再讨论。迫使伊拉克进行政权更迭之类的做法不具备合法性，将产生严重的负面后果。因此，法国不对美国所主张的单边主义或预防性行动提供支持。③ 2003 年 1 月 20 日，在一场记者招待会上，德·维尔潘不假思索地谈到，不论联合国安理会第 1441 号决议使用什么措辞、具有什么意图，法国将绝不会与缺乏国际社会支持的军事干预行动有任何牵连。④

法国和德国坚持在联合国的框架内解决伊拉克问题，体现出的是法德对多边主义原则的坚守。多边主义可被视为一种在广义的行动原则基础上协调三个或更多国家之间关系的制度形式。这些行动原则不考虑任

---

① Lucile Eznack, *Crises in the Atlantic Alliance: Affect and Relations among NATO Members*, New York: Palgrave Macmillan, 2012, p. 95.

② "57ème assemblée générale des Nations Unies, conférence de presse du ministre des affaires étrangères, M-Dominique de Villepin, New York, Septembre 12, 2002", http://basedoc.diplomatie.gouv.fr. quoted from Lucile Eznack, *Crises in the Atlantic Alliance: Affect and Relations among NATO Members*, New York: Palgrave Macmillan, 2012, p. 89.

③ "Entretien du ministre des affaires étrangères, M. Dominique de Villepin, avec 'Europe 1' (Paris, Septembre 19, 2002)", http://basedoc.diplomatie.gouv.fr.; "Entretien du ministre de la défense, Mme Michèle Alliot-Marie, avec 'LCI' —extraits— (Paris, Septembre 20, 2002)", http://basedoc.diplomatie.gouv.fr; "Point de presse (Paris, Septembre 30, 2002)", http://basedoc.diplomatie.gouv.fr., quoted from Lucile Eznack, *Crises in the Atlantic Alliance: Affect and Relations among NATO Members*, New York: Palgrave Macmillan, 2012, p. 89.

④ William I. Hitchcock, "The Ghost of Crises Past: The Troubled Alliance in Historical Perspective", in Jeffrey Anderson, G. John Ikenberry and Thomas Risse, eds., *The End of the West? Crisis and Change in the Atlantic Order*, Ithaca: Cornell University Press, 2008, pp. 76 – 77.

何特定事件下相关各方所拥有的特殊利益，或是战略紧急情况。① 奉行多边主义的国家被认为不应只从国家利益的角度出发来定义自身的利益，并且需避免依据紧急形势和短期利益格局来制定本国政策。② 多边主义也可被理解为国际社会中一种深刻的组织原则。作为组织原则的多边主义拥有不可分割性、普遍性的行为准则和扩散的互惠性三个特征。其中，普遍性的行为准则主张以规范的形式促进国家间达成更为广泛的联系，反对根据单个国家的偏好、形势的紧急需要或是先验的排他主义立场，以处理个案的方式对国家间关系进行区别对待。③ 联合国是一个典型的多边主义国际组织。在伊拉克问题上，法德等欧洲盟国重视联合国作用的原因在于对多边主义组织原则的尊崇。例如，德国的多边主义倾向便直接表现为：严格遵守国际法；优先依靠多边主义与共识建设来解决国际问题；除非联合国安理会明确授权，否则摒弃暴力解决问题的方式。④ 出于对多边主义原则的坚守，法德等欧洲盟国反对美国抛开联合国而领导北约发动伊拉克战争。

　　与法德等部分欧洲盟国不同，在伊拉克问题上，美国奉行单边主义。克林顿政府时期，美国签署的《伊拉克解放法案》便已使单边主义发展成为了美国对外政策中的一大特征。⑤ 小布什自上任以来，一直轻视传统的多边主义对美国安全所能提供的保障作用，认为多边主义的国际条约不但不能为美国国家安全作出有效贡献，而且适得其反地给美国的自由行动增添限制。⑥ 在反恐问题上，美国明确表示"先发制人"将是美国瓦解与摧毁恐怖主义的方式之一。2002年发布的美国《国家安全战略报告》

---

① ［美］约翰·鲁杰：《对作为制度的多边主义的剖析》，载［美］约翰·鲁杰主编《多边主义》，苏长和等译，浙江人民出版社2003年版，第12页。
② ［美］詹姆斯·A. 卡帕拉索：《国际关系理论和多边主义：根本原则之探寻》，载［美］约翰·鲁杰主编《多边主义》，苏长和等译，浙江人民出版社2003年版，第63页。
③ ［美］詹姆斯·A. 卡帕拉索：《国际关系理论和多边主义：根本原则之探寻》，载［美］约翰·鲁杰主编《多边主义》，苏长和等译，浙江人民出版社2003年版，第60页。
④ Joachim Krause, "Multilateralism: Behind European Views", *The Washington Quarterly*, Vol. 27, No. 2, Spring 2004, p. 49.
⑤ ［巴西］路易斯·阿尔贝托·莫尼斯·班代拉：《美帝国的形成：从美西战争到伊拉克战争》，舒建平译，中国人民大学出版社2013年版，第337页。
⑥ David Hastings Dunn, "Assessing the Debate, Assessing the Damage: Transatlantic Relations after Bush", *The British Journal of Politics and International Relations*, Vol. 11, No. 1, 2009, p. 17.

声明："为了保卫美国及美国人民的安全，美国将在恐怖主义威胁到达本国领土之前便将其摧毁。在此过程中，美国将持续寻求国际社会的支持，但也将在必要情况下毫不犹豫地单独采取行动，先发制人地对抗恐怖主义以实现自我防卫，从而避免恐怖主义和恐怖分子伤害美国及美国人民。"[1] 先发制人的方式意味着美国将仅从本国的国家利益出发，根据本国的偏好、紧急的形势和短期的利益格局来执行军事行动，是单边主义的表现。因此美国在伊拉克问题上轻视联合国的作用、拒绝等待联合国调查员的最终结果，认为联合国调查员的核查工作是在浪费时间。[2]

美欧的单边主义与多边主义纷争的根源同样来自美欧的战略文化差异。根据罗伯特·卡根的研究，出于历史发展、军事实力等方面的原因，美国处理国际事务时通常质疑国际法的作用，更倾向于采取单边主义，不愿意通过联合国等国际机制采取行动。欧洲国家则偏好通过国际法、国际公约和国际舆论来调解国际争端，强调多边主义而非单边主义。[3] 因此，通过伊拉克问题反映出来的美欧"域外行动"原则差异也证明，大西洋联盟成员的战略文化差异在联盟成员的集体安全合作中产生了制约作用。

最后，美欧在中东地区的经济利益差异、地缘政治利益差异和安全利益差异是美欧无法就军事进攻伊拉克问题达成一致的重要原因。这三种利益差异反映了大西洋联盟成员的国家利益对联盟安全合作的制约作用。

美欧在中东地区的经济利益差异主要涉及中东地区的石油资源。中东是已知的世界范围内石油储量最大、产量最高的地区。伊拉克战争发生之前，美国和西欧国家是中东大部分石油的输入国。其中，美国是世界石油的最大买主。但法德等许多西欧国家的经济发展严重依赖于进口自中东地区的石油，这些西欧国家对进口石油的依赖程度甚至高于美国。[4] 伊拉克丰富的石油资源是促使美国发动伊拉克战争的重要原因。若

---

[1] The White House of the United States, "The National Security Strategy of the United States", September 2002, https://2009-2017.state.gov/documents/organization/63562.pdf.

[2] 邢骅、苏惠民、王毅主编：《新世纪北约的走向》，时事出版社2004年版，第11页。

[3] [美]罗伯特·卡根：《天堂与实力——世界新秩序下的美国与欧洲》，肖蓉、魏红霞译，新华出版社2004年版，第4—5页。

[4] [美]约翰·塞兹：《全球议题》，刘贞晔、李轶译，社会科学文献出版社2010年版，第156页。

美国通过发动伊拉克战争实现了占领石油资源的目的，欧洲盟国未来的石油进口将极有可能遭受来自美国的压力或阻碍，欧洲盟国的经济发展也将随之受到威胁。此外，部分欧洲盟国，如法国与德国在伊拉克拥有巨大的市场份额和金融债券，倘若军事进攻伊拉克，法德就将遭受巨额债务损失及其他类型的经济利益损失。[1] 部分欧洲国家还担心，如果积极响应美国的号召，欧洲国家与伊斯兰世界领导人小心翼翼建立起来的关系将随之恶化，欧洲国家在中东地区的经济利益将遭受威胁。[2] 出于经济利益的考量，以法国和德国为代表的欧洲盟国反对美国带领北约发动伊拉克战争。

除经济利益外，地缘政治因素是美欧无法在军事进攻伊拉克问题上达成一致意见的又一个重要原因。美国主张发动伊拉克战争的原因之一是希望通过战争推翻萨达姆政权后在伊拉克建立起一个资本主义的民主政府，使之对整个中东地区产生示范影响、树立起典范。[3] 由于中东地区拥有丰富的战略资源、战略地位十分重要，因此美国在这一地区权力的扩大及其全球霸权的推进，必然会削弱北约其他大国的政治势力。法国在中东的既得利益将可能受到威胁，德国也可能会感到在地缘战略安全上受到挤压。[4] 法德不希望在中东的地缘政治利益遭受美国威胁。因此，对地缘政治利益的担忧，也是法德反对美国发动伊拉克战争的重要原因。

对安全利益的考量是法德不追随美国发动伊拉克战争的又一个重要原因。军事进攻伊拉克将牵扯到伊朗，还可能将对中东的政治局势造成影响，影响法德的安全利益。中东地区聚集了多种类型的冲突，长期处于动乱状态。伊拉克与伊朗、伊拉克与叙利亚、阿拉伯与以色列、埃及和利比亚经常发生地区冲突；基督教与伊斯兰教、犹太教与伊斯兰教、什叶派穆斯林与逊尼派穆斯林、世俗政府与宗教激进主义存在着宗教冲

---

[1] 周敏凯：《论伊拉克战争后大西洋联盟的危机》，《华东师范大学学报》（哲学社会科学版）2004年第5期。

[2] Tom Donnelly, "Rethinking NATO", *NATO Review*, Issue 2, Summer 2003, https://www.nato.int/docu/review/2003/issue2/english/art2.html.

[3] ［挪威］盖尔·伦德斯塔德：《大国博弈》，张云雷译，吴征宇校，中国人民大学出版社2015年版，第112页。

[4] 刘利民：《影响冷战后北约继续存续的决定性因素》，清华大学国际关系专业博士学位论文，2004年，第113—122页。

突；传统派分子与激进派分子在社会和意识形态方面进行着较量。① 倘若伊拉克在北约的攻打之下陷入崩溃状态，伊朗将可能趁机占领伊拉克南部部分地区。倘若伊拉克战争适逢巴以冲突升级，那么整个中东地区将更加混乱。② 历史上，美国在中东的利益主要表现为反恐、维护以色列的安全、确保石油和天然气等能源的稳定供给、遏制大规模杀伤性武器的扩散等。伊朗长期以来在上述领域都与美国存在利益竞争关系，并时而破坏美国在上述领域的利益，美伊关系总体上相互敌对。欧洲国家在中东的利益与美国大体相似，但不同之处在于，欧洲国家与伊朗之间一直在一定程度上保持着经贸与外交领域的往来，敌对程度不似美伊关系般剧烈。③ 倘若以北约的名义发动伊拉克战争、伊拉克在崩溃的状态下被伊朗攻占部分地区、伊朗与北约进行对抗，那么欧洲盟国将继续陷入战争泥潭。欧洲盟国与伊朗的关系将随之遭受负面影响。若伊拉克战争确实碰巧遇上巴以冲突，那么中东地区就将沦为一片战场，从长远来看，欧洲盟国的安全利益也将被中东乱局所影响。而上述负面影响，在不参与伊拉克战争的情况下即可避免。因此，维护自身的安全利益也是法德不追随美国发动伊拉克战争的重要原因。伊拉克问题反映出成员国在经济、政治和安全方面的国家利益对大西洋联盟安全合作所造成的影响。

美国与法德等欧洲盟国在军事进攻伊拉克问题上的分歧分化了大西洋联盟，削弱了大西洋联盟内部的凝聚力。在军事进攻伊拉克之前北约所参与或主导的"域外行动"中，美欧基本上能在总体上保持"域外行动"战略目标的一致。虽然此前北约在巴尔干地区的"域外行动"暴露出大西洋联盟成员在行动效率、军事实力等方面的矛盾，但美欧并未因为某一问题而公开决裂。"9·11"恐怖袭击事件发生后，北约也在第一时间启动《北大西洋公约》第五条款，显示了美欧之间的团结。美国计划军事进攻伊拉克时，一开始是在联合国内寻求支持，努力无果后，美

---

① ［美］约翰·塞兹：《全球议题》，刘贞晔、李轶译，社会科学文献出版社2010年版，第156页。

② Elizabeth Pond, "The Dynamics of the Feud over Iraq", in David M. Andrews, ed., *The Atlantic Alliance under Stress：US-European Relations after Iraq*, New York：Cambridge University Press, 2005, pp. 34 - 35.

③ 秦天：《欧洲与伊朗：关系很纠结》，《世界知识》2014年第20期。

国立刻转向北约寻求支持。军事进攻伊拉克的问题出现之前，美欧之间基本上维持着团结。伊拉克问题使得美国和部分欧洲盟国之间，以及欧洲盟国相互之间形成了对立，影响了大西洋联盟内部的团结。在发动伊拉克战争之前，美国与法国、德国和比利时在援助土耳其这一问题上的对立使得北大西洋理事会陷入了一场谈判危机。时任美国常驻北约大使尼古拉斯·伯恩斯公开指责法国人和德国人在"拿北约的未来冒险"。① 伊拉克战争发生后，法国、德国和加拿大等抵制发动伊拉克战争的盟国，最初被美国排除在了伊拉克重建项目之外，这被认为是美国对抵制发动伊拉克战争的盟国所实施的惩罚。②

美国发动伊拉克战争的行为引起了许多欧洲盟国政府和民众的不满。2002年8月，时任美国卡内基国际和平基金会主席撰文写到，伴随着布什政府考虑改变伊拉克政权及将反恐战争扩展至其他"邪恶轴心国家"等做法，欧洲开始认为美国逐渐变得危险，而且是一个无赖的大国。③ 小布什政府时期，法国、德国等欧洲盟国并不全盘接受美国在大西洋联盟中的领导，不乐意美国强行将自身战略发展为北约政策。④ 许多欧洲盟国国内的民众也强烈抗议美国发动伊拉克战争。伊拉克战争爆发前，许多欧洲国家的民众对美国攻打伊拉克的计划以及部分北约欧洲盟国的"效忠"持坚决反对的态度。2003年2月15日爆发了二战以来欧洲最大规模的一次示威游行。许多西欧国家的群众走上街头抗议英国、意大利、西班牙、波兰、匈牙利、捷克、丹麦、葡萄牙秘密签署《八国文件》支持美国率军进攻伊拉克。⑤ 曾担任法国经济部长与财政部长的多米尼克·斯特劳斯-卡恩将2003年2月15日称为"国庆日"，称：这一天诞生了"欧洲国"，这个国家唯一的共同诉求便是抵制美国。这种共同诉求体现

---

① Thomas Fuller, "France, Germany and Belgium Trigger One of the Biggest Crises in Alliance History: 3 Block NATO Aid for Turks on Iraq", *The New York Times*, February 11, 2003, https://www.nytimes.com/2003/02/11/news/france-germany-and-belgium-trigger-one-of-the-biggest-crises-in.html.
② 刘丰：《美国的联盟管理及其对中国的影响》，《外交评论》2014年第6期。
③ 赵怀普：《论冷战后美欧关系的调整》，《世界经济与政治》2003年第4期。
④ Timo Noetzel and Benjamin Schreer, "Does A Multi-Tier NATO Matter? The Atlantic Alliance and the Process of Strategic Change", *International Affairs*, Vol. 85, Issue 2, March 2009, p. 216.
⑤ [德] 尤尔根·哈贝马斯等：《旧欧洲·新欧洲·核心欧洲》，邓伯宸译，中央编译出版社2010年版，第3—4页。

出美欧之间在价值观、认同和本质方面的差异。相比起政治对抗、利益分歧和政策表达差异，这些差异层次更深、更无法实现妥协。① 伊拉克战争的爆发使欧洲涌现了反美浪潮。欧洲人普遍认为美国不遵守法律、狂妄自大、一派帝国主义作风。欧洲国家的新闻媒体，特别是法国的报纸杂志充满了反美言论。法国人认为美国就像是一个帝国。2003年4月8日，法国《世界报》刊登了一篇标题为"布什，帝国下流的机械师"的文章。文章报道了法国民众的反美情绪。伊拉克战争爆发后，在法国进行的一项民意调查显示，1/3的受访者甚至希望萨达姆能最终在伊拉克战争中获胜。德国《时代周报》的合作编辑、欧美关系的观察员约瑟夫·约菲认为伊拉克危机引发了欧洲国家一场巨大的反美浪潮。希腊媒体也于2003年4月刊登了反美文章，在文章中引用了一位评论员的反美言论，称美国人可憎，是冷酷无情的懦夫、是杀害全世界人民的凶手。欧洲国家的反美言论也在美国引起了反响。许多美国人阅读到这些信息的时候纷纷质疑这些如此敌视美国的欧洲国家是否应该作为美国的盟友。②

伊拉克战争对大西洋联盟之间的凝聚力造成了深远的负面影响。伊拉克战争结束后，美国曾尝试修复美欧之间的盟友关系。奥巴马执政时期，他单独地或通过参加峰会的机会会见了欧洲国家的领导人，试图修复美欧之间因伊拉克战争而受损的关系。尽管奥巴马本人受到了一些欧洲国家的欢迎，但奥巴马意识到，作为一个整体的欧洲已不再愿意追随美国做任何美国想做的事情，或是去任何美国想去的地方了。③

第三节　北约在阿富汗的军事行动

北约通过领导驻阿富汗"国际安全援助部队"在阿富汗执行的军事

---

① ［德］安德烈·马可维茨：《欧洲的反美主义：从精英的蔑视转为政治力量》，载［德］尤尔根·哈贝马斯等《旧欧洲·新欧洲·核心欧洲》，邓伯宸译，中央编译出版社2010年版，第231页。

② Marc Trachtenberg, "The Iraq Crisis and the Future of the Western Alliance", in David M. Andrews, ed., *The Atlantic Alliance under Stress: US-European Relations after Iraq*, New York: Cambridge University Press, 2005, p. 225.

③ Joyce P. Kaufman, "The US Perspective on NATO under Trump: Lessons of the Past and the Prospects for the Future", *International Affairs*, Vol. 93, No. 2, 2017, p. 261.

行动,是北约自成立以来首次在欧洲大陆以外的地域执行的"域外行动"。自2003年北约接管驻阿富汗部队的主导权直至2014年该部队任务结束,这场"域外行动"耗时约11年。北约在阿富汗执行"域外行动"的过程中,大西洋联盟内部出现了战略协调和责任分担问题。这场"域外行动"对大西洋联盟产生了重要影响。

一 驻阿富汗"国际安全援助部队"的构建及其行动

"9·11"恐怖袭击事件发生之后,美国总统小布什认定本·拉登是发动"9·11"恐怖袭击的头号嫌犯。2001年10月7日,美国及其盟友的地面部队抵达阿富汗,开始执行"持久自由行动"打击基地组织和塔利班,阿富汗战争拉开序幕。部分北约成员国加入了美国为发动阿富汗战争组建的意愿联盟。在阿富汗战争中,美国的盟友主要包括英国、德国、捷克、斯洛伐克、波兰等北约成员国,以及格鲁吉亚、韩国、日本、菲律宾、吉尔吉斯斯坦、澳大利亚等非北约国家。

在阿富汗战争中,塔利班组织迅速战败。2001年12月,塔利班逃离了其位于坎大哈省的据点,外界普遍认为基地组织和塔利班的关键头目越过边境线逃到了巴基斯坦。虽然基地组织和塔利班头目被打败了,但基地组织尚未被完全摧毁,新一届阿富汗领导人上台后,阿富汗仍旧面临着潜在的暴力威胁,安全形势仍不容乐观。[①] 在阿富汗战争进行的过程中,国际社会一直对阿富汗的局势给予关注。2001年11月14日,联合国安理会发布了第1378号决议,要求联合国在建立阿富汗过渡行政当局以及邀请成员国向阿富汗派驻维和人员这两件事务中发挥中心作用。2001年12月5日,在波恩附近的彼得斯贝格宾馆举行的一场由联合国主办的会议上,阿富汗国内各派系代表共同选举哈米德·卡尔扎伊担任阿富汗临时行政当局的主席。各派系代表还签署了《波恩协议》。协议规定国际维和部队将参与维持阿富汗的安全,这为驻阿部队的产生奠定了法律基础。2002年1月,北约驻阿部队的第一组维和人员团队抵达阿富汗,

---

① Catherine Dale, "War in Afghanistan: Strategy, Operations, and Issues for Congress", Congressional Research Service Report to Congress, Washington, D. C., March 9, 2011, p. 5.

由英国担任第一个任期的指挥国。①

最初,驻阿部队是由单个北约成员国进行领导,领导权每六个月轮换一次,任务涵盖的地理范围仅限于喀布尔及其周边地区。2003年8月11日,北约开始接管驻阿富汗部队的主导权。北约全权负责对该部队的指挥、协调与规划,该部队领导权的半年轮换制被取消。北约接管该部队的主导权后,联合国安理会于2003年10月发布第1510号决议,将该部队的行动范围逐渐扩大至阿富汗全境。根据北约的说法,北约驻阿富汗部队的使命是使阿富汗当局拥有、使阿富汗国家安全部队建设起为阿富汗提供有效安全的能力,以确保阿富汗永远不再沦为恐怖分子的避难所。共有50个国家(包括北约成员国及伙伴国)为此次军事行动贡献了部队。北约驻阿部队的行动于2014年12月结束。②

北约驻阿部队的军事行动大致可划分为三个阶段。在这三个阶段中,北约将行动的地理范围从阿富汗首都喀布尔先后扩展到了阿富汗北部、西部、南部、东部,最后覆盖了阿富汗全境。

第一阶段从2003年8月开始直至2006年春季。在这一阶段中,北约驻阿富汗部队的行动主要在于通过省级重建小组③的设立,将行动范

---

① North Atlantic Treaty Organization, "NATO and Afghanistan", Last Updated: March 5, 2019, https://www.nato.int/cps/en/natohq/topics_8189.htm.

② North Atlantic Treaty Organization, "NATO and Afghanistan", Last Updated: March 5, 2019, https://www.nato.int/cps/en/natohq/topics_8189.htm.

③ "省级重建小组"(Provincial Reconstruction Teams)这一概念由美国于2002年11月提出。北约驻阿部队也通过领导省级重建小组的行动为阿富汗的战后重建与发展提供了支持。每个省级重建小组由单独一个驻阿部队的成员国带领,为喀布尔以外的其他阿富汗省份提供安全领域的支持及战后重建协助。省级重建小组的任务主要包括以下几个方面:一是与相关省份内关键的政府领导人、军方领导人、部族首领、乡村村长及宗教界领袖建立密切的联系,同时对本省重要的政治、军事及战后重建发展情况进行监督并作出汇报。二是与阿富汗当局合作,为一些关键事件提供安全保障及支持,包括阿富汗大支尔格会议(Constitutional Loya Jirga,又称"大国民会议")、总统及议会选举、裁军、军队遣散、民兵部队再整合等。三是协助部署及指导分派至相关省份的阿富汗国民军与警察。四是为阿富汗政府、联合国及其他非政府组织提供所需的人道主义援助。参见 North Atlantic Treaty Organization, "NATO and Afghanistan", Last Updated: March 5, 2019, https://www.nato.int/cps/en/natohq/topics_8189.htm; USAID, "Provincial Reconstruction Teams", Last Updated: September 10, 2019, https://www.usaid.gov/provincial-reconstruction-teams; Peter Viggo Jakobsen, "PRTs in Afghanistan: Successful but not Sufficient", Danish Institute for International Studies, Copenhagen: Vesterkopi AS, 2005, p.11.

围延伸至阿富汗北部和西部。2003年12月，北大西洋理事会授权时任欧洲盟军最高司令詹姆斯·琼斯上将接管德国领导的昆都士省级重建小组的指挥权。2003年12月31日，昆都士省级重建小组的军事人员开始听令于驻阿部队的指挥，驻阿部队迈开了扩大行动范围的第一步。到2004年6月，北约驻阿富汗部队的行动范围已覆盖阿富汗北部近3600平方公里，能对阿富汗北部九个省份内的安全事务施加影响。6月28日，北约在伊斯坦布尔峰会上计划继续扩大行动范围，将分别在阿富汗北部的巴尔赫省首府马扎里·沙里夫、法里亚布省首府迈马纳、巴达克珊省首府费扎巴德和巴格兰省另建四个省级重建小组，建立工作于10月1日完成。自2005年2月10日开始，北约开始筹划将驻阿部队的行动范围扩展至阿富汗西部地区。5月31日，驻阿部队得到了赫拉特省和法拉省的两个省级重建小组以及赫拉特省一个物流基地的指挥权。9月初，古尔省首府恰赫恰兰和巴德吉斯省首府瑙堡的省级重建小组开始听从北约驻阿富汗部队的指挥，驻阿富汗部队的行动范围延伸到了阿富汗西部地区。至此，驻阿部队领导着阿富汗北部和西部共九个省级重建小组的军事行动。北部和西部地区占据了阿富汗将近一半的国土面积。①

2006年7月至2009年8月是北约驻阿富汗部队军事行动的第二个阶段。从地理范围上看，这一阶段北约的行动开始深入阿富汗南部与东部；就行动方式而言，这一阶段北约的行动以维和及战后重建为主，但新增了打击暴乱等战斗型军事行动。2006年7月31日，北约驻阿富汗部队从美国领导的意愿联盟手中接管了对阿富汗南部地区军事行动的指挥权，将戴孔迪省、赫尔曼德省、坎大哈省、尼姆鲁兹省、乌鲁兹甘省和扎博勒纳入了行动管辖范围内。2006年10月5日，北约驻阿富汗部队从美国领导的意愿联盟手中接管了在阿富汗东部军事行动的指挥权。在这一阶段，北约驻阿富汗部队还派驻了训练与指导小组，从不同层面对阿富汗

---

① North Atlantic Treaty Organization, "ISAF's mission in Afghanistan (2001—2014) (Archived)", Last Updated: September 1, 2015, https://www.nato.int/cps/en/natohq/topics_69366.htm#; North Atlantic Treaty Organization, "NATO and Afghanistan", Last Updated: March 5, 2019, https://www.nato.int/cps/en/natohq/topics_8189.htm.

国防军实施指挥。①

2009年3月27日,美国奥巴马政府决定采取新的阿富汗战略。在新战略中,美国一方面强调坚持反恐,承诺将摧毁分布于阿富汗和巴基斯坦的恐怖组织、使它们丧失组织及发动国际恐怖主义行动的能力。另一方面,美国表示将逐渐退出领导阿富汗战后重建的工作,并会将维护阿富汗国内安全与稳定的任务移交阿富汗政府亲自执行。美国认为阿富汗应在政治层面及军事层面逐渐承担起维护本国安全与稳定的工作。为此,美国计划推动组建起一个能力更强、更值得美国信赖、更加高效的阿富汗政府,该政府将能为阿富汗人民效劳,并能在国际援助有限的情况下成功运作,特别是能在本国的安全事务中发挥作用。此外,美国还计划协助发展起一支越来越独立自主的阿富汗安全部队,该部队将能在美国提供越来越少的援助的情况下领导打击暴乱和反恐行动。② 北约成员国对美国提出的新战略表示支持。在2009年4月4日召开的北约峰会上,北约国家领导人通过了《阿富汗峰会宣言》。在宣言中,北约声明将继续协助阿富汗实现安全与稳定。宣言规定下一阶段北约驻阿富汗部队将执行的军事行动主要包括:在北约驻阿富汗部队的框架内执行"北约阿富汗训练任务",以监督阿富汗国民军较高层级的训练行动、对阿富汗国家警察进行培训与提供指导;建立"行动指导与联络小组"协助阿富汗国民军扩大规模等。③

2009年9月至2014年是北约驻阿富汗部队军事行动的第三个阶段。由于美国和北约调整了对阿富汗的军事战略,北约驻阿富汗部队第三阶段的任务主要包括:训练阿富汗国民军;培养阿富汗政府维护本国安全

---

① North Atlantic Treaty Organization, "ISAF's mission in Afghanistan (2001—2014) (Archived)", Last Updated: September 1, 2015, https://www.nato.int/cps/en/natohq/topics_69366.htm#; North Atlantic Treaty Organization, "NATO and Afghanistan", Last Updated: March 5, 2019, https://www.nato.int/cps/en/natohq/topics_8189.htm.

② White House Office of the United States, "White Paper for the Interagency Policy Group's Report on U.S. Policy toward Afghanistan and Pakistan", March 27, 2009, https://www.hsdl.org/?view&did=38004.

③ North Atlantic Treaty Organization, "Summit Declaration on Afghanistan: Issued by the Heads of State and Government participating in the Meeting of the North Atlantic Council in Strasbourg/Kehl on 4 April 2009", April 4, 2009, https://www.nato.int/cps/en/natohq/news_52836.htm.

与稳定的能力；与阿富汗政府实现维护阿富汗安全职责的交接。2009年11月21日，北约在阿富汗的军事训练行动正式启动，行动目标是训练阿富汗军队。2010年11月19至20日，在里斯本峰会上，北约国家领导人与阿富汗政府达成一致意见：北约驻阿富汗部队将于2014年年底，将维护阿富汗国家安全的职责转交至阿富汗国防军手中。① 2014年，北约驻阿富汗部队与阿富汗完成了安全事务领导权的交接，结束了在阿富汗的军事行动。

截至2014年11月7日，共有50个国家参与了北约驻阿富汗部队这一意愿联盟的军事行动。28个北约成员国参与了此次行动。另外22个加入北约驻阿富汗部队的非北约国家分别是：奥地利、亚美尼亚、澳大利亚、阿塞拜疆、巴林、波黑、萨尔瓦多、芬兰、格鲁吉亚、爱尔兰、约旦、韩国、马来西亚、蒙古国、瑞典、新加坡、黑山共和国、新西兰、马其顿、汤加、乌克兰和阿拉伯联合酋长国。②

北约驻阿富汗部队结束在阿富汗的军事行动后，北约一直维持着在阿富汗的军事存在。2015年1月，北约开始执行非战斗型的"坚决支持任务"，训练阿富汗安全部队及改革阿富汗安全机构，并为其提供建议与帮助。2018年7月，在布鲁塞尔峰会上，北约决定继续执行"坚决支持任务"，直到阿富汗的安全形势出现转变的迹象为止。③

二 北约在阿富汗的行动效果及原因分析

总体而言，北约领导的驻阿富汗部队在阿富汗执行的军事行动效果未能有效达到北约的预期效果。北约驻阿富汗部队将自身的行动目标设定为使阿富汗当局拥有、使阿富汗国家安全部队建设起为阿富汗提供有

---

① North Atlantic Treaty Organization, "ISAF's mission in Afghanistan (2001 – 2014) (Archived)", Last Updated: September 1, 2015, https://www.nato.int/cps/en/natohq/topics_69366.htm#; North Atlantic Treaty Organization, "NATO and Afghanistan", Last Updated: March 5, 2019, https://www.nato.int/cps/en/natohq/topics_8189.htm.

② North Atlantic Treaty Organization, "International Security Assistance Force (ISAF): Key Facts and Figures", November 7, 2014, https://www.nato.int/nato_static_fl2014/assets/pdf/pdf_2014_11/20141111_141107-ISAF-Placemat-final.pdf.

③ North Atlantic Treaty Organization, "Resolute Support Mission in Afghanistan", Last Updated: July 18, 2018, https://www.nato.int/cps/en/natohq/topics_113694.htm.

效安全的能力，以确保阿富汗永远不再沦为恐怖分子的避难所。2014年年末，北约驻阿部队与阿富汗国防军实现了安全事务领导权的交接。但此时阿富汗国内仍旧存在很多严重的问题，面临诸多挑战。[①] 阿富汗的安全形势使得北约久久无法完全撤离阿富汗。北约驻阿富汗部队的行动效果未能有效达到北约当初的预期效果，是北约一度继续保持在阿富汗的军事存在的重要原因。

自2001年塔利班倒台至2009年美国改变对阿富汗的战略，北约在这段时间内损耗了巨大的人力、物力与财力，但阿富汗国内的安全形势没有朝着北约预期的方向发展。在美国调整对阿富汗的政策之前，阿富汗面对的最严重的威胁来自境内的反政府暴乱活动。塔利班暴乱分子虽没有能力与美国和北约正面对抗，但主要借助恐怖袭击和埋伏突击等方式扰乱了阿富汗的安全形势。[②] 当美国奥巴马政府于2009年决定改变对阿富汗的政策时，奥巴马坦言：阿富汗的形势正日益恶化。到2009年时，塔利班政权已垮台超过了7年，但阿富汗国内仍旧并将持续处于战争状态。叛乱分子已控制了阿富汗和巴基斯坦的部分地区。美国军队、北约盟国军队和阿富汗过渡政府所遭受的打击仍在持续增多。[③] 2009年12月4日，在北约部长会议上，时任北约秘书长安诺斯·福格·拉斯穆森对阿富汗的形势和北约的军事行动做了简要报告。拉斯穆森评论到：2009年对于北约而言是难熬的一年。在阿富汗执行军事行动的国际部队和阿富汗本地部队都伤亡惨重，而阿富汗的政治进程却没有达到北约当初的预期目标，也没有达到阿富汗人民的预期目标。[④]

---

① Deborah L. Hanagan, *NATO in the Crucible*: *Coalition Warfare in Afghanistan*, 2001-2014, Stanford: Hoover Institution Press, 2019, p. 178.

② Center for the Study of the Presidency, "Revitalizing Our Efforts, Rethinking Our Strategies", Afghanistan Study Group Report, January 30, 2008, p. 17.

③ The White House of The United States, "Remarks by the President on A New Strategy for Afghanistan and Pakistan", March 27, 2009, https://obamawhitehouse.archives.gov/the-press-office/remarks-president-a-new-strategy-afghanistan-and-pakistan

④ North Atlantic Treaty Organization, "Opening Statement by NATO Secretary General Anders Fogh Rasmussen at the NATO Foreign Ministers meeting with non-NATO ISAF Contributing Nations, Brussels, 4 December, 2009", last updated: December 4, 2009, https://www.nato.int/cps/en/natolive/opinions_59832.htm.

北约驻阿富汗部队的行动难以有效达到北约预期效果的原因主要有以下两点：

首先，北约成员国在行动过程中难以实现战略协调是其中一个重要原因。一方面，美国作为北约的主导国，未能尽早在阿富汗问题上制定明确的战略目标。在塔利班倒台三个月后，美国内部的高级官员对在阿富汗执行军事行动的指挥官作出的战略指导存在相互矛盾的情况。此外，从2001年至2009年这段时间内，美国的阿富汗政策持续关注的是操作层面和策略层面的问题，例如应部署的美国士兵数量、美国士兵的组织方式、美国士兵应承担的任务类型等。对于如何将美国的阿富汗战略融入地区性或全球性战略环境中，美国则缺乏考虑。① 另一方面，北约驻阿富汗部队在执行军事行动的过程中，北约成员国之间对于驻阿富汗部队的行动战略存在不同见解，难以实现行动战略的协调，导致北约驻阿富汗部队的军事行动效率欠佳。北约成员国之间的战略协调问题是影响北约驻阿富汗部队行动效果的更为重要的因素。在2004年担任北约驻阿富汗部队指挥官的里克·希利尔不仅认为北约驻阿富汗部队从一开始在阿富汗执行任务时就没有行动战略，还将北约比作一具"正在腐烂的尸体"。② 北约成员国对北约驻阿富汗部队的行动目标没有争议，但对于实现目标所应采取的具体行动战略存在意见分歧。美国始终将反恐和反暴乱视为实现北约驻阿富汗部队行动目标的最重要的战略，并极力说服其他欧洲盟国积极执行这些具有战斗性质的军事行动。以德国为代表的部分欧洲盟国不支持美国将具有战斗性质的行动作为北约驻阿富汗部队的重点行动，认为北约驻阿富汗部队需关注的是维和、战后援建等非战斗型行动。北约成员国之间的意见分歧影响了北约在一些重要问题上的决策，包括应在阿富汗何处派驻部队、应如何装备士兵、士兵该

---

① Stephen M. Grenier, "United States: Examining America's Longest War", in Gale A. Mattox and Stephen W. Grenier, eds., *Coalition Challenges in Afghanistan: The Politics of Alliance*, Palo Alto: Stanford University Press, 2015, pp. 47–48.

② Sten Rynning, "Coalitions, Institutions and Big Tents: The New Strategic Reality of Armed Intervention", *International Affairs*, Vol. 89, No. 1, 2013, p. 53.

如何应对阿富汗的地方部队等。[1] 北约驻阿富汗部队的行动效率进而受到了影响。

美国、加拿大、英国和丹麦四个主要在阿富汗南部地区执行军事行动的北约成员国，主张北约驻阿富汗部队的主要任务是打击暴乱、需要执行高强度的战斗行动。英国、加拿大和丹麦还认为，战斗型军事行动与非战斗型的战后重建行动都是实现北约驻阿富汗部队目标的必要条件。德国、法国、意大利和西班牙对于北约驻阿富汗部队的行动战略存在不同见解。这些国家不愿意与塔利班正式交锋，认为非战斗性质的战后重建等行动才应是北约驻阿部队重点执行的行动。在这些成员国看来，美国及其他在阿富汗南部地区执行行动的北约国家应重新考虑高强度战斗行动的必要性。这些国家还认为，将北约驻阿富汗部队的行动重点转至民事层面以及为阿富汗的能力建设提供协助才是更有必要做的事情。在这些国家当中，德国的立场最为坚定，自始至终都坚持认为北约驻阿富汗部队的行动应局限于维持阿富汗的稳定和战后秩序重建等方面。德国政府要求前往阿富汗的由 3500 人组成的部队必须不遗余力地避免与当地激进分子发生冲突，且不可发动战斗性质的行动，只有在自卫的情况下才可选择开火。[2] 德国的政治家和军事指挥官明确主张应由美国及执行"持久自由行动"的部队对具有战斗性质的行动负责。[3] 不论阿富汗的安全形势如何恶化，德国的政治精英始终坚持认为德国派驻的联邦国防军的首要任务是维稳性质的行动。[4] 荷兰一开始倾向于将北约驻阿富汗部队的任务定性为战后重建而非包括反恐斗争在内的战斗型

---

[1] Stephen M. Grenier, "Introduction: Framing the War in Afghanistan", in Gale A. Mattox and Stephen W. Grenier, eds., *Coalition Challenges in Afghanistan: The Politics of Alliance*, Palo Alto: Stanford University Press, 2015, p. 8.

[2] Stanley Sloan, "NATO in Afghanistan" in *UNISCI Discussion Papers*, Research Unit on International Relations and Security, Complutense University of Madrid, January 2010, p. 52.

[3] Peter Viggo Jakobsen, "Right Strategy, Wrong Place: Why NATO's Comprehensive Approach Will Fail in Afghanistan" in *UNISCI Discussion Papers*, Research Unit on International Relations and Security, Complutense University of Madrid, January 2010, pp. 81 – 82; John Nagl and Richard Weitz, "Counterinsurgency and the Future of NATO", *Transatlantic Paper Series No. 1*, The Chicago Council on Global Affairs, October 2010, p. 10.

[4] Benjamin Schreer, "Political Constraints: Germany and Counterinsurgency", *Security Challenges*, Vol. 6, No. 1, Autumn 2010, p. 99.

任务，但后来反复改变其立场。① 此外，即便是共同支持将反暴乱行动作为北约驻阿富汗部队主要行动战略的北约盟国，相互之间也在军事政策上存在分歧。英国和荷兰批评美国的反暴乱行动过于注重剿杀和捕获暴乱分子，而忽视了对平民的保护和对阿富汗当地文化的深入了解。② 到2010年，在阿富汗执行行动的26个省级重建小组由14个不同的北约成员国所领导。对于如何组织与执行任务，特别是执行任务的优先顺序等问题，14个成员国分别提出了14种不同的战略方案。③ 北约驻阿富汗部队如同分散在阿富汗全境的一批来自不同国家的部队，相互之间缺乏紧密联系。④

北约驻阿富汗部队在执行军事行动的过程中，美国试图将其领导的意愿联盟在阿富汗执行的反恐行动与北约驻阿富汗部队的军事行动相结合。美国的主要目的是通过利用北约盟国及其他加入了北约驻阿富汗部队的北约伙伴国的力量，协助其实现在阿富汗彻底根除恐怖主义的目标。布什政府从2005年秋季开始计划整合美国领导的"持久自由行动"与北约驻阿富汗部队的功能与指挥系统。与此同时，时任美国国防部长拉姆斯菲尔德要求北约盟友在阿富汗南部和东部地区承担起执行反暴乱行动和反恐行动的责任。⑤ 美国的计划招致了一些欧洲盟国的反对。曾任德国国防部长的彼得·斯特鲁克在德国广播电台和电视上发表了对美国改变北约在阿富汗行动任务的看法，称美国将北约的维和行动与美国的战斗行动相结合的做法将从根本上改变北约在阿富汗的角色、使德国士兵陷入更加危险的状态中，并且还将恶化阿富汗的现有形势。法国也不赞同

---

① Justin Massie, "Why Democratic Allies Defect Prematurely: Canadian and Dutch Unilateral Pullouts from the War in Afghanistan", *Democracy and Security*, Vol. 12, No. 2, 2016, p. 95 – 96.

② Stephen M. Grenier, "Introduction: Framing the War in Afghanistan", in Gale A. Mattox and Stephen W. Grenier, eds., *Coalition Challenges in Afghanistan: The Politics of Alliance*, Palo Alto: Stanford University Press, 2015, p. 8.

③ Jens Ringsmose and Peter Dahl Thruelsen, "NATO's Counterinsurgency Campaign in Afghanistan: Are Classical Doctrines Suitable for Alliances?" in *UNISCI Discussion Papers*, Research Unit on International Relations and Security, Complutense University of Madrid, January 2010, pp. 68 – 69.

④ Timo Noetzel and Benjamin Schreer, "NATO's Vietnam? Afghanistan and the Future of the Atlantic Alliance", *Contemporary Security Policy*, Vol. 30, No. 3, December 2009, p. 535.

⑤ Vincent Morelli and Paul Belkin, "NATO in Afghanistan: A Test of the Transatlantic Alliance", Congressional Research Service, Washington, D. C., December 3, 2009, p. 17.

美国的计划。一位法国国防部官员表示：美国领导的"持久自由行动"和北约驻阿富汗部队领导的军事行动完全不相同，若短时间内将美国的反恐部队与北约的维稳部队相结合，将弱化北约在阿富汗行动中的角色。英国也不情愿看到"持久自由行动"与北约驻阿富汗部队的任务相结合。时任英国国防部长约翰·雷德仅支持实现两种任务的协同。① 美欧分歧反映出北约成员国在战略协调方面存在的问题。

其次，北约成员国之间难以实现有效的责任分担，是阻碍北约驻阿富汗部队高效实现行动目标的第二个重要原因。北约成员国在增派援军问题上的意见分歧是北约成员国难以实现有效责任分担的表现之一。2008年初，塔利班已从政治上控制了阿富汗人口较为稀疏的地区，北约和阿富汗安全部队都因缺乏足够的部队而无法改变这一情况。北约的一些指挥官也反复强调，北约在阿富汗面临着缺乏兵力的问题。根据美国大西洋理事会的分析，塔利班当时不具备打败美国或北约部队的能力。即便如此，若想改善阿富汗的安全形势，在当时的情况下，至少需要北约增派4个机动营、提供多架直升飞机以及其他情报、监控和侦查设备。② 在阿富汗南部地区执行军事行动的北约盟国相比起在其他地区执行军事行动的盟国而言，承担了更多风险、遭受了更严重的人员伤亡。当这些国家要求其他北约盟国分担风险与伤亡时，只有少数盟国积极响应，一些盟国多次拒绝，北约成员国之间甚至为此发生了争吵。北约盟国未能及时增派部队执行反暴乱行动，削弱了北约驻阿富汗部队打击暴乱分子的能力、降低了北约驻阿部队的行动效率，为北约在阿富汗的"域外行动"目标的实现增添了难度。

在北约驻阿富汗部队军事行动的第一阶段中，进入阿富汗北部地区的主要是法国和德国。第二阶段中，前往阿富汗西部的主要是来自意大利和西班牙的部队。在第三阶段，前往塔利班据点所在地、最为动乱的阿富汗南部地区的，主要是美国、英国和加拿大的部队。到

---

① "Europeans Balking at New Afghan Role", *New York Times*, September 14, 2005, https://www.nytimes.com/2005/09/14/world/europe/europeans-balking-at-new-afghan-role.html.

② The Atlantic Council of the United States, "Saving Afghanistan: An Appeal and A Plan for Urgent Action", March 2008, p. 7.

2006年夏季时，阿富汗南部的安全形势逐渐恶化，在南部地区执行军事行动的国家除执行重建行动和提供发展援助外，不得不频繁介入战斗行动中。① 北约驻阿富汗部队在阿富汗的反暴乱行动有所增加，为此迫切需要盟国增兵支援。美国、英国、加拿大等成员国在各自负责的行动区域内都面临着日益恶化的安全形势，相比起在阿富汗其他地区执行行动的盟国而言，更加需要增援战斗部队。但北约驻阿富汗部队的指挥官和北约官员在呼吁成员国派兵支援的过程中遭遇到了部分成员国的抵触。②

2006年11月，时任德国总理安格拉·默克尔表示德国派驻阿富汗北部的2900名士兵正执行着一项重要而危险的任务。时任德国驻英国大使沃尔夫根·依申格尔认为：向阿富汗南部地区增派部队是错误的抉择，原因在于这将使其他地区出现权力真空，塔利班将趁势前往其他地区。依申格尔还表示：德国部队驻守在阿富汗北部不是因为该地区平静，相反，该地区处于平静是因为德国自2001年开始便开始驻守在该地区。法国因增兵问题与加拿大发生了争执。一位法国外交官员驳斥加拿大对法国逃避责任的指控，指出：法国已向阿富汗南部和东部地区派遣了51名教官训练阿富汗部队、发动了1100人的地面部队前往阿富汗首都喀布尔维护该地安全，还通过出动战机和运输直升机为盟国在阿富汗南部的军事行动提供了支持。③ 在2006年11月的里加峰会上，美国、英国、加拿大和荷兰请求其他盟国政府派驻战斗部队提供军事援助。四个国家的请求收到了一定的成效，部分北约成员国对于本国军队的军事行动规则进行了一定的调整，但没有从根本上解决问题。2008年4月，在布加勒斯特峰会上，部分北约国家的领导人再次恳请其他盟国解除对本国部队的限制、增兵支援。一些国家特别对德国提出批评，指出：当时德国在阿

---

① Deborah L. Hanagan, *NATO in the Crucible: Coalition Warfare in Afghanistan*, 2001–2014, Stanford: Hoover Institution Press, 2019, p. 82.

② Benjamin Schreer, "The Evolution of NATO's Strategy in Afghanistan", in Håkan Edström and Dennis Gyllensporre, eds., *Pursuing Strategy: NATO Operations from the Gulf War to Gaddafi*, England: Palgrave Macmillan, 2012, p. 144.

③ Deborah L. Hanagan, *NATO in the Crucible: Coalition Warfare in Afghanistan*, 2001–2014, Stanford: Hoover Institution Press, 2019, p. 90.

富汗驻有一支由超过3000人组成的分遣队，这3000人中绝大部分都驻守在相对安定的北部地区，并且传闻德国士兵只坐在装甲运兵车中巡逻、夜间不离开基地。① 时任欧洲盟军最高司令、美国的詹姆斯·琼斯上将非常不满部分北约盟国政府对该国部队施加限制的做法，指出："成员国仅仅派驻部队，但这些部队因遭受限制而不能有效发挥力量，这是远远不够的。"② 加拿大政府在2008年威胁道：倘若其他北约盟国不承诺增派超1000人的战斗部队，加拿大就将在2009年年底撤走本国派驻在阿富汗的部队。在加拿大政府的威胁之下，美国政府承诺在2008年年底增派5000名美国士兵。法国政府同意增派720名执行战斗任务的士兵。德国承诺等到2008年10月获得议会批准后将增派1000人赴阿富汗北部地区。波兰、捷克，以及其他部分北约盟国许诺增派小型分遣队。部分盟国承诺增派兵力的做法在一定程度上缓和了加拿大的愤怒情绪，但北约盟国之间仍旧因为部分盟国不增派战斗部队或拒绝将本国部队派往塔利班活动更为频繁的地区等问题而争执不断。③

部分北约成员国拒绝分担责任、提前撤离在阿富汗的部队，是北约成员国未能实现有效责任分担的另一个表现。为了更高效地执行在阿富汗的"域外行动"，北约于2008年4月3日布加勒斯特峰会上，发布了一份《国际安全援助部队战略愿景》。在这份文件中，北约成员国一致为北约驻阿富汗部队在阿富汗的行动作出了承诺。承诺的内容包括：在责任分担方面相互支持；弥补驻阿富汗部队尚存的缺陷、为军事指挥官提供所需资源；为驻阿富汗部队指挥官动用部队提供最大程度的灵活性方面的支持等。文件同时规定了下一阶段北约在阿富汗军事活动的四项指导原则。"对行动的坚定、共享的长期承诺"是四项指导原则中排在首位

---

① Vincent Morelli and Paul Belkin, "NATO in Afghanistan: A Test of the Transatlantic Alliance", Congressional Research Service, Washington, D.C., December 3, 2009, p.11.

② Stars and Stripes, "NATO Commander Asks Member Nations to Drop Troop Limits", published on October 25, 2006, https://www.stripes.com/news/nato-commander-asks-member-nations-to-drop-troop-limits-1.55918.

③ Vincent Morelli and Paul Belkin, "NATO in Afghanistan: A Test of the Transatlantic Alliance", Congressional Research Service, Washington, D.C., December 3, 2009, p.19.

的原则。① 拉斯穆森于2009年8月就任北约秘书长不久后，也开始呼吁北约中的欧洲盟国应为北约在阿富汗的"域外行动"作出更多贡献，从而使美国不至于在打击塔利班和基地组织的战斗中孤立无援。拉斯穆森强调：与伊斯兰极端主义之间的战斗也是欧洲国家的事情，欧洲盟国需仔细考虑如何在大西洋联盟内维系一个更好的平衡状态。② 即便北约共同规划了战略愿景、对成员国的责任分担作出了明确规定，在北约实际执行行动的过程中，仍旧存在部分成员国不遵守承诺、拒绝责任分担的现象。

荷兰在面对美国和北约的双重压力下依旧将本国部队提前撤离阿富汗，是最为突出的一个例子。截至2010年8月，在撤离阿富汗之前，荷兰总共部署了约2000名士兵在阿富汗乌鲁兹甘省执行北约驻阿部队的军事行动。在撤军之前，荷兰为此次北约在阿富汗的"域外行动"作出了重要贡献。荷兰出动了一支由600名士兵组成的战斗群、一支特种兵分遣队、一支"阿帕奇"直升机支队和一支F-16战斗机支队。③ 在执行军事行动的过程中，荷兰部队人员伤亡惨重。2010年8月，荷兰将本国派驻阿富汗的战斗部队撤离阿富汗，是第一个退出执行北约驻阿富汗部队军事行动的北约成员国。虽然荷兰于2011年重返阿富汗北部参与了由德国领导的训练警察等任务，但荷兰对这些任务的参与和贡献程度都无法与其在乌鲁兹甘省行动时的状态相提并论。④ 荷兰的撤军举动在一定程度上引起了连锁效应。荷兰撤军后，其他一些欧洲盟国也相继提出提前撤军。例如，2012年年底，法国已撤走绝大部分派驻至北约驻阿

---

① North Atlantic Treaty Organization, "ISAF's Strategic Vision: Declaration by the Heads of State and Government of the Nations Contributing to the UN-Mandated NATO-Led International Security Assistance Force in Afghanistan", April 3, 2008, https://www.nato.int/cps/en/natolive/official_texts_8444.htm.

② Steven Erlanger, "NATO Chief Urges Bigger European Role in Afghan War", *Global Policy Forum*, August 3, 2009, https://www.globalpolicy.org/general-analysis-of-empire/48000.html.

③ Sebastiaan Rietjens, "Between Expectations and Reality: The Dutch Engagement in Uruzgan", in Nik Hynek and Peter Marton, eds., *Statebuilding in Afghanistan: Multinational Contributions to Reconstruction*, New York: Routledge, 2012, p. 67.

④ Rem Korteweg, "The Netherlands: To Fight, or Not to Fight? The Rise and Fall of a Small Power", in Gale A. Mattox and Stephen M. Grenier, eds., *Coalition Challenges in Afghanistan: The Politics of Alliance*, Palo Alto: Stanford University Press, 2015, p. 141.

富汗部队的士兵。①

总而言之，北约驻阿富汗部队在阿富汗的军事行动未能成功达到北约的预期目标。北约成员国在行动过程中难以实现战略协调和有效的责任分担，是阻碍北约驻阿富汗部队高效实现行动目标的两个主要原因。北约成员国之间存在的这两方面问题降低了北约驻阿部队的行动效率，给北约实现行动目标增添了难度。

三　阿富汗军事行动对大西洋联盟的影响

北约驻阿富汗部队在阿富汗的军事行动使这一意愿联盟的成员国承受了巨大的损失。截至2014年10月北约驻阿富汗部队即将完成在阿富汗的使命时，北约驻阿富汗部队的50个成员国中共有约3500人在执行军事行动时丧生；超过23000人在执行行动的过程中受伤。为了组建起阿富汗国民军、重建阿富汗政府部门、促进阿富汗经济发展，北约驻阿富汗部队共耗费了将近9千亿美元。② 到2018年，对塔利班的打击再次陷入僵局；在阿富汗的平民与安全部队伤亡人数创新历史新高。③ 北约通过领导驻阿富汗部队在阿富汗执行的"域外行动"对大西洋联盟产生了重要影响。

北约驻阿部队在阿富汗的军事行动实现了大西洋联盟军事行动地理范围的突破。北约驻阿部队在阿富汗的军事行动，是北约历史上首次在欧洲大陆以外的地区执行的军事行动。这场军事行动标志着北约"域外行动"的范围已从欧洲大陆扩展至全球。此外，在阿富汗的这场"域外行动"中，北约的行动范围逐渐从阿富汗首都扩展到了阿富汗全境，对阿富汗的军事和政治产生了重大影响。

北约驻阿富汗部队在阿富汗的军事行动提升了"域外行动"在大

---

① Erik Brattberg, "Europe, Afghanistan and the Transatlantic Relationship after 2014", Stockholm International Peace Research Institute, May 2013, p. 10.

② Stephen M. Grenier, "Introduction: Framing the War in Afghanistan", in Gale A. Mattox and Stephen M. Grenier, eds., *Coalition Challenges in Afghanistan: The Politics of Alliance*, Palo Alto: Stanford University Press, 2015, p. 1.

③ Douglas Lute and Nicholas Burns, "NATO at Seventy: An Alliance in Crisis", Report by the Project on Europe and the Transatlantic Relationship, Cambridge, Massachusetts: Harvard Kennedy School's Belfer Center for Science and International Affairs, February 2019, p. 29.

西洋联盟安全合作中的地位。北约驻阿富汗部队是历史上北约领导的规模最为庞大的联盟。北约领导的驻阿富汗部队执行的军事行动，是北约自成立以来执行的耗时最长、挑战最大的军事行动。① 北约对这场"域外行动"予以高度关注。自北约驻阿富汗部队于 2003 年开始在阿富汗执行军事行动后，北约的阿富汗"域外行动"进展以及阿富汗的安全形势逐渐成为了北约峰会上重点讨论的议题。在 2006 年 11 月发布的《里加峰会宣言》中，北约重点讨论了阿富汗的安全形势、北约在阿富汗的"域外行动"进展，以及北约在阿富汗与其他国际行为体的合作。② 在 2008 年 4 月发布的《布加勒斯特峰会宣言》中，北约宣布："欧洲——大西洋区域安全与更大范围的国际安全，与阿富汗的未来紧密相连。"③ 在 2009 年 4 月的斯特拉斯堡—凯尔峰会上，北约持续关注着在阿富汗执行的军事行动。④ 在 2010 年 4 月发布的《里斯本峰会宣言》中，北约将驻阿富汗部队在阿富汗执行的任务称为北约任务的"重中之重"。⑤ 北约驻阿富汗部队在阿富汗的反暴乱行动、维稳行动和战后重建等行动的效果对此次"域外行动"的成效非常关键，并且北约成员国在这些行动的相关问题上也产生了重大意见分歧，因此北约逐渐重视这些行动的影响力。在 2010 年发布的第三份战略概念文件中，北约特别提及了这三种类型的行动对危机管理行动的意义，赋予了这三种行动重要的地位。此外，北约还拓展了危机管理行动的内涵，将危机发生前的危机预

---

① North Atlantic Treaty Organization, "NATO and Afghanistan", Last Updated: March 5, 2019, https://www.nato.int/cps/en/natohq/topics_8189.htm.

② North Atlantic Treaty Organization, "Riga Summit Declaration: Issued by the Heads of State and Government participating in the meeting of the North Atlantic Council in Riga on 29 November 2006", November 29, 2006, https://www.nato.int/docu/pr/2006/p06-150e.htm.

③ North Atlantic Treaty Organization, "Bucharest Summit Declaration: Issued by the Heads of State and Government participating in the meeting of the North Atlantic Council in Bucharest on 3 April 2008", April 3, 2008, https://www.nato.int/cps/en/natolive/official_texts_8443.htm.

④ North Atlantic Treaty Organization, "Strasbourg/Kehl Summit Declaration: Issued by the Heads of State and Government participating in the meeting of the North Atlantic Council in Strasbourg / Kehl", April 4, 2009, https://www.nato.int/cps/en/natohq/news_52837.htm.

⑤ North Atlantic Treaty Organization, "Lisbon Summit Declaration: Issued by the Heads of State and Government participating in the meeting of the North Atlantic Council in Lisbon", November 20, 2010, https://www.nato.int/cps/en/natolive/official_texts_68828.htm.

防行动、危机发生时的危机应对行动，以及在危机结束后的维稳和重建行动都纳入危机管理行动的范畴。① 因此，北约驻阿富汗部队在阿富汗的军事行动提升了"域外行动"所属的危机管理行动在大西洋联盟安全合作中的重要性，从而使"域外行动"在大西洋联盟的安全合作中占据了重要地位。

北约驻阿富汗部队在阿富汗的军事行动暴露出大西洋联盟成员在进行安全合作过程中存在的战略协调问题。"协调一致"是北约在军事行动执行过程中各成员国所应遵循的一项重要原则。在执行军事行动时做到协调一致意味着成员国在执行军事行动时采取的所有举措，都应以实现北约成员国的共同目标为导向。"协调一致"原则的实现需同时具备以下5个条件：1. 执行行动的各成员国都拥有积极的意愿；2. 各成员国为行动共同作出了规划；3. 成员国在执行行动时实现明确且共同认可的责任分担；4. 成员国对其他盟国的能力及弱点相互有所了解；5. 盟国的自主权得到尊重。② 大西洋联盟成员在阿富汗"域外行动"中无法兼顾上述条件。部分大西洋联盟成员在阿富汗执行"域外行动"的过程中难以将本国的战略偏好与利益关切与大西洋联盟共同的战略规划和行动需求相协调，使得大西洋联盟的行动难以实现协调、行动效率低下。

北约驻阿部队在阿富汗的军事行动凸显了成员国国内政治因素对大西洋联盟成员责任分担的制约作用。以德国和荷兰在此次军事行动中的表现为例。在二战结束后、两德统一前，德意志联邦共和国内部达成了政治共识，但凡不是以自我防御为目的的军事行动，本国军队便不可参与执行。德国《基本法》的第87a条将德国军队军事行动的目的局限于自我防御，规定：德意志联邦共和国应建设武装部队用于防御；除防御目的外，武装部队只能在《基本法》明确允许的范围内

---

① North Atlantic Treaty Organization, "Active Engagement, Modern Defense: Strategic Concept for the Defense and Security of the Members of the North Atlantic Treaty Organization adopted by Heads of State and Government in Lisbon", November 19, 2010, https://www.nato.int/cps/en/natolive/official_texts_68580.htm.

② Standardization Office of North Atlantic Treaty Organization, "Allied Joint Doctrine for the Conduct of Operations (Edition C Version 1)", https://assets.publishing.service.gov.uk/government/uploads/system/uploads/attachment_data/file/797323/doctrine_nato_conduct_of_ops_ajp_3.pdf.

采取军事行动。① 两德统一后,在 1994 年 7 月,德国宪法法院规定,向北约防区之外派驻军队需是出于保障集体安全的目的。德国内部许多政治力量反对德国参与北约在防区之外执行的军事行动,原因在于这将使德国为执行北约的"域外"军事行动而贡献资金或提供道义上的支持。许多德国政界人士主张德国执行的军事行动应局限于保卫西欧的安全。② 在北约驻阿富汗部队执行行动的过程中,德国国内的政治因素促使德国始终将本国的政治要求置于大西洋联盟的战略需求之上,难以与其他盟国实现明确的责任分担。导致荷兰提前从阿富汗撤兵的直接原因是荷兰国内不同党派之间的政治争斗。2007 年 11 月 30 日,由基督教民主联盟、工党和基督教联盟组成的荷兰内阁决定将荷兰在阿富汗乌鲁兹甘省的军事行动从 2008 年 8 月延长至 2010 年 8 月。荷兰内阁内部三大党派在这一决定上达成了妥协。工党的主张是:荷兰可以响应美国的号召延长其驻兵时间,但只能截止到 2010 年,随后,荷兰部队将从乌鲁兹甘省撤离。应工党的要求,内阁在提交给议会的正式文件中声明此类延时情况今后将不再重现。2009 年年底,美国奥巴马政府希望荷兰部队继续维持在阿富汗的军事存在。时任美国驻北约大使伊沃·达尔德请求荷兰政府将荷兰在阿富汗的驻军时间再延长一年至 2011 年 8 月。荷兰内阁内部在这一问题上分歧严重,并于 2010 年 2 月为这一问题组织召开了一场时长 16 小时的会议。基督教民主联盟的代表、时任荷兰首相扬·彼得·巴尔克内德倾向于维持荷兰在乌鲁兹甘省的驻军,从而维护荷兰作为一个忠实北约盟友的名声。③ 在巴尔克内德看来,当荷兰成为第一个及唯一一个对任何北约的行为都说"不"的盟国时,其在海外的国际形象将会遭受质疑。④ 对延长驻军时间持最大反对意见的是工党。来自社会党的竞争压力

---

① Karl-Heinz Kamp, "The Future Role of the German Bundeswehr in Out-of-Area Operations", *European Security*, Vol. 2, No. 4, Winter 1993, p. 605.

② John R. Deni, *Alliance Management and Maintenance: Restructuring NATO for the 21st Century*, Hampshire: Ashgate Publishing Limited, 2007, pp. 67–68.

③ Justin Massie, "Why Democratic Allies Defect Prematurely: Canadian and Dutch Unilateral Pullouts from the War in Afghanistan", *Democracy and Security*, Vol. 12, No. 2, 2016, pp. 97–98.

④ Leo Cendrowicz, "How the War in Afghanistan Sank the Dutch Government", *Time*, http://content.time.com/time/world/article/0,8599,1967058,00.html.

是使工党持反对意见的主要原因。社会党一直反对荷兰参与北约在阿富汗乌鲁兹甘省的军事行动。当时国内大部分民众也都支持荷兰从乌鲁兹甘撤军。① 工党不仅在本国的民意调查中支持率堪忧，面临着被社会党打败、失去第一大左翼政党地位的形势，而且在2009年的欧洲议会选举中还遭受了沉重打击，因此坚决反对继续延长荷兰在乌鲁兹甘省的驻军时间。内阁会议讨论的结果是：基督教民主联盟和基督教联盟主张答应美国的请求，工党坚决反对并退出了联盟政府。最终，美国未能说服荷兰延长其部队在乌鲁兹甘省的驻军时间，荷兰内阁也因延长驻军时间的问题而解体，于2010年6月重新进行了选举。② 荷兰提前撤军，也是国内政治因素对大西洋联盟成员责任分担产生制约作用的体现。

由于北约驻阿富汗部队的行动未能有效达到北约最初设定的目标，因此当北约驻阿富汗部队结束行动后，北约至今一直保持着在阿富汗的军事存在。北约在阿富汗的"域外行动"尚未结束。曾担任欧洲盟军最高司令、在阿富汗昆都士省指挥省级重建小组工作的詹姆斯·琼斯上将非常重视北约在阿富汗的"域外行动"对大西洋联盟的影响。根据琼斯的观点：北约在阿富汗"域外行动"的成功与否不仅关乎北约自身的硬实力和软实力，而且也将对北约未来"域外行动"的执行产生影响。倘若北约在阿富汗的"域外行动"失败，就将意味着北约凝聚力的削弱、行动效率的降低、公信力的式微；未来北约部队远征防区之外执行军事行动的理由也将因此而不再那么充足有力。③ 北约驻阿富汗部队在阿富汗的军事行动未能在阿富汗民众和北约国家民众中收获良好评价。当北约驻阿富汗部队尚在执行军事行动时，其行动效果就曾令阿富汗民众对北约的能力丧失信心。2008年3月，美国大西洋理事会发布的一份研究报告显示，阿富汗当时的安全形势已陷入僵局。自塔利班政权垮台直至当时已过去了接近7年，阿富汗本地民众逐渐对以北约为代表的国际社会

---

① Jason Davidson, "Heading for the Exits: Democratic Allies and Withdrawal from Iraq and Afghanistan", *Democracy and Security*, Vol. 10, No. 3, 2014, p. 268.

② Justin Massie, "Why Democratic Allies Defect Prematurely: Canadian and Dutch Unilateral Pullouts from the War in Afghanistan", *Democracy and Security*, Vol. 12, No. 2, 2016, p. 99.

③ Erik Brattberg, "Europe, Afghanistan and the Transatlantic Relationship after 2014", Stockholm International Peace Research Institute, May 2013, p. 19.

的能力失去了信心，原因在于阿富汗的安全形势并未在国际社会的支持与援助下得到巨大的改变。① 由于耗时过久、人员伤亡惨重，北约国家的政治精英和普通民众也开始质疑远赴阿富汗执行军事行动的必要性。美国大西洋理事会于2008年3月发布的研究中也谈及了这一问题。根据这份研究报告，阿富汗僵局为北约带来了一个巨大的难题：北约28国政府如何才能在不提供关于阿富汗安全和战后重建的清楚的实际进展信息的情况下，使本国民众信任并支持北约在阿富汗执行长期的行动？部分派驻了大量士兵在阿富汗执行军事行动的北约盟国，国内各派政治力量已为阿富汗行动的问题争执不休，反对在阿富汗执行行动的国内呼声正对当局政府的造成威胁。② 在未来，北约的阿富汗"域外行动"效果还直接关乎北约"域外行动"的发展，以及大西洋联盟的国际地位和国际影响力。

本章小结

北约空袭科索沃的军事行动、美国组建意愿联盟发动的伊拉克战争，以及北约领导的驻阿富汗部队在阿富汗的军事行动，是本章选取的三个北约"域外行动"研究案例。在这三个案例中，美国和欧洲盟国之间进行了频繁的互动，既有合作也有分歧。这三起北约及其成员国的"域外行动"，对大西洋联盟造成了广泛的影响。在每个案例中，美欧不同的互动情况也反映出大西洋联盟在安全合作领域所发生的变化。

本章第一节研究了北约空袭科索沃的"域外行动"。本节叙述了北约空袭科索沃的行动背景、分析了北约空袭科索沃的原因，并研究了空袭科索沃这一"域外行动"对大西洋联盟的影响。北约执行"盟军行动"空袭科索沃的时间是1999年3月24日，这场空袭持续了78天，终止于1999年6月10日。北约空袭科索沃的原因主要有三点：一是借机推翻米

---

① The Atlantic Council of the United States, "Saving Afghanistan: An Appeal and A Plan for Urgent Action", March 2008, p. 7.

② The Atlantic Council of the United States, "Saving Afghanistan: An Appeal and A Plan for Urgent Action", March 2008, p. 7.

洛舍维奇政权、将巴尔干地区置于美国和北约的控制之下。二是防止科索沃危机外溢至北约国家、威胁北约国家和欧洲大陆的安全。三是北约为了维护其在国际社会的名声与地位。空袭科索沃的"盟军行动"使大西洋联盟找到了存续的理由、推动了北约转型。此次"域外行动"对大西洋联盟的消极影响主要有以下两点：第一，引发了大西洋联盟成员对"域外行动"合法性的争论。第二，暴露了美欧的军事能力差距和北约机制存在的弊端，对意愿联盟这一组织形式的产生带来了直接影响。

本章第二节研究了意愿联盟与伊拉克战争问题。本节首先梳理了美国对伊拉克的政策及伊拉克问题意愿联盟的组建过程，随后分析了美欧在伊拉克问题上难以实现合作的原因，最后归纳总结了大西洋联盟在"域外行动"安全合作中遭遇的障碍，以及伊拉克战争对大西洋联盟的影响。2003年3月20日，美国带领意愿联盟发动了"伊拉克自由行动"，对伊拉克进行军事打击。部分北约成员国追随美国加入了意愿联盟、参与了此次军事行动。美欧在军事打击伊拉克问题上的意见分歧，反映出美欧对待恐怖主义的态度差异。美欧对于联合国在伊拉克问题上的作用所持有的不同态度，反映出美欧对待"域外行动"的原则差异。这些都体现出美欧战略文化差异对大西洋联盟成员之间安全合作的制约作用。美欧在中东地区的经济利益差异、地缘政治利益差异和安全利益差异也是美欧在伊拉克问题上未能达成一致意见的重要原因。这反映出国家利益对大西洋联盟安全合作的影响。伊拉克战争分化了大西洋联盟、削弱了大西洋联盟内部的凝聚力。

本章第三节通过研究北约领导的驻阿富汗部队在阿富汗的军事行动，分析了北约在阿富汗的"域外行动"。本节阐述了北约驻阿富汗部队的构建及其行动过程、分析了北约在阿富汗的行动效果及其原因，并研究了北约在阿富汗的"域外行动"对大西洋联盟的影响。北约于2003年8月11日开始接管北约驻阿富汗部队的领导权，该部队的任务于2014年12月结束。北约驻阿富汗部队行动的地理范围覆盖阿富汗全境，行动类型涉及反暴乱、维稳、战后重建、训练阿富汗国家军队等。北约成员国在阿富汗伤亡惨重。北约驻阿部队在阿富汗的行动效率低下，行动效果也未能达到北约的预期效果，其主要原因，一方面是由于北约成员国在行动过程中难以实现战略协调；另一方面是由于北约成员国之间难以实现有效的责任分担。北约在阿富汗的军事行动对大西洋联盟产生了重要影响：第一，实现了大西洋联盟军事行动地理范围的突破。第二，提升了"域外行动"在大西洋联盟安全合作中的地位。第三，暴露了大西洋联盟成员安全合作中的战略协调问题。第四，凸显了成员国国内政治因素对大西洋联盟责任分担的制约作用。

第 五 章

北约"域外行动"对大西洋联盟未来走向的影响

时任北约秘书长延斯·斯托尔滕贝格于 2016 年 9 月 23 日在美国哈佛大学肯尼迪政治学院发表了一份关于北约的演讲。在演讲中,斯托尔滕贝格提到:自 1949 年成立以来,北约经历了三个发展阶段。第一个阶段是冷战时期,在此期间北约的主要任务是集体防御。第二个阶段从冷战结束开始直至 2014 年。在这一阶段,北约的职能不再只是纯粹的集体防御,而是发展起了在防区外进行危机管理的能力。第三个阶段从 2014 年开始直至如今。乌克兰危机和"伊斯兰国"带来的安全威胁,使得北约必须同时兼顾集体防御和防区外的危机管理行动。[①]"域外行动"在未来仍将是北约的核心任务之一。自 1949 年以来,北约"域外行动"的产生与发展历程,以及美欧在北约"域外行动"问题上的互动,都使大西洋联盟发生了变化,同时也影响着大西洋联盟未来的走向。本章将着重分析北约"域外行动"对大西洋联盟未来走向的影响。

北约"域外行动"涉及北约的"域外行动"政策、北约成员国在"域外行动"问题上的互动、北约"域外行动"的特点、北约在执行"域外行动"的过程中暴露出来的问题等方面。这些因素导致大西洋联盟发生了变化,并将对大西洋联盟未来的走向产生影响。本章第一节将阐述北约"域外行动"使大西洋联盟组织形式松散化的表现并分析其主要

---

① North Atlantic Treaty Organization, "The Three Ages of NATO: An Evolving Alliance—Speech by NATO Secretary General Jens Stoltenberg at the Harvard Kennedy School", September 23, 2016, last updated: April 19, 2017, https://www.nato.int/cps/en/natohq/opinions_135317.htm.

原因。本章第二节将从美欧在军事政策方面的矛盾、防务责任分担方面的矛盾，以及军事实力失衡方面的矛盾，探究大西洋联盟内部美欧矛盾深化的问题。本章第三节将在归纳总结影响大西洋联盟成员凝聚力因素的基础上，分析大西洋联盟凝聚力趋于下降这一趋势。

第一节 大西洋联盟组织形式松散化

随着北约正式执行"域外行动"，大西洋联盟的组织形式存在着松散化的趋势。大西洋联盟组织形式松散化主要表现在以下两个方面：一是意愿联盟这一主要的"域外行动"方式降低了盟国之间政策协调的紧密程度、影响了大西洋联盟组织形式的紧密程度。二是北约"域外行动"对欧洲独立防务力量的发展产生了重要影响，加深了部分欧洲盟国脱离北约框架执行军事行动的倾向。大西洋联盟的组织形式因而出现了松散化的趋势。

一 "意愿联盟"趋势加强

传统的联盟通常需要在进行战争前，实现内部成员国军事政策与外交政策之间的协调。联盟内部形成统一、共同的军事政策后，联盟成员便以此为参照来协调本国的作战计划、使本国部队专业化。联盟的紧密程度与联盟内部政策协调之间呈正相关关系：联盟越紧密，盟国之间政策协调的程度越高。更加紧密的联盟可实现更加高效的共同作战。[1] 冷战期间，北约未曾执行"域外行动"，大西洋联盟始终保持紧密的组织形式。每当发生"域外"军事冲突时，大西洋联盟成员就会对此进行讨论与磋商，力图实现联盟成员军事政策和外交政策之间的协调。联盟层面针对"域外"冲突和"域外"威胁所作出的决定都是所有成员国集体磋商的结果。虽然对于是否应以北约的名义干预"域外"军事冲突，大西洋联盟成员之间通常有分歧，但一般情况下，大西洋联盟是在对"域外"军事冲突问题进行集体磋商之后，再决定是否执行任务，即"联盟决定

---

[1] James D. Morrow, "Alliances, Credibility, and Peacetime Costs", *Journal of Conflict Resolution*, Vol. 38, No. 2, June 1994, pp. 273–274.

任务"。大多数情况下，大西洋联盟成员最终都能服从联盟的安排，与大西洋联盟共进退。因此，冷战期间大西洋联盟保持着紧密的组织形式。

　　冷战结束之后，北约开始执行"域外行动"。随着北约"域外行动"次数的增多，意愿联盟逐渐发展成为北约"域外行动"的主要行动方式。从性质上看，意愿联盟是一种不同于传统联盟的安全合作形式。对于北约而言，意愿联盟是一种执行军事行动的行动方式。意愿联盟本身具有针对性、临时性和松散性。意愿联盟的成功组建意味着其成员国已认可了主导国的行动任务、行动目标和行动策略等。意愿联盟的成员国只需服从主导国的相关规定、为主导国的军事行动提供支持。自 2001 年至 2005 年担任美国国防部长的唐纳德·拉姆斯菲尔德曾概括了美国组建的意愿联盟的一大特征，即由军事行动的任务决定联盟，而非由联盟决定军事行动的任务。① 意愿联盟发展成为北约执行"域外行动"的主要行动方式，意味着对于某一项"域外"军事干预行动，大西洋联盟层面集体磋商的影响力存在弱化的趋势。盟国之间政策协调的程度降低，反映出联盟紧密程度的降低。

　　北约成员国执行"域外行动"的意愿及能力变化与意愿联盟的产生密切相关。联盟成立的目的在于增进盟国的安全。即使外部威胁没有改变，当盟国怀疑现有的联盟结构是否足以保障其安全时，联盟存在退化的风险。当部分盟国开始质疑其他盟友是否真心致力于为实现共同安全提供援助时，联盟也存在退化的可能。② 美国是大西洋联盟的主导国，在北约领导的意愿联盟或部分北约成员国参与的意愿联盟中，美国均发挥着主导作用。因此美国对大西洋联盟的态度直接影响了大西洋联盟的状态。2001 年美国组建意愿联盟发动了阿富汗战争，一方面是认为科索沃"域外行动"中暴露出的北约机制的弊端将妨碍其军事目标的实现、不足以保障其安全利益。另一方面是由于美国认为大部分欧洲盟国落后的军事行动能力难以助其实现目标。在军事打击伊拉克问题上，几个主要的

---

① David Hastings Dunn, "Innovation and Precedent in the Kosovo War: The Impact of Operation Allied Force on US Foreign Policy", *International Affairs*, Vol. 85, No. 3, 2009, p. 543.

② Stephen M. Walt, "Why Alliances Endure or Collapse", *Survival: Global Politics and Strategy*, Vol. 39, No. 1, Spring 1997, p. 160.

欧洲盟国明确表示不提供军事支持，美国因而组建起由有军事打击伊拉克意愿的北约盟国和一些北约伙伴国参加的意愿联盟。时任美国国防部长的"新老欧洲说"也是美国试图将北约引向"使命决定联盟"逻辑的表现。[1] 在这两场军事行动中，美国都将本国主导的意愿联盟视为增进本国安全、实现本国安全利益的工具。在布什政府时期，政府官员在描述北约时，认为北约更像是一个工具，而不是一个正式的、合作的联盟。使用北约的军事资产通常不是美国实现国家利益的首要选择，而是在事后才被想起来。[2] 意愿联盟的组建使大西洋联盟的组织形式有被美国边缘化的可能。

在意愿联盟中，既存在所有北约成员国与某些北约伙伴国共同参与执行行动的情况，也存在部分北约成员国与某些北约伙伴国合作执行行动的事例。在美国组建的意愿联盟中，都包括了部分北约成员国。这也就意味着部分北约成员国在美欧对"域外行动"问题分歧严重时，仍有意愿和能力坚定地追随美国，而不再坚持大西洋联盟军事行动的一致性。当部分北约盟国选择加入美国领导的意愿联盟时，大西洋联盟内部就已分化，组织形式也趋向松散。此外，大西洋联盟成员参与集体军事行动的意愿将可能因意愿联盟的出现与发展而有所降低。由于一些军事实力较强、行动意愿较为坚定的伙伴国可随时在自愿的基础上加入意愿联盟，意愿联盟又缺乏具有约束效力的军事联盟协定，因此部分大西洋联盟成员能轻易地选择不参与执行北约的"域外行动"。从长远来看，这将可能使大西洋联盟最终完全沦落为一个"菜单式联盟"（Alliance à la carte）。[3] 在未来，意愿联盟仍将是北约"域外行动"的主要行动方式，这一趋势的加强使大西洋联盟的组织形式趋向松散化。

二 欧洲独立防务力量建设的影响

北约"域外行动"对欧洲独立防务力量建设进程产生了重要影响，

---

[1] 赵怀普：《当代美欧关系史》，世界知识出版社2011年版，第336页。
[2] Andrew T. Wolff, "The Structural and Political Crisis of NATO Transformation", *Journal of Transatlantic Studies*, Vol. 7, No. 4, December 2009, p. 487.
[3] Markus Kaim, "Reforming NATO's Partnerships", Research Paper of Stiftung Wissenschaft und Politik, Berlin, January 2017, p. 14.

推动了欧盟共同外交与安全政策的发展。北约"域外行动"多次暴露出欧洲盟国与美国军事实力的差距，以及美国军事实力强大的影响力。随着北约"域外行动"的发展，北约中的欧洲盟国努力发展欧洲的独立防务力量，力图减少对美国和北约的安全依赖。欧洲独立防务力量建设进程的发展，使北约中的一些欧洲盟国在面对"域外"安全威胁时，倾向于优先寻求欧盟进行军事干预，这将削弱大西洋联盟组织形式的紧密程度。

　　冷战时期，以法国为代表的部分欧洲盟国一直寻求发展欧洲的防务合作。1950年10月，时任法国总理勒内·普利文向法国国民议会提出组建"欧洲军队"的计划（该计划也被称为"普利文计划"），呼吁法国、德国等西欧国家共同建立起欧洲防务共同体。由于法国国民议会对该共同体条约的否决，该计划被搁置。到了20世纪60年代，戴高乐总统领导下的法国积极寻求发展脱离于北约的欧洲防务体系。1961年2月，当时的欧共体国家成立了由法国驻丹麦大使克里斯蒂安·富歇担任主席的研究委员会。1961年10月，法国向该委员会提交了一份《建立欧洲政治联盟的条约草案》（该草案也被称为"富歇计划一"），建议欧共体各国逐步实行共同的外交与防务政策。由于遭到了欧共体其他国家内一些大西洋主义者和超国家主义者的反对，该计划也被搁置了。1962年，法国紧接着提出了"富歇计划二"，同样也失败了。该计划未能成功的一个重要原因是欧共体国家内的一些大西洋主义者担忧正在争取从北约中独立出来的法国所倡导的欧共体共同外交与防务政策将朝着脱离北约的方向发展。[①] 从20世纪70年代到80年代，《卢森堡报告》、《欧洲联盟庄严宣言》、《单一欧洲法令》等重要文件的出台逐渐将欧共体国家的政治、外交与安全事务合作规制化，为欧共体共同外交与安全政策的建设奠定了基础。到了20世纪80年代早期，一些欧洲国家内部的民众也再度呼吁发展欧洲的防御力量、希望振兴西欧联盟。[②]

---

　　① 陈志敏、古斯塔夫·盖拉茨：《欧洲联盟对外政策一体化——不可能的使命？》，时事出版社2003年版，第11—15页。

　　② Charles A. Kupchan, "NATO and the Persian Gulf: Examining Intra-Alliance Behavior", *International Organization*, Vol. 42, No. 2, Spring 1988, p. 337.

第五章 北约"域外行动"对大西洋联盟未来走向的影响 / 167

冷战结束后，欧共体以及之后的欧盟内部的防务合作进入了一个迅速发展的新时代。欧洲国家防务合作在冷战结束后的迅速发展与北约"域外行动"及美欧在"域外行动"问题上的互动密切相关。北约"域外行动"多次证明欧洲国家安全与防务合作水平的局限性，但也多次推动了欧洲国家防务合作的发展。

冷战结束初期在巴尔干地区爆发的两场军事冲突对于欧洲国家而言是重要的考验。欧洲国家极其希望通过欧洲自身的力量解决发生在家门口的这两场军事冲突。但军事能力的欠缺使欧洲国家无法在美国缺席的情况下解决家门口的安全问题。北约在巴尔干地区执行的两场"域外行动"使得欧洲国家意识到了自身与美国之间巨大的军事实力差距。欧共体/欧盟介入巴尔干两场冲突时暴露出的军事能力水平、美国和北约的介入对冲突的影响，以及美国与北约欧洲盟国在执行北约"域外行动"时军事能力的差异，共同激发了北约欧洲盟国在欧盟框架下发展一体化军事防务能力的决心。正如科里·斯卡克所言："欧洲国家在波斯尼亚学到的惨痛教训是在美国介入之前自身能发挥的作用是多么微弱，在科索沃危机中意识到的是缺乏美国介入的情况下自身能做的事情是多么有限，这些都是欧盟主动发展防务能力的最重要的推动力。"[1]

当波黑冲突爆发时，欧共体积极寻求介入，运用经济制裁等手段以寻求维持南斯拉夫的统一、确保各共和国之间的和平。但欧共体未能维护南斯拉夫的统一：1991年6月，克罗地亚和斯洛文尼亚宣布独立。1992年3月，波黑共和国也宣布独立。欧共体竭尽全力调停，却也未能阻止内战的发生。最终，波黑内战是在美国领导的北约的军事干预下而得以终止。1995年《代顿协议》的达成主要由美国促成。在波黑冲突这一欧洲范围内发生的安全危机中，欧共体仅仅扮演着一个"看客"或"随从"的角色。[2]当北约在波黑执行"域外行动"时，欧洲国家深刻地认识到自身与美国在军事实力上的差距。

---

[1] Kori N. Schake, "Do European Union Defense Initiatives Threaten NATO?", *Strategic Forum*, No. 184, August 2001, p. 4.

[2] 郇庆治：《多重管治视角下的欧洲联盟政治》，山东大学出版社2002年版，第255—256页。

当科索沃危机爆发时,当时的欧盟同样也积极地动用一切经济与外交手段介入,以阻止科索沃危机演变为内战,但收效甚微。1999年,由于米洛舍维奇拒绝在科索沃问题解决方案上签字,北约再次通过军事干预解决了欧盟无法解决的安全问题。在北约此次"域外行动"中,欧洲国家与美国的军事能力差距又一次暴露无遗。科索沃危机从爆发到终止的整个过程中,北约发挥的作用和欧洲国家的表现,使得部分欧盟成员国进一步意识到了在安全领域进行合作的紧迫性与重要性。在1998年12月,英国与法国共同签署了《圣马洛宣言》,一致表示欧盟需具备对国际危机作出回应的军事能力,并将努力确保欧盟军事力量的发展等。① 在《圣马洛宣言》签署后的一年半内,欧盟的共同防务政策迅速发展,进展程度甚至超过了圣马洛首脑会议前50年所取得的成就。② 在1999年6月,欧盟在科隆首脑会议上通过了一份《加强欧洲共同安全与防务政策的声明》,强调欧盟需具备自主执行冲突预防与危机管理行动的能力以及支持这种能力发展的军事力量等。③ 1999年年底欧盟赫尔辛基首脑会议上,欧盟提出于2003年年底前建立快速反应部队。至此,"欧盟防务合作的重心将不再是在北约框架内发展欧洲安全与防务特性,而是在北约之外和欧盟内部建设欧洲安全与防务政策,并以此附带地加强北约内的欧洲安全与防务特性。"④ 在北约空袭科索沃之后,欧洲国家发展独立防务的倾向愈加强烈。

伊拉克战争的发生暴露了美欧在一系列问题上的矛盾,美欧关系和欧洲国家相互之间的关系因此受到负面影响。但伊拉克战争使欧洲国家独立防务能力建设进程实现了历史性的突破。2003年4月29日,反对美国发动伊拉克战争的法国、德国、比利时和卢森堡在布鲁塞尔召开了防

---

① 陈志敏、古斯塔夫·盖拉茨:《欧洲联盟对外政策一体化——不可能的使命?》,时事出版社2003年版,第59—61页。

② Jolyon Howorth, "Britain, NATO and CESDP: Fixed Strategy, Changing Tactics", *European Foreign Affairs Review*, Vol. 5, No. 3, 2000, p. 383.

③ European Parliament, "Annex III -European Council Declaration on Strengthening the Common European Policy on Security and Defense", Cologne European Council, June 3 – 4, 1999, http://www.europarl.europa.eu/summits/kol2_en.htm#an3.

④ 陈志敏、古斯塔夫·盖拉茨:《欧洲联盟对外政策一体化——不可能的使命?》,时事出版社2003年版,第239页。

务峰会。四国在会后发表的共同声明中提议在欧盟内部建立"欧洲安全与防务联盟",由有意愿和有能力的国家参与其中,承诺相互提供安全保护、进行防务合作。① 四国的倡议推动了欧盟共同安全战略文件的产生。四国召开防务峰会约两个月后,6月20日至21日,在欧盟首脑会议上,欧盟共同外交与安全政策高级代表哈维尔·索拉纳起草了欧盟历史上第一份安全战略文件,该文件于同年12月得到了欧洲理事会的通过。这份名为《欧洲安全战略》的文件在欧盟历史上首次为推进欧盟的安全利益制定了相关规则并设定了明确目标,被视为欧盟共同外交与安全政策发展历程中的里程碑式文件。文件中,欧盟承认恐怖主义、大规模杀伤性武器、地区冲突、"失败国家"、有组织犯罪这几个相互之间有所关联的问题是欧洲面临的主要威胁。但不同于美国,欧盟明确指出应对和解决这些问题需依赖于有效的多边主义国际体系。捍卫和发展国际法、进一步发展世界贸易组织及支持国际刑事法庭等多边主义国际机构,是欧盟推崇的举措。文件暗指发动伊拉克战争的国家或是寻求独立于国际社会,或是持续违反国际规则,将自己置身于国际社会之外,并声明这些国家若不愿重新回归国际社会就将付出代价。欧盟的安全事务规划包括:更加积极地参与危机管理与冲突预防行动;加强与联合国在危机管理行动中的合作;提升军队的军事能力;提升共同外交与安全政策、欧洲安全与防务政策、成员国对外行动三方面的连续性;加强与伙伴国家之间的安全合作等。② 这份欧盟的共同安全战略文件出台于伊拉克战争爆发之后,法国、德国等反对北约发动伊拉克战争并受美国排挤的北约欧洲盟国,对这份文件的出台发挥了重要作用。伊拉克战争这场由美国主导的、部分北约欧洲盟国参与的军事行动成为促进欧盟发展共同安全战略的催化剂。在欧盟的共同安全战略规划中,欧盟虽仍旧表示将与美国和北约继续发展安全合作以实现自身的战略目标,但欧洲国家减少对美国和北约的安全依赖的倾向也十分明显。首先,对多边主义的多次强调不仅展

---

① 陈志敏、古斯塔夫·盖拉茨:《欧洲联盟对外政策一体化——不可能的使命?》,时事出版社2003年版,第264—265页。

② Council of the European Union, "European Security Strategy: A Secure Europe in A Better World", 2009, https://www.consilium.europa.eu/media/30823/qc7809568enc.pdf.

现出欧盟对多边主义国际体系、国际机构和国际规则的重视，也显示出欧盟与以美国为首的部分北约国家在对外军事行动原则上的对立。其次，欧盟通过这份文件表现出欧洲国家独立参与危机管理与冲突预防等国际事务的坚定意愿。而危机管理与冲突预防，正是北约"域外行动"所具有的性质。最后，欧盟对提升军事能力以及发展安全政策连续性的承诺与规划说明，欧洲国家有意愿继续建设独立防务力量。这也意味着，北约欧洲盟国在无法与美国就军事问题达成一致意见的情况下选择通过欧盟采取行动的可能性长期存在。

在北约领导意愿联盟发动对利比亚的"域外行动"之前，法国表现出通过欧盟而非北约执行此次军事行动的意愿。当利比亚危机爆发后，法国迅速开始研究干预的方式。时任法国外交部长阿兰·马里·朱佩提出了军事干预应具备的几个条件，其中不仅包括联合国安理会决议的授权、阿拉伯国家对军事行动的明确支持和象征性的军事介入，还包括不以北约作为军事干预的框架。[1] 法国最初更倾向于与英国一同领导在利比亚的军事干预行动。由于法国倾向于联合欧洲国家进行军事干预行动，欧盟对外行动署和欧盟军事参谋部提议召集4000至10000名欧洲士兵参与行动。[2] 作为欧盟的核心成员国之一，法国长期以来积极推动着欧盟独立防务能力的建设。法国倾向于抛开北约、领导欧盟对利比亚进行军事干预的主要原因包括以下几个方面：一是法国总统萨科齐的个人性格及其借军事干预重新展示法国大国地位的欲望；二是法国希望在没有美国的支持下执行行动，以便全面维持对利比亚的政治控制；三是法国担心打着北约的旗号将冒犯阿拉伯国家，并特别担忧这将影响到北约正在阿富汗执行的军事行动。[3] 由此可见，北约中的部分欧洲盟国拥有脱离北约、通过欧盟执行军事行动的意愿。

---

[1] 庄宏韬、曾向红：《多元启发理论视角下的萨科齐对利比亚空袭决策》，《国际论坛》2015年第2期。

[2] Yf Reykers, "Capacity, Legitimacy or Hegemony? A Multi-Tier Explanation for NATO's Involvement in the Libya Crisis", Journal of Transatlantic Studies, Vol. 15, Issue 4, 2017, p. 374.

[3] Yf Reykers, "Capacity, Legitimacy or Hegemony? A Multi-Tier Explanation for NATO's Involvement in the Libya Crisis", Journal of Transatlantic Studies, Vol. 15, Issue 4, 2017, pp. 374 – 375.

长期以来，一些欧盟成员国一直在推动发展欧洲独立防务力量。德国于 2017 年 7 月发布了近 10 年来首份国防白皮书。白皮书中提出适时重启"欧洲防务共同体"的设想，以及深化欧盟成员国之间永久性防务合作等倡议。① 2017 年 5 月就任法国总统的马克龙自上任以来一直推动建设欧盟的军队。2018 年 11 月 6 日，马克龙在法国凡尔登参加第一次世界大战结束百年纪念活动时，再次呼吁建立起一支"真正的欧洲军队"。马克龙还强调，鉴于美国宣布退出《中导条约》，欧洲应减少对美国的军事防务依赖。此外，法国还领导成立了一支独立于北约的欧洲九国联合部队。该部队将能快速执行联合军事任务、从战区撤离平民，或是为发生自然灾害的地区提供救援。② 2019 年 11 月 7 日，法国总统马克龙在接受英国《经济学人》的采访时称北约正在"脑死亡"，并抱怨道美国与其他北约盟国之间丝毫不存在战略决策制定方面的协调。马克龙主张，欧洲国家不应再依赖美国来提供安全保护，而应加快独立防务能力建设的进程，保卫自身的安全，并成为一股"地缘政治力量"。③

欧盟也在加大对防务力量建设的投入。2017 年 11 月，欧盟内有 23 个国家签署文件，建立起了欧盟防务"永久结构性合作"机制，推动欧盟内部有意愿的成员国在防务和安全领域开展更多的合作。这一合作机制的建立使欧盟防务一体化建设取得了突破性进展。④ 2018 年 6 月，时任欧盟外交与安全政策高级代表费德利卡·莫盖里尼提议设立"欧洲和平基金"。若这一提议被通过，欧盟将最早从 2021 年开始，每年投入接近 105 亿欧元为欧洲军队的军事行动提供支持。这也将是欧盟首次启动基金为军事行动提供支持。此外，欧盟还计划在 2021 年至 2027 年投资 130 亿

---

① 赵纪周：《"特朗普冲击波"下的美欧防务"再平衡"》，《国外理论动态》2019 年第 7 期。

② "Macron Calls for 'True European Army' to Defend against Russia, US, China", EURACTIV, November 7, 2018, https：//www.euractiv.com/section/defence-and-security/news/macron-calls-for-european-army-to-defend-against-russia-us-china/.

③ Alexandra Brzozowski, "France's Macron Decries NATO 'Brain Death' ahead of Anniversary", EURACTIV, November 11, 2019, https：//www.euractiv.com/section/defence-and-security/news/frances-macron-decries-nato-brain-death-ahead-of-anniversary/.

④ 赵纪周：《"特朗普冲击波"下的美欧防务"再平衡"》，《国外理论动态》2019 年第 7 期。

欧元用于防务能力的发展、防务事务研究和防务设备的改进。①

综上所述，北约"域外行动"多次证明欧洲国家防务合作水平的局限性，但同时也推动了欧洲建设独立防务力量的进程。随着欧洲独立防务能力的发展，北约中的部分欧洲盟国逐渐产生了脱离北约、在欧盟的框架下执行军事行动的倾向。以法国为代表的部分欧洲盟国发展欧洲独立防务力量的意向曾一度很明显，这将对大西洋联盟组织形式的紧密程度产生消极影响。

第二节　大西洋联盟内部美欧矛盾深化

美国和欧洲盟国在北约"域外行动"问题上的矛盾，主要体现在"域外行动"政策、"域外行动"原则、"域外行动"合法性、"域外行动"战略协调、"域外行动"责任分担等方面。由于大西洋联盟存在着美欧地位不对等这一重要特征，美欧在军事行动政策方面的矛盾将是一个长期性的矛盾，并且存在着继续深化的可能性。美欧之间在防务责任分担方面的矛盾，是大西洋联盟历史上长期存在的矛盾，北约"域外行动"激化了美欧在这方面的矛盾。此外，美欧军事实力失衡这一矛盾也因北约"域外行动"而凸显。这些矛盾不仅在短期内不会消失，而且存在着继续深化的可能性。

一　美欧军事行动政策矛盾的深化

大西洋联盟中美欧地位的不对等是导致美欧在军事政策上存在矛盾的结构性原因。汉斯·摩根索指出：在联盟中，除利益的分配外，政策的确定也是盟国之间权力分配的反映。较为强大的盟国往往会将自己的意愿强加于较为弱小的盟国，迫使它们在利益分配和政策确定方面按照自己的意愿行事。② 联盟构建的目的虽然主要在于反对或应对共同的威

---

① Fabrice Pothier, "A European Army: Can the Dream Become A Reality?" The International Institute for Strategic Studies, January 7, 2019, https://www.iiss.org/blogs/analysis/2019/01/macron-european-army-reality.

② [美]汉斯·摩根索：《国家间政治：权力斗争与和平》，徐昕等译，北京大学出版社2006年版，第222页。

胁，但联盟一旦形成之后，也为部分成员国提供了一种影响或控制其他盟国政策的工具①，特别是在非对称性联盟中，这种情况更为普遍。非对称性联盟是霸权国家用来增强其在国际体系中的控制力的工具。联盟中的霸权国家在为盟友提供安全保护的同时，也在实现对盟国的政策和战略定位的控制，从而实现并发展其自身的利益。美国被认为是这类霸权国家的典型代表。二战结束后，美国在自己构建起来的非对称性联盟体系中力图对盟国的政策和战略定位实施控制。美国构筑的非对称性联盟一方面为盟友提供了安全保护，另一方面为美国投射自身的武力和介入盟国事务提供了机会。②

大西洋联盟是一个美国主导的非对称性联盟。北约虽是欧洲主要的多边安全安排，但在过去和现在一直存在于美国霸权的范围之内。③ 冷战结束以来，美国一直主导着北约的"域外行动"。在领导北约"域外行动"的过程中，美国一直将本国的军事政策融入北约的军事政策和战略定位中，从而将北约发展成为实现自身目标和维护自身安全利益的工具。北约"域外行动"范围的扩大、"域外行动"在北约军事行动中重要性的提升，以及北约"全球伙伴关系"机制的确立，都是美国将本国政策和战略目标融进北约政策与战略中的表现。当美国无法随时利用一个确定的、共同的安全威胁来团结其他盟国，但却希望盟国能服从美国的战略需要时，美国与其他盟国在处理相互之间关系、应对具体国际和地区事务时容易产生政策分歧。④ 在北约的"域外行动"中，美国多次与欧洲盟国产生矛盾，很大程度上是由于美国试图将自身的政策和战略定位强加于其他北约盟国，并希望其他盟国以美国的战略目标为导向调整各自的政策与战略定位。"9·11"恐怖袭击事件发生后，美国试图影响北约盟国战略定位和政策制定的倾向更为明显。在伊拉克问题上，美国试图说

---

① Alyson J. K. Bailes, Bradley A. Thayer and Baldur Thorhallson, "Alliance Theory and Alliance 'Shelter': The Complexities of Small State Alliance Behavior", *Third World Thematics: A TWQ Journal*, Vol. 1, Issue 1, 2016, p. 3.

② James D. Morrow, "Alliances and Asymmetry: An Alternative to the Capability Aggregation Model of Alliances", *American Journal of Political Science*, Vol. 35, No. 4, November 1991, pp. 929–930.

③ ［加］阿米塔·阿查亚：《美国世界秩序的终结》，袁正清、肖莹莹译，上海人民出版社2016年版，第154页。

④ 刘丰：《美国的联盟管理及其对中国的影响》，《外交评论》2014年第6期。

服北约盟国一同打击萨达姆。在北约驻阿富汗部队执行军事行动时，美国也企图将本国带领的意愿联盟与驻阿部队的力量相融合，实现在阿富汗根除恐怖分子的目标。在北约驻阿富汗部队的军事行动中，美国还极力要求德国等欧洲盟国一同参与以反暴乱为主的战斗型任务。以法国和德国为代表的部分欧洲盟国不乐意接受美国干预它们的军事政策和战略定位，多次与美国产生意见分歧。大西洋联盟成员在"域外行动"军事政策问题上时常产生矛盾。

北约"域外行动"的产生与发展强化了美国在大西洋联盟中的主导地位。美国通过北约"域外行动"逐渐将北约发展成为了维护其自身在全球范围内安全利益的工具。因此，在未来的军事行动中，美欧之间在军事政策上的矛盾存在着继续深化的可能性。根据联盟理论，联盟成员之间实现总体政策和具体措施的协调是联盟能发挥作用的前提。总体政策和具体措施的协调意味着所有盟国不仅需要就一个共同的目标达成一致意见，而且需要同意采取共同的政策与措施。① 因此，大西洋联盟成员在军事政策方面矛盾的深化，将在未来影响大西洋联盟作用的发挥、将对大西洋联盟的发展造成不利影响。

二 美欧防务责任分担矛盾的激化

美国和欧洲盟国在北约防务责任分担问题上的矛盾由来已久。责任分担主要涉及成本分配和风险两方面问题。在一个集团内，实现共同目标的集体行动导致了责任分担问题的产生。集体行动涉及军事、政治、经济等诸多方面的成本与风险。成本主要包括人力、物力和财力，涉及经济方面。风险则主要体现在政治和军事方面，包括因行动失败而导致的政治威望与信誉的损失，以及消极的军事后果等。②

美国与北约中的欧洲盟国长期在军费开支问题上存在争议。欧洲盟国的军费支出问题早在20世纪60年代就已引起了美国的不满。20世纪

---

① ［美］汉斯·摩根索：《国家间政治：权力斗争与和平》，徐昕等译，北京大学出版社2006年版，第223页。

② 赵怀普、韩宝禄日：《美欧防务责任分担矛盾的缘起、发展及影响》，《国际经济评论》2019年第6期。

60年代早期,一位名为麦克·曼斯菲尔德的参议员提议美国撤离驻扎在欧洲的军队,并主张欧洲国家的防务开支应随着欧洲越来越繁荣的经济形势而有所增加。① 随后几十年中,美国与北约中的欧洲盟国就军费开支问题一直存在争执。即便是在对欧友好的美国总统执政时期,美国也渴望北约欧洲盟国增加防务开支。② 但总体而言,由于美欧在冷战时期存在着遏制苏联威胁和维护欧洲——大西洋地区安全的共同利益,防务责任分担矛盾没有对大西洋联盟造成严重的影响。③

"9·11"恐怖袭击事件发生后,美欧在防务责任分担上的矛盾逐渐凸显。美国为在阿富汗和伊拉克执行的反恐行动投入了巨额军费。之后,在国际金融危机的影响之下,美国的军费负担日益沉重。奥巴马政府时期,美国要求北约内部实现更多的责任分担、减少美欧之间在防务方面的能力差距,并强调欧洲国家应增加防务支出。④ 奥巴马政府的第一任国防部长罗伯特·盖茨曾于2011年6月警告其他北约成员国,倘若军费开支减少的情况得不到遏制,未来的美国政治领导人也许再不会认为北约值得美国进行投资。⑤

在此背景下,北约"域外行动"激化了美国与欧洲盟国在防务责任分担问题上的矛盾。在北约的利比亚"域外行动"中,半数成员国选择不加入北约领导的意愿联盟,引发了美欧对大西洋联盟责任分担问题的争论。在北约的阿富汗"域外行动"中,美国、加拿大、英国等部分盟国在阿富汗南部地区承担了伤亡惨重的战斗型军事行动。当美国等国号召在阿富汗其他地区执行军事行动的盟国共同分担责任、增兵支援南部

---

① Ian Bond, "Has the last Trump Sounded for the Transatlantic Partnership?", Center for European Forum, May 2018, p. 6.

② Ian Bond, "Has the last Trump Sounded for the Transatlantic Partnership?", Center for European Forum, May 2018, p. 6.

③ 赵怀普、韩宝禄日:《美欧防务责任分担矛盾的缘起、发展及影响》,《国际经济评论》2019年第6期。

④ European Parliament, "In-Depth Analysis—The 2016 Elections in the United States: Effects on the EU-US Relationship", January 2017, p. 5.

⑤ Department of Defense of the United States, "Remarks by Secretary Gates at the Security and Defense Agenda (Future of NATO)", Brussels, June 10, 2011, http://archive.defense.gov/speeches/speech.aspx?speechid=1581.

地区的战斗行动时，法国、德国等部分欧洲盟国屡次拒绝。虽然大西洋联盟成员之间最终就增兵问题达成了妥协，但此次北约"域外行动"暴露出大西洋联盟内部在责任分担问题上的矛盾越来越尖锐。特朗普在竞选美国总统期间，曾抨击北约欧洲盟国对反恐的资金和军事投入不够充足、令北约未能在反恐行动中发挥有利作用。① 美国还认为，乌克兰危机的出现、近几年恐怖袭击的发生，以及叙利亚等欧洲周边地区出现的危机形势，都是欧洲国家未能在安全领域投入足够资源的证明。②

近年来，欧洲盟国为缓解美欧防务责任分担矛盾作出了一定努力。欧洲各国的军费开支都有所提高。欧洲盟国也承诺为美国领导的在阿富汗的军事行动提供更多军队，以及扩大北约在伊拉克的训练任务。③ 但美欧在防务责任分担问题上的矛盾并不能在短期内被消除。特朗普尤为关注北约内部的责任分担问题，倾向于将联盟视为具有交易性质的协议，而不是建立在共同利益和价值观基础上的战略伙伴关系。④ 但欧洲国家仍存在"搭便车"或依赖美国的心理。⑤ 在未来，美欧在防务责任分担问题上的矛盾仍旧存在深化的可能性。在联盟内，盟国之间的责任分担还关乎盟国之间的凝聚力。⑥ 因此，美欧之间因北约"域外行动"而被激化，且可能逐渐深化的防务责任分担矛盾，将对大西洋联盟造成负面影响。

三　美欧军事实力失衡矛盾显性化

从北约在波黑执行"域外行动"开始，美欧在北约"域外行动"中

---

① 赵怀普、韩宝禄日：《美欧防务责任分担矛盾的缘起、发展及影响》，《国际经济评论》2019年第6期。

② 刘一：《跨大西洋关系现状及其发展前景》，载吴白乙、倪峰主编《美国研究报告(2019)："美国优先"及其内外影响》，社会科学文献出版社2019年版，第217页。

③ 赵怀普：《特朗普执政后美欧同盟关系的新变化及其影响》，《当代世界》2019年第3期。

④ Riccardo Alcaro, "Europe's Struggle in the Fraying Transatlantic Order", *Survival*: *Global Politics and Strategy*, Vol. 61, No. 6, 2019, p. 80.

⑤ 冯仲平：《特朗普冲击下的欧美关系》，《当代世界》2017年第4期。

⑥ Particia A. Weitsman, "Alliance Cohesion and Coalition Warfare: The Central Powers and Triple Entente", *Security Studies*, Vol. 12, No. 3, Spring 2003, p. 84.

显现出的军事实力失衡问题逐渐成为北约重点关注的内容之一。自北约执行在波黑的"域外行动"后,美欧的军事实力失衡问题也逐渐成为了影响大西洋联盟安全合作的一个重要问题,成为了引起美欧矛盾的一个焦点问题。

出于政治、历史、经济和社会方面的原因,欧洲盟国的军队缺乏执行高效"域外行动"的能力。冷战时期,欧洲盟国处于与苏联对峙的前沿阵地。整个冷战时期,北约为其军事部队制定的政策与美国的遏制战略紧密相连,几乎所有北约国家的部队都致力于预防或打击苏联可能发动的针对西欧的武装侵略。[1] 欧洲盟国的军队中,军人多是通过征兵制招募入伍。绝大部分欧洲盟国的军队在冷战时期形成了一定的军事特性。自冷战结束以来,北约频繁地执行"域外行动"。北约在波黑、科索沃、阿富汗和利比亚执行的军事行动均不属于集体防御性质,而是带有"和平的强制实现"等特征的危机反应行动,在技术层面为欧洲盟国的军队带来了挑战。斯登·瑞宁曾于2014年在其发表的一篇文章中指出:北约多次执行的战役行动及其快节奏的特点,使得以美国为代表的部分盟国在政治方面诉诸功利主义,因而影响了盟国之间对彼此的社会、政治情况的相互理解。大西洋联盟内部齐心协力的程度因此而下降。[2] 北约频繁执行的"域外行动"使欧洲盟国军队不得不改变冷战时期形成的军事特性,但这需要一个过程。

为了发展北约的"域外行动"军事能力,自冷战结束后,北约发布的多份官方文件都涉及调整北约军事态势和军事能力的政策。北约层面也在积极制定政策努力缩小大西洋联盟成员之间的军事能力差距。例如,空袭科索沃的行动结束后,在1999年12月,大西洋联盟成员签署了《防务能力倡议》以保证大西洋联盟执行任务的效率,并着重提升大西洋联盟部队之间的协同工作能力。该倡议鼓励北约盟国在以下几个方面缩小技术和能力方面的差异:军队的部署与调动;有效的军事介入能力;

---

[1] Mark Wintz, *Transatlantic Diplomacy and the Use of Military Force in the Post-Cold War Era*, New York: Palgrave Macmillan, 2010, p. 10.

[2] Sten Rynning, "The Geography of the Atlantic Peace: NATO 25 Years after the Fall of Berlin Wall", *International Affairs*, Vol. 90, No. 6, 2014, p. 1392.

军队作战的持续性；指挥系统及信息控制系统的建设；物流水平；军队及基础设施的存续能力等。① 由于远征"域外"的军事行动在北约的军事行动中逐渐占据了重要地位，一些北约欧洲盟国逐渐发展本国军队的行动能力，使其与北约"域外行动"的要求相匹配。自1995年至2008年，大多数北约欧洲盟国逐渐放弃了征兵制度，军队规模逐渐缩小，自愿参军者逐渐构成了军队的主要组成人员。自北约开始东扩至2009年，新加入北约的12个国家中有10个国家的军队也重视着本国军队参与北约"域外行动"的能力。这些国家在很大程度上改变了本国军队以征兵制为基础、适应领土防御任务的军事特征，使本国军队规模较小、以自愿参军者为主、适于执行北约远征"域外"的任务。②

尽管在联盟层面和成员国层面，欧洲盟国都为改善美欧军事实力失衡的情况、提高"域外行动"的军事能力作出了努力，但成效有限。2008年，当北约在阿富汗执行"域外行动"时，欧洲盟国的军队仍缺乏受过干预行动战术训练的军事人员和执行干预行动所需的军事设备。时任美国国防部长罗伯特·盖茨毫不掩饰他对欧洲军队的藐视，称大部分欧洲国家的军队接受的不是反暴乱训练，而是保卫富尔达缺口（Fulda Gap，冷战时期东西德边界）的训练。③

2008年年底发生的国际金融危机影响了欧洲国家的军事投入。2012年北约芝加哥峰会上，与会领导人通过了《北约峰会防卫能力宣言》。文件中特别提到"灵巧防卫"（Smart Defence）这一概念，鼓励北约盟国联合研制、采办、维持军事能力，用更少的经费发展北约所需要的军事能力。此概念将在北约未来十年的工作中居于核心地位。④ 但美欧军事实力

---

① North Atlantic Treaty Organization, "Defence Capabilities Initiative", December 2, 1999, https://www.nato.int/docu/comm/1999/9912-hq/fs-dci99.htm.

② 杰弗里·西蒙：《北约联盟的未来会是一个民主的宿命吗》，载许海云编著《挑战与应战：新世纪的北约——北约战略转型与发展研究文献汇编》，世界知识出版社2013年版，第227—228页。

③ Andrew T. Wolff, "The Structural and Political Crisis of NATO Transformation", *Journal of Transatlantic Studies*, Vol. 7, No. 4, December 2009, p. 484.

④ North Atlantic Treaty Organization, "Summit Declaration on Defence Capabilities: Toward NATO Forces 2020", 20 May, 2012, https://www.nato.int/cps/en/natolive/official_texts_87594.htm.

的失衡不是一个能在短期内解决的问题。这一问题在大西洋联盟成员未来的安全合作中仍将长期存在。因此，美欧之间军事能力的失衡问题给大西洋联盟成员之间的安全合作增添了不确定因素，在未来仍将是美欧之间的一个矛盾焦点。

第三节 大西洋联盟凝聚力呈下降趋势

冷战期间美欧对"域外"军事冲突的争论、冷战结束后美欧对"域外行动"相关问题的争论都表明，共同的外部安全威胁关乎联盟成员的安全利益，在很大程度上影响着大西洋联盟成员之间的集体安全合作意愿。大西洋联盟成员的集体安全合作意愿还受到成员国不同经济利益、政治利益等其他方面国家利益的制约。美欧之间根深蒂固的战略文化差异也时常影响着大西洋联盟成员的集体安全合作意愿。大西洋联盟成员之间不同的安全利益、经济利益、政治利益，以及美欧的战略文化差异，限制了大西洋联盟成员之间的集体安全合作，从而削弱了大西洋联盟的凝聚力。

一 联盟成员安全利益的分离

共同外部安全威胁的变化与大西洋联盟成员的安全利益直接相关，影响着联盟成员集体安全合作的意愿和联盟的凝聚力。冷战期间，抵御和防范来自苏联的军事进攻是促成北约和大西洋联盟建立的主要原因。北约成员国对于苏联的实力和遭受苏联进攻将产生的后果有着清晰的认识。对于北约成员国而言，通过组建联盟集合所有成员的力量防范和抵御来自苏联的进攻，是保卫各国国家安全的最佳方式。换言之，冷战期间北约成员国对于苏联这一主要的共同外部安全威胁存有共同的认知。冷战期间，北约未执行"域外行动"的一个重要原因，是成员国希望集中力量防范和抵御可能来自苏联的军事攻击。对于每一场发生在北约防区之外的军事冲突，不论苏联是否直接参与其中，北约都在磋商"域外"军事冲突的应对方式时，全面考量苏联与这些"域外"军事冲突之间的关联性。在冷战期间，由于苏联这一共同外部安全威胁的存在，北约成员国拥有共同的安全利益。大西洋联盟内部的安全合作主要围绕着防范和抵御苏联而展开,联盟成员在集体防御问题上保持着高度的一致性,联盟内部呈现出较强的凝聚力。

苏联解体后,北约面对的外部安全威胁出现了变化,大西洋联盟成员的安全利益再难实现高度契合。一个重要的表现是大西洋联盟成员的安全关注不再集中于同一个地理区域。冷战时期,美国和欧洲盟国始终共同致力于保护欧洲——大西洋地区的安全。冷战结束后,虽然北约历年的官方文件屡次强调北约将持续保卫欧洲——大西洋地区的安全,但实际上北约的主导国美国的战略重点已逐渐从欧洲地区东移至亚太地区。美国的战略重心东移自克林顿政府时期便已开始,在伊拉克战争之后愈加明显。[1] 到奥巴马政府时期,美国提出"重返亚太"战略,将美国未来的政治、经济和军事增量投入至亚太地区,不仅意味着地缘政治重心的转移,也预示着美国政治、经济和军事资源的转移。[2] 美国对欧洲地区安全的关注程度已逐渐减弱。但绝大多数欧洲盟国的安全利益关切仍聚焦于欧洲大陆。不同于美国,法国、德国等部分西欧国家在欧洲大陆以外的其他地区存在着较少的安全利益。地理方位上靠近俄罗斯的部分中东欧盟国,在冷战结束后也一直最为担忧俄罗斯对本国安全利益的威胁。即便是2014年发生的乌克兰危机也无法使大西洋联盟成员的安全利益再如冷战期间一般实现高度一致。2014年乌克兰危机发生后,美国增强了对欧洲地区的关注,但美国难以重新像冷战时期那般高度关注欧洲地区的安全。其中一个重要原因就在于欧洲地区不再是美国战略优先关注的地区。[3] 俄罗斯对波罗的海国家而言是一个强大的外部安全威胁。但对大西洋联盟集体而言,俄罗斯所造成的安全威胁与冷战时期的苏联所造成的安全威胁无法相提并论。北约防区内,位于南部和西部的欧洲盟国相对而言更为关注来自北非和中东地区的国家造成的安全威胁。[4]

---

[1] 马朝林:《论太平洋时代的大西洋关系——以国际关系理论为综合视角》,《太平洋学报》2013年第5期。

[2] 樊吉社:《奥巴马主义:美国外交的战略调适》,《外交评论》2015年第1期。

[3] Magnus Petersson, *The US NATO Debate: from Libya to Ukraine*, New York and London: Bloomsbury Publishing Inc, 2015, p. 2.

[4] Luis Simón et al., "Nodal Defence: The Changing Structure of U. S. Alliance Systems in Europe and East Asia", *Journal of Strategic Studies*, July 2019, pp. 11 – 12.

对于冷战结束初期爆发的波黑内战和科索沃危机,欧洲盟国之间积极开展安全合作加以应对。美国也选择参与这两场"域外行动",并充当着欧洲及欧洲——大西洋地区安全形势的塑造者。① 美欧实现安全合作的一个重要原因是美国和欧洲盟国在波黑和科索沃拥有共同的安全利益。在巴尔干地区的这两场"域外行动"中,大西洋联盟尚且拥有共同的安全合作意愿。但随着美国战略东移和"9·11"恐怖袭击事件的发生,大西洋联盟成员之间安全利益逐渐分离。对于在不同地理区域的安全合作,大西洋联盟成员的合作意愿程度不一。即便是大西洋联盟成员集体参与的"域外行动",各成员国的初衷也不尽相同。以北约驻阿部队在阿富汗的军事行动为例。加拿大参与此次行动主要是出于人道主义援助方面的原因,同时也是为了避免被卷入伊拉克的军事行动中。挪威参与此次行动的重要原因是为了表示对美国和北约的忠诚。意大利参与此次行动的初衷是为了在国际舞台上扮演更重要的角色。西班牙参与此次行动的初衷是为了使国际社会将其视为一流国家。后来西班牙向阿富汗增派军队,主要是由于马德里爆炸事件后西班牙退出了在伊拉克的军事行动,新上任的何塞·路易斯·罗德里格斯·萨帕特罗政府希望表现出西班牙仍珍视北约。匈牙利参与此次行动是出于对大西洋联盟凝聚力的考虑。德国参与此次行动的主要原因包括:希望对美国提供支持、维护大西洋联盟团结、推广民主和人权等价值观。②

共同外部安全威胁的变化使大西洋联盟成员的安全利益分离。而大西洋联盟成员安全利益的分离影响着联盟成员之间集体安全合作的意愿,从而削弱了大西洋联盟的凝聚力。斯蒂芬·沃尔特在苏联解体前便强调了外部威胁对于联盟存续的重要性,认为成员国对外部威胁认知的消失会导致联盟凝聚力的下降。③ 冷战结束后,他进一步指出了外部威胁变化

---

① Daniel S. Hamilton, "Europe: Whole and Free or Fractured and Anxious?", in Sławomir Dębski and Daniel S. Hamilton, eds., *Europe Whole and Free: Vision and Reality*, Washington D. C.: Brookings Institution Press, 2019, p. 346.

② Deborah L. Hanagan, *NATO in the Crucible: Coalition Warfare in Afghanistan, 2001 – 2014*, Stanford: Hoover Institution Press, 2019, pp. 70 – 71, 140.

③ Stephen M. Walt, "Alliances in Theory and Practice: What Lies Ahead?", *Journal of International Affairs*, No. 1, Summer-Fall 1989, pp. 8 – 9.

对于联盟的意义：外部威胁的变化将造成盟国之间关系的变化。当盟国确认联盟所面对的外部敌人已不再如他们曾经惧怕的那般好战时，或是当盟国变得越来越具有进攻性时，联盟将存在退化的可能性。[①] 北约在2018年发布的一份关于联盟未来行动的官方文件中指出：联盟成员对外部威胁的不同认知将影响大西洋联盟的凝聚力。执行非集体防御性质的任务对于大西洋联盟成员的凝聚力也将带来重要挑战。[②] 一位北约官员也曾指出，北约成员国越来越难就外部威胁的重要性达成一致意见，这不仅导致意愿联盟出现的频率越来越高，而且意味着北约成员国失去了在面对苏联和华约组织时一直持有的"我为人人，人人为我"的态度。[③]

美国和欧洲盟国在扩大北约"域外行动"范围和提升北约"域外行动"重要性这两方面的意见分歧，以及美欧在北约"全球伙伴关系"问题上的意见分歧，都反映出冷战结束后大西洋联盟成员安全利益在外部安全威胁变化的情况下逐渐分离的现实。联盟成员安全利益的分离致使联盟成员之间的集体安全合作意愿下降，削弱了大西洋联盟的凝聚力。在未来，大西洋联盟成员对外部安全威胁的认知仍将存在差异，寻找到高度契合的安全利益有一定的难度，联盟的凝聚力将可能因此而继续受到削弱。

二 联盟成员经济、政治利益差异对安全合作的制约

除安全利益外，大西洋联盟成员的经济利益、政治利益也影响了联盟成员在北约"域外行动"上的集体合作意愿和联盟的凝聚力。根据联盟理论，联盟中的各成员国既存在联盟层面的共同利益，也存在成员国层面的国家利益。国家利益在很多情况下呈相互竞争的态势。一国为了实现本国的国家利益，极有可能动用自身拥有的力量对其他盟国施加影响，从而将本国的损失和面临的危机降至最低水平。不一致的或相互竞

[①] Stephen M. Walt, "Why Alliances Endure or Collapse", *Survival: Global Politics and Strategy*, Vol. 39, No. 1, Spring 1997, p. 159.

[②] North Atlantic Treaty Organization, "Framework for Future Alliance Operations", 2018, https://www.act.nato.int/images/stories/media/doclibrary/180514_ffao18-txt.pdf.

[③] Joseph Lepgold, "NATO's Post-Cold War Collective Action Problem", *International Security*, Vol. 23, No. 1, Summer 1998, p. 101.

争的国家利益将有可能导致联盟分化。①

自北约成立以来直至今日，大西洋联盟成员的国家利益差异影响着联盟成员的集体安全合作意愿，制约了联盟成员在"域外行动"中的集体安全合作，使大西洋联盟的凝聚力持续下降。在苏伊士运河危机中，英法担忧苏伊士运河国有化威胁中东国家对西欧的石油供应、损害英法的经济利益，强烈建议北约对埃及进行军事干预。美国为在殖民地独立浪潮中保持其在发展中国家中的影响力，拒绝英法利用北约发动对埃及的军事打击。在第四次中东战争中，部分欧洲盟国对阿拉伯国家的能源依赖是北约未能进行军事介入的重要原因。经济利益差异再次影响了大西洋联盟成员之间的安全合作意愿。在苏联入侵阿富汗这场"域外"军事冲突中，遏制苏联的战略需求和控制波斯湾地区石油资源的经济利益考量，是美国怂恿欧洲盟国采取对苏联强硬政策的重要原因。德国等部分欧洲盟国出于维持与苏东集团国家之间经济往来的考虑，无法与大西洋联盟其他成员达成共同合作意愿。美欧的经济利益差异对大西洋联盟的集体安全合作产生了重要作用。在伊拉克战争中，美国与法德等部分欧洲盟国都对中东地区的石油资源及其涉及的经济利益予以重视。美国与法德对各自在中东地区政治影响力的考量，也是美国与法德等部分欧洲盟国没有在伊拉克问题上实现安全合作的重要原因。因此，大西洋联盟成员之间不同的经济利益和政治利益，往往阻碍大西洋联盟成员之间的集体安全合作、影响联盟的凝聚力。

在未来大西洋联盟的安全合作中，联盟成员之间的国家利益差异仍将继续对联盟成员之间的集体安全合作形成制约。由于联盟能否维系取决于盟国的基本利益是否一致②，联盟成员的国家利益差异将对大西洋联盟的凝聚力产生消极影响，甚至使大西洋联盟趋向退化。

三　美欧战略文化差异的影响

北约"域外行动"的发展证明，除外部安全威胁和国家利益的影响

---

① Glenn H. Snyder, *Alliance Politics*, Ithaca and New York: Cornell University Press, 1997, pp. 165–166.

② ［美］汉斯·摩根索：《国家间政治：权力斗争与和平》，徐昕等译，北京大学出版社2006年版，第223页。

外，美欧之间根深蒂固的战略文化差异也阻碍着大西洋联盟成员形成共同的安全合作意愿、影响着大西洋联盟的凝聚力。美欧战略文化差异主要体现于两个方面：一是对使用武力解决冲突的态度。二是多边主义和单边主义的行动原则差异，涉及美欧对国际法和联合国的态度。美欧的战略文化差异往往与国家利益问题相互联系、相互作用。

美欧存在战略文化差异的原因与各自不同的历史发展进程密切相关。第二次世界大战结束后，欧洲国家开始了一体化进程。冷战时期，在欧洲一体化进程中，欧洲国家的领导人构建起了一系列组织机构和机制。欧洲国家逐渐组建起了一个拥有相似经济体制、政治模式和社会价值观的欧洲共同体。一些曾经处于敌对状态的欧洲国家相互之间建立起了紧密的联系，这些国家在一些领域内的事务也得到了共同管理。欧洲一体化的实践使欧洲国家的领导人逐渐意识到，注重合作的多边主义和对国际法的尊崇，都是实现合理的国家治理的重要因素。[1] 此外，在欧洲一体化进程中，欧洲国家受益于建立在规则这一基础上的多边主义体系。原因在于：多边主义体系抑制了来自修正主义国家的挑战，使欧洲国家能将精力集中在发展贸易、福利制度和推广民主这几方面。[2] 因此，长期的一体化历史进程对欧洲国家战略文化的形成具有深远的影响。不同于欧洲国家，美国不存在与其他国家联合进行一体化的历史经验。第二次世界大战结束后，美国成为了能左右国际政治格局和安全形势的世界强国。冷战期间，美国和苏联之间在长达40多年的时间内处于对峙状态。冷战结束后，美国成为了世界上唯一的超级大国。在此背景下，美国追求的是在全球范围内建立霸权。美国认为必须防止任何敌对的国家、可能的敌人，甚至是传统的盟友阻碍美国实现这一目标。[3] 因此，美国长期以来青睐武力的使用和行动自由。此外，美国还认为自身肩负着"维护世界和平与安全"的使命，因而拒绝任何多边主义机构或盟友制约其

---

[1] Richard E. Rupp, *NATO after 9/11: An Alliance in Continuing Decline*, New York: Palgrave Macmillan, 2006, p. 188.

[2] Lisbeth Aggestam and Adrian Hyde-Price, "Double Trouble: Trump, Transatlantic Relations and European Strategic Autonomy", *Journal of Common Market Studies*, Vol. 57, 2019, p. 117.

[3] Richard E. Rupp, *NATO after 9/11: An Alliance in Continuing Decline*, New York: Palgrave Macmillan, 2006, p. 75.

行动自由。①

美欧各不相同的历史经验与美欧战略文化差异的影响体现在了与北约"域外行动"相关的问题中。冷战期间,美欧的战略文化差异已体现在美欧应对"域外"军事冲突的态度上。对于20世纪70、80年代在中东地区发生的"域外"军事冲突,美国通常首先诉诸武力,而欧洲盟国总体而言倾向于在保持防御的基础上寻求与冲突当事国甚至是苏联实现和平协商与合作。"9·11"恐怖袭击事件发生后,美欧战略文化差异对大西洋联盟成员集体安全合作的制约作用逐渐凸显。虽然"9·11"恐怖袭击事件发生后,大西洋联盟成员开始将恐怖主义视为一种共同面对的安全威胁,但美国和部分欧洲盟国对于恐怖主义的性质和应对恐怖主义的方式始终存有不同见解。美国始终坚持认为武力是实现反恐目的的最佳方式。无论是在阿富汗战争、伊拉克战争,还是北约驻阿富汗部队的军事行动中,美国都采取军事打击的形式实现反恐目标。法国、德国等部分欧洲盟国不愿意追随美国优先动用武力解决问题,美欧之间为此多次争执。在军事打击伊拉克的问题上,美国和法德等部分欧洲盟国对待国际法和联合国的态度差异,以及与此相连的单边主义与多边主义行动原则差异,是伊拉克问题上意愿联盟组建的重要原因。美欧战略文化差异在北约"域外行动"中凸显,极大削弱了大西洋联盟的凝聚力。

美国特朗普政府在安全领域具有单边主义倾向。2018年,时任美国国务卿迈克·蓬佩奥参加德国马歇尔基金会在布鲁塞尔举办的活动时发表的演讲中,表达了对多边主义机构的怀疑态度,称多边主义正自行消失。② 目前,在"美国优先"这一理念的指导下,消极应对多边国际合作、单边主义倾向明显,成为了美国国家安全战略的趋向之一。③ 此外,特朗普采取以利益交换为特征的战略,轻视大西洋共同价值观。④ 因此,

---

① Lisbeth Aggestam and Adrian Hyde-Price, "Double Trouble: Trump, Transatlantic Relations and European Strategic Autonomy", *Journal of Common Market Studies*, Vol. 57, 2019, p. 117.

② Lisbeth Aggestam and Adrian Hyde-Price, "Double Trouble: Trump, Transatlantic Relations and European Strategic Autonomy", *Journal of Common Market Studies*, Vol. 57, 2019, p. 115.

③ 袁征:《"美国优先"论及其国际影响》,载吴白乙、倪峰主编《美国研究报告(2019):"美国优先"及其内外影响》,社会科学文献出版社2019年版,第16—19页。

④ 赵怀普:《从"欧洲优先"到"美国优先":美国战略重心转移对大西洋联盟的影响》,《国际论坛》2020年第3期。

在未来，美欧的战略文化差异将继续对大西洋联盟成员的集体安全合作产生负面影响。

综上所述，在北约"域外行动"产生与发展的过程中，安全、经济、政治、文化等方面的多种因素阻碍了大西洋联盟成员形成安全合作的共同意愿，制约了大西洋联盟在"域外行动"问题上的集体安全合作，从而对大西洋联盟的凝聚力产生了负面影响。在未来，影响大西洋联盟成员凝聚力的各方面因素将继续存在。大西洋联盟的凝聚力呈现出下降的趋势，大西洋联盟趋于退化。

本章小结

北约"域外行动"对大西洋联盟未来走向的影响，主要表现在以下三个方面：第一，北约"域外行动"使大西洋联盟组织形式趋向松散化。第二，北约"域外行动"使大西洋联盟内部美欧矛盾深化。第三，北约"域外行动"使大西洋联盟凝聚力呈下降趋势。

本章第一节分析了北约"域外行动"促使大西洋联盟组织形式松散化的原因。意愿联盟成为北约"域外行动"的主要行动方式，是北约"域外行动"使大西洋联盟组织形式趋向松散化的主要原因之一。意愿联盟使大西洋联盟组织形式趋向松散化的表现有三点。第一，随着意愿联盟发展为北约"域外行动"的主要行动方式，大西洋联盟成员之间安全合作的机制化程度和政策协调的紧密程度有所降低。政策协调紧密程度的下降反映出大西洋联盟组织形式紧密程度的下降。第二，每当以意愿联盟为行动方式执行军事行动时，大西洋联盟成员内部便已分化。第三，意愿联盟具有的特征使部分大西洋联盟成员能轻易选择不参与"域外行动"而不必遭受责罚，使大西洋联盟有沦落为"菜单式联盟"的趋势。欧洲独立防务力量建设进程的发展，是北约"域外行动"使大西洋联盟组织形式趋向松散化的另一主要原因。北约及其成员国的"域外行动"暴露出欧洲国家与美国的军事实力差距以及美欧在一些"域外行动"相关问题上的分歧，促使欧洲国家加强了独立防务力量建设。随着欧洲独立防务力量建设进程的发展，部分欧洲国家逐渐有脱离北约架构执行军事行动的倾向。从长远来看，这也将使大西洋联盟组织形式松散化。

本章第二节阐述了北约"域外行动"问题造成大西洋联盟内部美欧矛盾深化的趋势。北约"域外行动"暴露出了大西洋联盟内部美欧之间的许多矛盾。其中，美欧在军事政策方面的矛盾、美欧在防务责任分担方面的矛盾，以及美欧军事实力失衡的矛盾，存在着继续深化的可能性。首先，美欧地位不对等是大西洋联盟自产生时便具有的主要特征之一。在北约"域外行动"的发展历程中，美国一直致力于将本国的安全政策与战略目标融进北约的政策与战略中。美国和欧洲盟国多次因此而发生争执。其次，大西洋联盟内部美欧防务责任分担矛盾由来已久，北约"域外行动"激化了美欧防务责任分担的矛盾。第三，北约"域外行动"凸显了美欧在军事实力失衡方面的矛盾。受历史、社会和经济因素的影响，美欧军事实力失衡问题难以在短期内得到解决。美欧在以上三方面的矛盾存在着持续深化的可能性。

本章第三节归纳总结了北约"域外行动"问题使未来大西洋联盟凝聚力趋于下降的主要原因。苏联解体后，大西洋联盟面对的外部安全威胁发生了变化，联盟成员对共同的外部安全威胁形成了不同认知，联盟成员的安全利益出现了分离。安全利益的分离是削弱大西洋联盟凝聚力的第一个因素。冷战时期大西洋联盟成员对"域外行动"的争论，以及冷战结束后北约的"域外行动"都反映出联盟成员的国家经济或政治利益对集体安全合作的制约。美国和欧洲盟国根深蒂固的战略文化差异也时常制约大西洋联盟成员在"域外行动"问题上的合作。未来，大西洋联盟成员在安全、政治、经济等领域国家利益的差异，以及美欧之间的战略文化差异，将继续对大西洋联盟成员集体安全合作的意愿形成制约，使大西洋联盟凝聚力趋于下降。

结　　论

　　北约"域外行动"问题产生于冷战时期。冷战期间，面对苏伊士运河危机、第四次中东战争、苏联入侵阿富汗和两伊战争这四场"域外"军事冲突，美国和欧洲盟国在北约"域外行动"问题上产生了较大的意见分歧。由于美欧的意见分歧，北约在冷战期间未曾执行"域外行动"。虽然北约的主要任务是集体防御，但北约对防区之外的军事冲突及其潜在威胁十分关注。美欧最终在应对"域外"军事冲突的措施上达成了一定共识。北约在其发布的官方文件中，鼓励有能力和有意愿的成员国以国家的名义介入"域外"军事冲突、维护大西洋联盟的利益。冷战期间的"域外"军事冲突提升了北约对"域外行动"必要性的认识，并促使北约为执行"域外行动"作军事和政治方面的准备，为冷战结束后北约"域外行动"的执行奠定了基础。

　　北约"域外行动"与大西洋联盟的存续与转型存在着紧密联系。冷战结束后，国际环境的变化使北约面临生存危机和"域外"地区性安全威胁。北约执行的"域外行动"使北约逐渐发展起了集体防御以外的军事干预职能，为北约和大西洋联盟的存续与转型提供了理由。随着北约"域外行动"的开展，大西洋联盟已在美国的主导下，从冷战时期专注于保卫欧洲——大西洋地区安全的防御型联盟，转变为通过在全球范围内执行"域外行动"以实现美国战略目标的进攻型联盟。北约的"域外行动"主要包括：在波黑和科索沃执行的军事行动；领导北约驻阿富汗部队在阿富汗执行的军事行动；领导意愿联盟在利比亚执行的军事行动；在伊拉克执行的部队训练、指导与协助行动等。一部分北约成员国参与了美国组建的意愿联盟发动的阿富汗战争和伊拉克战争。随着冷战结束后国际与地区安全形势的变化以及北约"域外行动"的开展，北约形成了"域外行动"政策和一套"域外行动"决策模式，对"域外行动"进行了政治和军事方面的规划。多元化的行动类型、以意愿联盟为主的行动方式，以及"域外行动"中伙伴关系多样化，是北约"域外行动"具有的三个主要特征。

在北约"域外行动"产生与发展的过程中，美国和欧洲盟国在"域外行动"相关问题上产生了意见分歧。在北约"域外行动"政策形成与发展的过程中，美国与欧洲盟国主要围绕两方面问题产生了矛盾：一是北约"域外行动"范围的扩大；二是北约"域外行动"在北约军事行动中地位的提升。在北约伙伴关系问题上，美国与欧洲盟国围绕北约"全球伙伴关系"机制的建立展开了争论。北约对科索沃的空袭行动是冷战结束后北约领导执行的一次重要的"域外行动"。在此次"域外行动"中，美欧具有共同的战略利益，实现了合作，但美欧也针对"域外行动"合法性问题进行了讨论。伊拉克问题是"9·11"恐怖袭击事件发生后北约面对的一个重要"域外"问题。美国和以法国、德国为代表的部分欧洲盟国在应对恐怖主义的方式，以及对国际法和联合国的态度方面存在意见分歧。北约领导的驻阿富汗部队在阿富汗的军事行动对北约而言是耗时最长、挑战最大的一场军事行动。美欧在这场"域外行动"中主要就战略协调和责任分担问题产生了意见分歧。

北约"域外行动"除关乎大西洋联盟的存续与转型外，还与大西洋联盟的退化之间存在紧密联系。在北约"域外行动"的影响下，大西洋联盟未来的走向呈现出以下三方面特点：

第一，大西洋联盟的组织形式趋向松散化。随着北约"域外行动"的发展，意愿联盟这一主要"域外行动"方式对大西洋联盟组织形式的影响将增强。意愿联盟具有针对性、临时性，且行动过程中不必受制于一系列政治、军事机构的限制，因而具有传统联盟所不及的灵活性。美国是意愿联盟的领导者。在大西洋联盟内，一部分有能力且有意愿追随美国的盟国也比较青睐这一行动方式。意愿联盟成为未来北约"域外行动"的主要方式，意味着大西洋联盟内部的分化、盟国之间政策协调紧密程度的下降，以及大西洋联盟安全合作机制化水平的下降。北约及其成员国"域外行动"的发展，使部分欧洲盟国逐渐重视美欧军事实力差距对欧洲安全所造成的影响和美国强大的军事实力所带来的压力。欧洲独立防务力量建设在北约及其成员国"域外行动"的刺激之下逐渐发展。欧盟集体层面在加大对欧洲独立防务力量建设的投入。法国等部分欧洲盟国逐渐增强了脱离北约框架执行军事行动的倾向。在意愿联盟和欧洲独立防务力量建设这两方面因素的影响之下,大西洋联盟未来的组织形式趋向松散。

第二,大西洋联盟内部美欧在军事政策、防务责任分担和军事实力失衡三方面的矛盾将继续深化。由于大西洋联盟主要是北约框架内形成的美欧关系,因此美欧之间的矛盾将影响大西洋联盟未来的走向。大西洋联盟是一个美国主导的非对称性联盟。美国在领导北约"域外行动"的过程中,一直将本国军事政策和战略目标与北约的战略定位相结合,将北约打造成了实现其自身利益与目标的工具。北约"域外行动"范围的扩大、"域外行动"发展成为北约的核心任务之一、北约"全球伙伴关系"机制的确立都印证了这一点。而在北约"域外行动"的军事政策问题上,德国、法国等欧洲盟国多次与美国发生争执,美欧之间矛盾激烈。由于大西洋联盟内美欧地位不对等这一特征自其成立之时便已存在,且难以改变,美欧未来在军事行动政策方面的矛盾有进一步深化的可能性。美欧的防务责任分担矛盾也是一个长期存在的问题。北约"域外行动"激化了这一矛盾。美欧为实现有效的责任分担作出了努力,但这一矛盾不仅难以在短期内得到解决,而且在未来有可能继续深化。北约"域外行动"还凸显出了美欧军事实力失衡这一事实。欧洲盟国的军队在冷战期间将集体防御作为核心任务,形成了一定的军事特性。欧洲盟国提升"域外行动"的军事能力还需要一段时间。美欧军事能力失衡在短期内难以实现较大改善,因此未来大西洋联盟成员的安全合作能力存在着不确定性,美欧在军事能力问题上的矛盾存在着持续深化的可能性。

第三,大西洋联盟凝聚力呈下降趋势。在北约"域外行动"产生和发展的过程中,成员国是否拥有共同的安全、经济、政治利益和战略文化,影响着成员国集体合作的意愿和大西洋联盟的凝聚力。冷战结束后,随着美国对外战略的调整和战略重心的转移,大西洋联盟成员对威胁的认知出现了差异,安全利益逐渐分离。在安全利益分离的情况下,大西洋联盟成员之间安全合作的意愿难以聚合,影响了大西洋联盟的凝聚力。

北约"域外行动"多次暴露出大西洋联盟成员经济利益、政治利益和战略文化差异对集体安全合作的制约作用。大西洋联盟的凝聚力因联盟成员集体合作意愿的降低而受到削弱。目前，美国和部分欧洲盟国国内民粹主义势力崛起，欧洲盟国尚未完全走出主权债务危机的阴霾，在安全、经济、政治和文化领域都存在着影响大西洋联盟成员集体安全合作的不确定因素。这对未来大西洋联盟的凝聚力将持续造成负面影响。

大西洋联盟未来走向的三方面特征反映出其退化的趋势。在宗教极端主义、恐怖主义威胁仍然存在的背景下，北约不会将所有精力集中于集体防御行动。"域外行动"仍将是大西洋联盟的一个重要议题，北约仍有可能在世界范围内执行"域外行动"。

参考文献

一 中文资料

（一）著作（含译著）

［巴西］路易斯·阿尔贝托·莫尼斯·班代拉：《美帝国的形成：从美西战争到伊拉克战争》，舒建平译，中国人民大学出版社2013年版。

［德］尤尔根·哈贝马斯等：《旧欧洲·新欧洲·核心欧洲》，邓伯宸译，中央编译出版社2010年版。

［法］托马·拉比诺：《美国战争文化》，陈沁等译，上海社会科学院出版社2018年版。

［加］阿米塔·阿查亚：《美国世界秩序的终结》，袁正清、肖莹莹译，上海人民出版社2016年版。

［美］艾什顿·卡特、［美］威廉姆·佩里：《预防性防御：一项美国新安全战略》，胡利平、杨韵琴译，上海人民出版社2000年版。

［美］保罗·肯尼迪：《大国的兴衰：1500—2000年的经济变迁与军事冲突》，陈景彪等译，国际文化出版公司2006年版。

［美］查尔斯·库普乾：《美国时代的终结——美国外交政策与21世纪的地缘政治》，潘忠岐译，上海人民出版社2004年版。

［美］弗朗西斯·福山：《美国处在十字路口：民主、权力与新保守主义的遗产》，周琪译，中国社会科学出版社2008年版。

［美］汉斯·摩根索：《国家间政治：权力斗争与和平》，徐昕等译，北京大学出版社2006年版。

［美］亨利·基辛格：《世界秩序》，胡利平等译，中信出版社2015年版。

［美］华·惠·罗斯托：《美国在世界舞台上——近期历史试论》，北京编

译社译，世界知识出版社1964年版。

［美］理查德·N. 哈斯：《"规制主义"——冷战后的美国全球新战略》，陈遥遥、荣凌译，新华出版社1999年版。

［美］罗伯特·卡根：《天堂与实力——世界新秩序下的美国与欧洲》，肖蓉、魏红霞译，新华出版社2004年版。

［美］斯蒂芬·沃尔特：《联盟的起源》，周丕启译，北京大学出版社2007年版。

［美］沃·惠·罗斯托：《从第七层楼上展望世界》，国际关系学院"五七"翻译组译，商务印书馆1973年版。

［美］沃尔特·拉弗贝：《美苏冷战史话1945—1975》，游燮庭等译，朔望校，商务印书馆1980年版。

［美］伊万·迪内夫·伊万诺夫：《转型中的北约——新联盟、新任务和新能力》，赵文亮译，世界知识出版社2013年版。

［美］约翰·刘易斯·加迪斯：《遏制战略：冷战时期美国国家安全政策评析》（增订本），时殷弘译，商务印书馆2019年版。

［美］约翰·鲁杰主编：《多边主义》，苏长和等译，浙江人民出版社2003年版。

［美］约翰·塞兹：《全球议题》，刘贞晔、李轶译，社会科学文献出版社2010年版。

［美］约翰·伊肯伯里：《大战胜利之后：制度、战略约束与战后秩序重建》，门洪华译，北京大学出版社2008年版。

［美］兹比格纽·布热津斯基：《大棋局：美国的首要地位及其地缘战略》，中国国际问题研究所译，上海人民出版社2007年版。

［挪威］盖尔·伦德斯塔德：《大国博弈》，张云雷译，吴征宇校，中国人民大学出版社2015年版。

［英］巴瑞·布赞等：《新安全论》，朱宁译，浙江人民出版社2003年版。

《国际关系史资料选编》编选组：《国际关系史资料选编》上册（第二分册），法学教材编辑部审订，武汉大学出版社1983年版。

陈佩尧：《北约战略与态势》，中国社会科学出版社1989年版。

陈效卫主编：《合作与冲突——战后美国军事联盟的系统考察》，军事科学出版社2001年版。

陈效卫：《美国联盟战略研究》，国防大学出版社2002年版。

陈宣圣：《风云变幻看北约》，世界知识出版社2009年版。

陈志敏、古斯塔夫·盖拉茨：《欧洲联盟对外政策一体化——不可能的使命？》，时事出版社2003年版。

程勇、马建华主编：《美国军事术语解读词典》，中国科学技术大学出版社2016年版。

郇庆治：《多重管治视角下的欧洲联盟政治》，山东大学出版社2002年版。

李公昭主编：《英汉军事大词典》，上海外语教育出版社2006年版。

刘得手等编译：《北约是什么——北约重要历史文献选编之三、之四》，世界知识出版社2015年版。

孙德刚：《多元平衡与"准联盟"理论研究》，时事出版社2007年版。

王美权主编：《为了谁的安全——北约军事战略大透视》，新华出版社2000年版。

王义桅等编译：《北约是什么——北约重要历史文献选编之一》，世界知识出版社2013年版。

吴白乙、倪峰主编：《美国研究报告（2019）："美国优先"及其内外影响》，社会科学文献出版社2019年版。

邢骅、苏惠民、王毅主编：《新世纪北约的走向》，时事出版社2004年版。

许海云：《锻造冷战联盟——美国"大西洋联盟政策"研究（1945—1955）》，中国人民大学出版社2007年版。

许海云：《构建区域安全模式——国际体系中的大西洋安全模式与亚太安全模式》，世界知识出版社2018年版。

许海云编著：《挑战与应战：新世纪的北约——北约战略转型与发展研究文献汇编》，世界知识出版社2013年版。

许海云等编译：《北约是什么——北约重要历史文献选编之二》，世界知识出版社2014年版。

叶江：《解读美欧——欧洲一体化进程中的美欧关系》，上海三联书店1999年版。

俞正梁等：《大国战略研究：未来世界的美、俄、日、欧（盟）和中国》，中央编译出版社1998年版。

张曙光：《美国遏制战略与冷战起源再探》，上海外语教育出版社 2007 年版。

张蕴岭主编：《欧洲剧变与世界格局》，社会科学文献出版社 1999 年版。

赵怀普：《当代美欧关系史》，世界知识出版社 2011 年版。

赵俊杰、高华主编：《北狼动地来？——北约战略调整与欧盟共同防务及其对中国安全环境的影响》，中国社会科学出版社 2011 年版。

中国现代国际关系研究院美欧研究中心编：《北约的命运》，时事出版社 2004 年版。

钟振明：《超越现实主义？：冷战后的北约及美欧联盟关系》，上海社会科学院出版社 2014 年版。

周丕启：《合法性与大战略：北约体系内美国的霸权护持》，北京大学出版社 2005 年版。

朱成虎、孟凡礼主编：《当代美国军事》（修订版），社会科学文献出版社 2012 年版。

（二）期刊文章

曹金绪：《同盟政治理论的发展》，《国际政治科学》2011 年第 4 期。

樊吉社：《奥巴马主义：美国外交的战略调适》，《外交评论》2015 年第 1 期。

冯仲平：《特朗普冲击下的欧美关系》，《当代世界》2017 年第 4 期。

葛汉文：《特朗普时代美国的同盟政策及同盟体系》，《世界经济与政治论坛》2019 年第 1 期。

葛勇平、吉尔伯特·高内克：《从德国视角看恐怖主义、国际法与北约》，《中德法学论坛》2006 年。

关孔文、房乐宪：《北约战略转型对上海合作组织的启示》，《当代世界与社会主义》2016 年第 4 期。

郭宪纲：《美国全球战略的重心转移》，《国际问题研究》2003 年第 2 期。

何奇松：《北约军事转型分析》，《现代国际关系》2006 年第 12 期。

贾庆国：《全面认识战后国际秩序》，《外交评论》2015 年第 6 期。

孔凡伟：《布加勒斯特峰会与北约的转型》，《当代世界》2008 年第 5 期。

李晨：《利比亚战争中美国与欧洲军事力量的运用》，《国际政治研究》2014 年第 1 期。

李岩:《特朗普安全战略的调整与限度》,《国际安全研究》2018年第5期。

林宏宇:《美国空袭南联盟深层背景透析》,《世界经济与政治》1999年第5期。

刘丰:《联合阵线与美国军事干涉》,《国际安全研究》2013年第6期。

刘丰:《联盟与国际秩序》,《当代美国评论》2019年第3期。

刘丰:《美国的联盟管理及其对中国的影响》,《外交评论》2014年第6期。

刘侣萍、崔启明:《北约日益重视外高加索地区的战略地位》,《俄罗斯中亚东欧研究》2008年第1期。

马朝林:《论太平洋时代的大西洋关系——以国际关系理论为综合视角》,《太平洋学报》2013年第5期。

彭世卿:《为何参与武装干涉?——冷战后北欧国家对外政策转变路径分析》,《欧洲研究》2019年第1期。

秦天:《欧洲与伊朗:关系很纠结》,《世界知识》2014年第20期。

孙德刚:《国际安全之联盟理论探析》,《欧洲研究》2004年第4期。

孙德刚:《论"准联盟"战略》,《世界经济与政治》2011年第2期。

涂荣娟:《北约空袭南联盟原因探析》,《西南民族学院学报》(哲学社会科学版)2000年S2期。

魏光启:《北约域外行动之利比亚模式》,《郑州航空工业管理学院学报》(社会科学版)2014年第3期。

魏光启:《欧美同盟的域外行动剖析》,《欧洲研究》2011年第6期。

吴鑫:《复燃的巴尔干火药桶——科索沃战争》,《军事历史》2006年第11期。

吴鑫:《冷战后北约重大军事行动述评》,《军事历史》2015年第4期。

肖河:《霸权国与其他主要大国关系研究——以二战后历史为例》,《世界经济与政治》2016年第3期。

邢骅:《北约转型路漫漫》,《国际问题研究》2009年第4期。

叶江:《从北约对利比亚军事行动透视美欧跨大西洋联盟新走势——兼谈西方军事同盟对外干预的新趋势》,《国际问题研究》2012年第1期。

张健:《乌克兰危机背景下北约转型前景》,《现代国际关系》2014年第

5 期。

赵怀普:《从"欧洲优先"到"美国优先":美国战略重心转移对大西洋联盟的影响》,《国际论坛》2020 年第 3 期。

赵怀普:《论冷战后美欧关系的调整》,《世界经济与政治》2003 年第 4 期。

赵怀普:《特朗普执政后美欧同盟关系的新变化及其影响》,《当代世界》2019 年第 3 期。

赵怀普:《重构后冷战时期的跨大西洋关系:理想与现实》,《外交评论》2010 年第 6 期。

赵怀普、韩宝禄日:《美欧防务责任分担矛盾的缘起、发展及影响》,《国际经济评论》2019 年第 6 期。

赵纪周:《"特朗普冲击波"下的美欧防务"再平衡"》,《国外理论动态》2019 年第 7 期。

赵伟明、孙德刚:《美国准联盟战略初探——以伊拉克统一战线为例》,《西亚非洲》2005 年第 5 期。

赵洋:《国际干涉中的合法性与有效性研究——基于联合国与地区性组织合作视角》,《国际政治研究》2019 年第 6 期。

周敏凯:《论伊拉克战争后大西洋联盟的危机》,《华东师范大学学报》(哲学社会科学版) 2004 年第 5 期。

周琪:《欧美关系的裂痕及发展趋势》,《欧洲研究》2018 年第 6 期。

庄宏韬、曾向红:《多元启发理论视角下的萨科齐对利比亚空袭决策》,《国际论坛》2015 年第 2 期。

(三) 学位论文

刘利民:《影响冷战后北约继续存续的决定性因素》,博士学位论文,清华大学国际关系专业,2004 年。

朱耿华:《北约介入亚洲和联盟内外追随的限度》,博士学位论文,复旦大学外交学专业,2013 年。

二 外文资料

(一) 专著

Alcaro, Riccardo et al., eds., *The West and the Global Power Shift: Transatlantic Relations and Global Governance*, The UK: Palgrave Macmillan, 2016.

Anderson, Jeffrey, G. John Ikenberry, and Thomas Risse, eds., *The End of the West? Crisis and Change in the Atlantic Order*, Ithaca: Cornell University Press, 2008.

Andrews, David M., ed., *The Atlantic Alliance under Stress: US-European Relations after Iraq*, Cambridge and New York: Cambridge University Press, 2005.

Buchanan, Allen, *Human Rights, Legitimacy, and The Use of Force*, New York: Oxford University Press, 2010.

Carter, Jimmy, *Keeping Faith: Memoirs of A President*, Toronto: Bantam Books, 1982.

Clark, Wesley, *Waging Modern War: Bosnia, Kosovo, and the Future of Combat*, New York: Public Affairs, 2002.

Coffey, Joseph I. and Gianni Bonvicini, eds., *The Atlantic Alliance and the Middle East*, Basingstoke and London: Macmillan Press Ltd., 1989.

Crockatt, Richard, *America Embattled: September 11, Anti-Americanism, and the Global Order*, London and New York: Routledge, May 27, 2004.

Daalder, Ivo and Michael E. O'Hanlon, *Winning Ugly: NATO's War to Save Kosovo*, Washington, D. C.: Brookings Institution Press, 2000.

Darity Jr., William A. et al., eds., *International Encyclopedia of the Social Sciences*, 2nd Edition, Farmington Hills: Macmillan Reference USA, 2008.

Davidson, Jason W., *America's Allies and War*, New York: Palgrave Macmillan, 2011.

Dębski, Sławomir and Daniel S. Hamilton, eds., *Europe Whole and Free: Vision and Reality*, Washington D. C.: Brookings Institution Press, 2019.

Deni, John R., *Alliance Management and Maintenance: Restructuring NATO for the 21st Century*, Hampshire: Ashgate Publishing Limited, 2007.

Department of State Bulletin, *The Pentagon Papers*, Gravel Edition, Vol. 1, Boston: Beacon Press, 1971.

Eden, Anthony, *Full Circle: The Memoirs of Anthony Eden*, Boston: Houghton Mifflin, 1960.

Edström, Håkan and Dennis Gyllensporre, eds., *Pursuing Strategy: NATO Oper-*

ations from the Gulf War to Gaddafi, England: Palgrave Macmillan, 2012.

Eznack, Lucile, *Crisis in the Atlantic Alliance—Affect and Relations among NATO Members*, New York: Palgrave Macmillan, 2012.

Faringdon, Hugh, *Strategic Geography: NATO, The Warsaw Pact and the Superpowers*, Second Edition, London and New York: Routledge, 1989.

Finnemore, Martha, *The Purpose of Intervention: Changing Beliefs about the Use of Force*, New York: Cornell University Press, 2003.

Frankland, Nobel, ed., *Documents on International Affairs*, Oxford: Royal Institute of International Affairs, Oxford University Press, 1956.

Frowein, J. A., and R. Wolfrum, eds., *Max Planck Yearbook of United Nations Law*, Netherlands: Kluwer Law International, 2000.

Garey, Julie, *The US Role in NATO's Survival after the Cold War*, Cham (Switzerland): Palgrave Macmillan, 2020.

Gärtner, Heinz and Ian M. Cuthbertson, eds., *European Security and Transatlantic Relations after 9/11 and the Iraq War*, Hampshire: Palgrave Macmillan, 2005.

Hahn, Peter L., *The United States, Great Britain and Egypt, 1945–1956: Strategy and Diplomacy in the Early Cold War*, Chapel Hill and London: The University of North Carolina Press, 1991.

Hallams, Ellen, Luca Ratti and Benjamin Zyla, eds., *NATO Beyond 9/11: The Transformation of the Atlantic Alliance*, London and New York: Palgrave Macmillan, 2013.

Hanagan, Deborah L., *NATO in the Crucible: Coalition Warfare in Afghanistan, 2001–2014*, Stanford: Hoover Institution Press, 2019.

Hoehn, Andrew R. and Sarah Harting, *Risking NATO: Testing the Limits of the Alliance in Afghanistan*, Sponsored by the United States Air Force, Santa Monica: RAND Corporation, 2010.

Holsti, Ole P., Terrence P. Hopmann and John D. Sullivan, *Unity and Disintegration in International Alliances*, New York: John Wiley and Sons, 1973.

Hynek, Nik and Peter Marton, eds., *Statebuilding in Afghanistan: Multinational Contributions to Reconstruction*, New York: Routledge, 2012.

Kaplan, Lawrence S. , *NATO and the United States: The Enduring Alliance*, Boston: Twayne Publishers, 1988.

Kaplan, Lawrence S. , *The United States and NATO: The Formative Years*, Lexington: The University Press of Kentucky, 1984.

Kugler, Richard L. , *U. S. -West European Cooperation in Out-of-Area Military Operations: Problems and Prospects*, Santa Monica: RAND, 1994.

Kupchan, Charles A. , *The Persian Gulf and The West: The Dilemmas of Security*, Boston: Allen and Unwin, 1987.

Lake, Anthony and David Ochmanek, eds. , *The Real and the Ideal: Essays on International Relations in Honor of Richard H. Ullman*, Lanham, Maryland: Rowman and Littlefield Publishers, Inc. , 2001.

Lambeth, Benjamin S. , *NATO's Air War for Kosovo: A Strategic and Operational Assessment*, Santa Monica: RAND Corporation, 2001.

Lindstrom, Gustav, ed. , *Shift or Rift: Assessing US-EU Relations after Iraq*, Paris: Institute for Security Studies, 2003.

Liska, George, *Nations in Alliance*, Baltimore: Johns Hopkins Press, 1968.

Mattox, Gale A. and Stephen W. Grenier, eds. , *Coalition Challenges in Afghanistan: The Politics of Alliance*, Palo Alto: Stanford University Press, 2015.

Martin, Pierre and Mark R. Brawley, eds. , *Alliance Politics, Kosovo, and NATO's War: Allied Force or Forced Allies*, New York: Palgrave Macmillan, 2000.

Petersson, Magnus, *The US NATO Debate: from Libya to Ukraine*, New York and London: Bloomsbury Publishing Inc, 2015.

Public Papers of the Presidents of United States, Jimmy Carter, 1980 – 1981, Vol. 1, Washington D. C. : Government Printing Office, 1981.

Reiter, Erich and Heinz Gärtner, eds. , *Small States and Alliances*, Heidelberg: Springer-Verlag Berlin Heidelberg, 2001.

Rupp, Richard E. , *NATO after 9/11: An Alliance in Continuing Decline*, New York: Palgrave Macmillan, 2006.

Rynning, Sten, *NATO Renewed: The Power and Purpose of Transatlantic Cooperation*, New York: Palgrave Macmillan, 2005.

Sayle, Timothy Andrews, *Enduring Alliance: A History of NATO and the Postwar Global Order*, New York: Cornell University Press, 2019.

Schmidt, Gustav, ed., *A History of NATO: The First Fifty Years Volume* 1, Hampshire and New York: Palgrave, 2001.

Sherwen, Sir Nicholas, ed., *NATO's Anxious Birth, The Prophetic Vision of the* 1940s, London: Hurst & Balchett, Ltd, 1985.

Sills, David L., ed., *International Encyclopedia of the Social Sciences*, Vol. 1, New York: Macmillan, 1968.

Smith, Martin A., *NATO in the First Decade after the Cold War*, Springer Science + Business Media B. V., 2000.

Snyder, Glenn H., *Alliance Politics*, Ithaca and New York: Cornell University Press, 1997.

Spiegel, Steven L., ed., *The Middle East and the Western Alliance*, London: George Allen & Unwin Publishers Ltd., 1982.

Stuart, Douglas and William Tow, *The Limits of Alliance: NATO Out-of-Area Problems since* 1949, Baltimore: Johns Hopkins University Press, 1990.

Wintz, Mark, *Transatlantic Diplomacy and the Use of Military Force in the Post-Cold War Era*, New York: Palgrave Macmillan, 2010.

（二）期刊文章

Aggestam, Lisbeth and Adrian Hyde-Price, "Double Trouble: Trump, Transatlantic Relations and European Strategic Autonomy", *Journal of Common Market Studies*, Vol. 57, 2019.

Alcaro, Riccardo, "Europe's Struggle in the Fraying Transatlantic Order", *Survival: Global Politics and Strategy*, Vol. 61, No. 6, 2019.

Bailes, Alyson J. K., Bradley A. Thayer and Baldur Thorhallson, "Alliance Theory and Alliance 'Shelter': The Complexities of Small State Alliance Behavior", *Third World Thematics: A TWQ Journal*, Vol. 1, Issue 1, 2016.

Becker, Jordan, "Transatlantic Burden Sharing and Out of Area Operations: Afghanistan in the Context of Historic Trends", *Chicago Policy Review*, Vol. 15, Summer 2011.

Borchert, Heiko and Mary N. Hampton, "The Lessons of Kosovo: Boon or

Bust for Transatlantic Security?" *Orbis*, Vol. 46, Issue 2, 1 April, 2002.

Carpenter, Ted Galen, "NATO's New Strategic Concept: Coherent Blueprint or Conceptual Muddle?" *Journal of Strategic Studies*, Vol. 23, Issue 3, Summer 2000.

Crowther, G. Alexander, "NATO Nouvelle: Everything Old Is New Again", *Joint Force Quarterly*, Vol. 83, 4th Quarter, October 2016.

Davidson, Jason, "Heading for the Exits: Democratic Allies and Withdrawal from Iraq and Afghanistan", *Democracy and Security*, Vol. 10, No. 3, 2014.

Delahunty, Robert J. and John Yoo, "The Bush Doctrine: Can Preventive War Be Justified", *Harvard Journal of Law & Public Policy*, Vol. 32, April 2009.

Drain, Michel, "L'Allemagne et les Opérations Militaires Extérieures (Opex), Quelle Coopération avec la France?" *CAIRN. INFO*, No. 226, 2018/4.

Dunn, David Hastings, "Assessing the Debate, Assessing the Damage: Transatlantic Relations after Bush", *The British Journal of Politics and International Relations*, Vol. 11, No. 1, 2009.

Dunn, David Hastings, "Innovation and Precedent in the Kosovo War: The Impact of Operation Allied Force on US Foreign Policy", *International Affairs*, Vol. 85, No. 3, 2009.

Egan, Patrick T., "The Kosovo Intervention and Collective Self-Defense", *International Peacekeeping*, Vol. 8, No. 3, Autumn 2001.

Gardner, Sophy, "Operation Iraqi Freedom: Coalition Operations", *Air and Space Power Journal*, Vol. 18, No. 4, Winter 2004.

Guicherd, Catherine, "International Law and the War in Kosovo", *Survival: Global Politics and Strategy*, Vol. 41, No. 2, Summer 1999.

Hallams, Ellen, "The Transatlantic Alliance Renewed: The United States and NATO since 9/11", *Journal of Transatlantic Studies*, Vol. 7, No. 1, March 2009.

Hassner, Pierre, "Europe Beyond Partition and Unity: Disintegration or Reconstruction?" *International Affairs*, Vol. 66, Issue 3, July 1990.

Hatzivassiliou, Evanthis, "Out-of-Area: NATO Perceptions of the Third

World, 1957 – 1967", *Cold War History*, Vol. 13, No. 1, 2013.

Howorth, Jolyon, "Britain, NATO and CESDP: Fixed Strategy, Changing Tactics", *European Foreign Affairs Review*, Vol. 5, No. 3, 2000.

Kammel, Arnold and Benjamin Zyla, "Looking for a 'Berlin Plus in Reverse'? NATO in Search of a New Strategic Concept", *Orbis*, Vol. 55, Fall 2011.

Kamp, Karl-Heinz, "The Future Role of the German Bundeswehr in Out-of-Area Operations", *European Security*, Vol. 2, No. 4, Winter 1993.

Kaufman, Joyce P., "The US Perspective on NATO under Trump: Lessons of the Past and the Prospects for the Future", *International Affairs*, Vol. 93, No. 2, 2017.

Krause, Joachim, "Multilateralism: Behind European Views", *The Washington Quarterly*, Vol. 27, No. 2, Spring 2004.

Kupchan, Charles A., "NATO and the Persian Gulf: Examining Intra-Alliance Behavior", *International Organization*, Vol. 42, No. 2, Spring 1988.

Layne, Christopher, "Casualties of War: Transatlantic Relations and the Future of NATO in the Wake of the Second Gulf War", *Policy Analysis*, August 13, 2003.

Lepgold, Joseph, "NATO's Post-Cold War Collective Action Problem", *International Security*, Vol. 23, No. 1, Summer 1998.

Liland, Frode, "Keeping NATO Out of Trouble: NATO's Non-Policy on Out-of-Area Issues during the Cold War", No. 4, *Forsvarsstudier*, Institutt for Forsvarsstudier, 1999.

Marrone, Alessandro, "The Equilibrium of the 2010 NATO Strategic Concept", *The International Spectator*, Vol. 46, No. 3, September 2011.

Massie, Justin, "Why Democratic Allies Defect Prematurely: Canadian and Dutch Unilateral Pullouts from the War in Afghanistan", *Democracy and Security*, Vol. 12, No. 2, 2016.

Mearsheimer, John, "Back to the Future: Instability of Europe after the Cold War", *International Security*, Vol. 15, No. 1, Summer 1990.

"Memorandum by the Participants in the Washington Security Talks, July 6 to

September 9, Submitted to Their Respective Governments for Study and Comment", in *Foreign Relations of the United States*, Vol. 3, *Western Europe*, 1948, Washington D. C.: Government Printing Office, 1974.

Mihalache, Oana-Cosmina, "NATO's 'Out of Area' Operations: A Two-Track Approach, The Normative Side of A Military Alliance", *Croatian International Relations Review*, Vol. 23, Issue 80, November 2017.

Morrow, James D., "Alliances and Asymmetry: An Alternative to the Capability Aggregation Model of Alliances", *American Journal of Political Science*, Vol. 35, No. 4, November 1991.

Morrow, James D., "Alliances, Credibility, and Peacetime Costs", *Journal of Conflict Resolution*, Vol. 38, No. 2, June 1994.

Morrow, James D., "Alliances: Why Write Them Down?", *Annual Review of Political Science*, Vol. 3, 2000.

Noetzel, Timo and Benjamin Schreer, "Does A Multi-Tier NATO Matter? The Atlantic Alliance and the Process of Strategic Change", *International Affairs*, Vol. 85, Issue 2, March 2009.

Noetzel, Timo and Benjamin Schreer, "NATO's Vietnam? Afghanistan and the Future of the Atlantic Alliance", *Contemporary Security Policy*, Vol. 30, No. 3, December 2009.

Niou, Emerson M. S. and Peter C. Ordeshook, "Alliances in Anarchic International System", *International Studies Quarterly*, Vol. 38, No. 2, June 1994.

Reykers, Yf, "Capacity, Legitimacy or Hegemony? A Multi-Tier Explanation for NATO's Involvement in the Libya Crisis", *Journal of Transatlantic Studies*, Vol. 15, Issue 4, 2017.

Roberts, Adam, "NATO's 'Humanitarian War' over Kosovo", *Survival: Global Politics and Strategy*, Vol. 41, No. 3, Autumn 1999.

Rynning, Sten, "Coalitions, Institutions and Big Tents: The New Strategic Reality of Armed Intervention", *International Affairs*, Vol. 89, No. 1, 2013.

Rynning, Sten, "Kosovo Traumas: How NATO got out of Its Depth in Crisis Management Operations", *Comparative Strategy*, Vol. 38, No. 5, 2019.

Rynning, Sten, "The Divide: France, Germany and Political NATO", *Inter-

national Affairs, Vol. 93, No. 2, 2017.

Rynning, Sten, "The Geography of the Atlantic Peace: NATO 25 Years after the Fall of Berlin Wall", *International Affairs*, Vol. 90, No. 6, 2014.

Schake, Kori N., "Do European Union Defense Initiatives Threaten NATO?", *Strategic Forum*, No. 184, August 2001.

Schreer, Benjamin, "Political Constraints: Germany and Counterinsurgency", *Security Challenges*, Vol. 6, No. 1, Autumn 2010.

Simma, Bruno, "NATO, the UN and the Use of Force: Legal Aspects", *European Journal of International Law*, Vol. 10, Issue 1, 1999.

Simón, Luis et al., "Nodal Defence: The Changing Structure of U. S. Alliance Systems in Europe and East Asia", *Journal of Strategic Studies*, July 2019.

Simón, Luis, "'Back to Basics' and 'Out of Area': Towards A Multi-Purpose NATO", *The RUSI Journal*, Vol. 159, Issue 3, 2014.

Simón, Luis, "Preparing NATO for the Future—Operating in an Increasingly Contested Environment", *The International Spectator*, Vol. 52, Issue 3, 2017.

Snyder, Glenn H. Snyder, "Alliance Theory: A Neorealist First Cut", *Journal of International Affairs*, Vol. 44, No. 1, Spring 1990.

Solana, Javier, "NATO's Success in Kosovo", *Foreign Affairs*, Vol. 78, No. 6, 1999.

Sperling, James and Mark Webber, "NATO: from Kosovo to Kabul", *International Affairs*, Vol. 85, No. 3, 2009.

Steel, Ronald, "NATO's Last Mission", *Foreign Policy*, No. 74, Fall 1989.

Stuart, Douglas T., "NATO and the Wider World: from Regional Collective Defense to Global Coalitions of the Willing", *Australian Journal of International Affairs*, Vol. 58, No. 1, March 2004.

Suhrke, Astri, "A Contradictory Mission? NATO from Stabilization to Combat in Afghanistan", *International Peacekeeping*, Vol. 15, No. 2, April 2008.

Tago, Atsushi, "When Are Democratic Friends Unreliable? The Unilateral Withdrawal of Troops from the 'Coalition of the Willing'", *Journal of Peace Research*, Vol. 46, No. 2, March 2009.

Walt, Stephen M., "Alliances in Theory and Practice: What Lies Ahead?", *Journal of International Affairs*, No. 1, Summer-Fall 1989.

Walt, Stephen M., "Why Alliances Endure or Collapse", *Survival: Global Politics and Strategy*, Vol. 39, No. 1, Spring 1997.

Webber, Mark, "The Kosovo War: A Recapitulation", *International Affairs*, Vol. 85, No. 3, 2009.

Weitsman, Patricia A., "Alliance Cohesion and Coalition Warfare: The Central Powers and Triple Entente", *Security Studies*, Vol. 12, No. 3, Spring 2003.

Weitsman, Patricia A., "Wartime Alliances versus Coalition Warfare: How Institutional Structure Matters in the Multilateral Prosecution of Wars", *ASPJ Africa & Francophonie*, 3rd Quarter 2011.

Wellings, Ben et al., "Narrative Alignment and Misalignment: NATO as a Global Actor as Seen from Australia and New Zealand", *Asian Security*, Vol. 14, No. 1, 2018.

Western, Jon, "The War over Iraq: Selling War to the American Public", *Security Studies*, Vol. 14, No. 1, 2005.

Williams, Ellen, "Out of Area and Very Much in Business? NATO, the U.S., and the Post-9/11 International Security Environment", *Comparative Strategy*, Vol. 27, No. 1, 2008.

Winrow, Gareth, "NATO and Out-of-Area: A Post-Cold War Challenge", *European Security*, Vol. 3, No. 4, Winter 1994.

Wolff, Andrew T., "The Structural and Political Crisis of NATO Transformation", *Journal of Transatlantic Studies*, Vol. 7, No. 4, December 2009.

Yost, David S., "NATO's Evolving Purposes and the Next Strategic Concept", *International Affairs*, Vol. 86, Issue 2, 2010.

Yost, David S., "The NATO Capabilities Gap and the European Union", *Survival: Global Politics and Strategy*, Vol. 42, No. 4, Winter 2000 – 2001.

（三）研究报告

Bond, Ian, "Has the last Trump Sounded for the Transatlantic Partnership?", Center for European Forum, May 2018.

Brattberg, Erik, "Europe, Afghanistan and the Transatlantic Relationship after 2014", Stockholm International Peace Research Institute, May 2013.

Center for the Study of the Presidency, "Revitalizing Our Efforts, Rethinking Our Strategies", Afghanistan Study Group Report, January 30, 2008.

Dale, Catherine, "War in Afghanistan: Strategy, Operations, and Issues for Congress", Congressional Research Service Report to Congress, Washington, D. C, March 9, 2011.

Doherty, Daniel A., "NATO 'Out-of-Area': A Historical Perspective and Post-Cold War Potential", U. S. Army War College, February 1991.

European Parliament, "In-Depth Analysis—The 2016 Elections in the United States: Effects on the EU-US Relationship", January 2017.

Flockhart, Trine and Kristian Søby Kristensen, "NATO and Global Partnerships—To Be Global or to Act Globally?" Danish Institute for International Studies, Copenhagen, 2008.

Hamilton, Daniel et al., "Alliance Reborn: An Atlantic Compact for the 21st Century", The Washington Project launched by Atlantic Council of the United States, Center for Strategic and International Studies, Center for Technology and National Security Policy and Center for Transatlantic Relations at Johns Hopkins University, February 2009.

Jakobsen, Peter Viggo, "PRTs in Afghanistan: Successful but not Sufficient", Danish Institute for International Studies, Copenhagen: Vesterkopi AS, 2005.

Jakobsen, Peter Viggo, "Right Strategy, Wrong Place: Why NATO's Comprehensive Approach Will Fail in Afghanistan" in *UNISCI Discussion Papers*, Research Unit on International Relations and Security, Complutense University of Madrid, January 2010.

Kaim, Markus, "Reforming NATO's Partnerships", Research Paper of Stiftung Wissenschaft und Politik, Berlin, January 2017.

Laugen, Torunn, "Stumbing into A New Role: NATO's Out-of-Area Policy after the Cold War", Institute for Forsvarsstudier, 5/1999.

Lindley-French, Julian et al., "One Alliance: The Future Tasks of the Adapted Alliance", Final Report of GLOBSEC NATO Adaptation Initiative, November 2017.

Lute, Douglas, and Nicholas Burns, "NATO at Seventy: An Alliance in Crisis", Report by the Project on Europe and the Transatlantic Relationship, Cambridge, Massachusetts: Harvard Kennedy School's Belfer Center for Science and International Affairs, February 2019.

Mix, Derek E., "The United States and Europe: Current Issues", Congressional Research Service Report, February 3, 2015.

Morelli, Vincent and Paul Belkin, "NATO in Afghanistan: A Test of the Transatlantic Alliance", Congressional Research Service, Washington, D. C., December 3, 2009.

Nagl, John and Richard Weitz, "Counterinsurgency and the Future of NATO", *Transatlantic Paper Series No.* 1, The Chicago Council on Global Affairs, October 2010.

Ringsmose, Jens and Peter Dahl Thruelsen, "NATO's Counterinsurgency Campaign in Afghanistan: Are Classical Doctrines Suitable for Alliances?" in *UNISCI Discussion Papers*, Research Unit on International Relations and Security, Complutense University of Madrid, January 2010.

Ringsmose, Jens and Sten Rynning, "Come Home, NATO? The Atlantic Alliance's New Strategic Concept", Danish Institute for International Studies, Copenhagen, 2009.

Scheffer, Alexandra De Hoop et al., eds., "Solidarity under Stress in the Transatlantic Realm", The German Marshall Fund of the United States Paper Series, 2016.

Sendmeyer, Scott A., "NATO Strategy and Out-of-Area Operations", School of Advanced Military Studies at United States Army Command and General Staff College, Fort Leavenworth, Kansas, 2010.

Sloan, Stanley, "NATO in Afghanistan", *UNISCI Discussion Papers*, Research Unit on International Relations and Security, Complutense University of Madrid, January 2010.

The Atlantic Council of the United States, "Saving Afghanistan: An Appeal and A Plan for Urgent Action", March 2008.

Wickett, Xenia and Kathleen J. McInnis, "NATO: Charting the Way Forward", Research Paper of Chatham House (The Royal Institute of International Affairs), 2014.

Zyga, Ioanna-Nikoletta, "Emerging Security Challenges: A Glue for NATO and Partners?", Research Division of NATO Defense College, No. 85, November 2012.

（四）网络资源

Brzozowski, Alexandra, "Confidence in NATO Sharply Declined in France, Germany, US, Says Study", EURACTIV, February 11, 2020, https://www.euractiv.com/section/defence-and-security/news/confidence-in-nato-sharply-declined-in-france-germany-us-says-study/.

Brzozowski, Alexandra, "France's Macron Decries NATO 'Brain Death' ahead of Anniversary", EURACTIV, November 11, 2019, https://www.euractiv.com/section/defence-and-security/news/frances-macron-decries-nato-brain-death-ahead-of-anniversary/.

Burns, R. Nicholas, "Briefing on NATO Issues Prior to Riga Summit", Washington D.C., November 21, 2006, https://2001-2009.state.gov/p/us/rm/2006/76464.htm.

Bush, George W., "State of the Union Address", January 29, 2002, https://georgewbush-whitehouse.archives.gov/news/releases/2002/01/20020129-11.html.

Cendrowicz, Leo, "How the War in Afghanistan Sank the Dutch Government", *Time*, http://content.time.com/time/world/article/0,8599,1967058,00.html.

Central Intelligence Agency of the United States, "Transcript of Remarks by Director of the Central Intelligence Agency General Michael V. Hayden at the Landon Lecture Series", Kansas State University, April 30, 2008, https://www.cia.gov/news-information/speeches-testimony/speeches-testimony-archive-2008/landon-lecture-series.html.

CNN News, "Transcript: Clinton addresses Nation on Yugoslavia Strike", March 24, 1999, http://edition.cnn.com/ALLPOLITICS/stories/1999/

03/25/clinton. transcript/.

Cohen, William S. and Henry H. Shelton, "Joint Statement on the Kosovo after Action Review", last modified on October 14, 1999, http://www.au.af.mil/au/awc/aecgate/kosovoaa/jointstmt.htm.

Council of the European Union, "European Security Strategy: A Secure Europe in A Better World", 2009, https://www.consilium.europa.eu/media/30823/qc7809568enc.pdf.

Department of Defense of the United States, "Quadrennial Defense Review Report", February 2006, https://dod.defense.gov/Portals/1/features/defenseReviews/QDR/Report20060203.pdf.

Department of Defense of the United States, "Remarks by Secretary Gates at the Security and Defense Agenda (Future of NATO)", Brussels, June 10, 2011, http://archive.defense.gov/speeches/speech.aspx?speechid=1581.

Department of State of the United States, "Secretary of State Madeleine K. Albright's Statement to the North Atlantic Council", Released by the Office of the Spokesman, Brussels, December 8, 1998, https://1997-2001.state.gov/statements/1998/981208.html.

Erlanger, Steven, "NATO Chief Urges Bigger European Role in Afghan War", *Global Policy Forum*, August 3, 2009, https://www.globalpolicy.org/general-analysis-of-empire/48000.html.

"Europeans Balking at New Afghan Role", *New York Times*, September 14, 2005, https://www.nytimes.com/2005/09/14/world/europe/europeans-balking-at-new-afghan-role.html.

European Parliament, "Annex III-European Council Declaration on Strengthening the Common European Policy on Security and Defense", Cologne European Council, June 3-4, 1999, http://www.europarl.europa.eu/summits/kol2_en.htm#an3.

Fuller, Thomas, "France, Germany and Belgium Trigger One of the Biggest Crises in Alliance History: 3 Block NATO Aid for Turks on Iraq", *The New York Times*, February 11, 2003, https://www.nytimes.com/2003/02/11/news/france-germany-and-belgium-trigger-one-of-the-biggest-crises-in.html.

Gerleman, David J., Jennifer E. Stevens and Steven A. Hildreth, "Operation Enduring Freedom: Foreign Pledges of Military & Intelligence Support", CRS Report for Congress, updated on October 17, 2001, http://www.globalsecurity.org/military/library/report/crs/RL31152.pdf.

Górka-Winter, Beata and Marek Madej, eds., "NATO Member States and the New Strategic Concept: An Overview", The Polish Institute of International Affairs, Warsaw, May 2010, https://www.files.ethz.ch/isn/116768/PISM_Report_NATO_ENG.pdf.

House of Commons Defence Committee of the United Kingdom, "NATO's Role and Relevance in the 21st Century", Ninth Report of session 2007 - 2008, March 4, 2008, https://publications.parliament.uk/pa/cm200708/cmselect/cmdfence/111/11107.htm.

Kamp, Karl-Heinz, "'Global Partnership': A New Conflict within NATO?", Analysen und Argumente der Konrad-Adenauer-Stiftung x, No. 29, 2006, https://www.kas.de/c/document_library/get_file?uuid=ba4c1c21-38d0-99a7-dd71-b0f37273b79c&groupId=25203.

"Macron Calls for 'True European Army' to Defend against Russia, US, China", EURACTIV, November 7, 2018, https://www.euractiv.com/section/defence-and-security/news/macron-calls-for-european-army-to-defend-against-russia-us-china/.

Ministry of Defense of the United Kingdom, "Operations in Iraq: First Reflections", July 2003, https://www.globalsecurity.org/military/library/report/2003/iraq2003operations_ukmod_july03.pdf.

Nautilus Institute for Security and Sustainability, "Australia in Afghanistan—Briefing Book", October 21, 2010, https://nautilus.org/publications/books/australian-forces-abroad/afghanistan/.

Office of the Historian, "The British Embassy to the Department of State, Aide-Mémoire", *Foreign Relations of the United States*, 1948, Western Europe, Vol. 3, https://history.state.gov/historicaldocuments/frus1948v03/d37.

Pothier, Fabrice, "A European Army: Can the Dream Become A Reality?", The International Institute for Strategic Studies, January 7, 2019, https://

www. iiss. org/blogs/analysis/2019/01/macron-european-army-reality.

Rosenfeld, Stephen S. , "NATO's Last Chance", Washington Post, July 2, 1993, https://www. washingtonpost. com/archive/opinions/1993/07/02/natos-last-chance/22054ea7-5958-44b0-9e6a-212ee1da51de/.

Rumsfeld, Donald H. , "A New Kind of War", *New York Times*, September 27, 2001, https://www. nytimes. com/2001/09/27/opinion/a-new-kind-of-war. html.

Shanker, Thom, "Joint Chiefs Chairman Stresses NATO Defense for Baltic Region", *New York Times*, October 23, 2008, https://www. nytimes. com/2008/10/23/world/europe/23mullen. html.

Standardization Office of North Atlantic Treaty Organization, "Allied Joint Doctrine for the Conduct of Operations (Edition C Version 1)", https://assets. publishing. service. gov. uk/government/uploads/system/uploads/attachment_data/file/797323/doctrine_nato_conduct_of_ops_ajp_3. pdf.

Stars and Stripes, "NATO Commander Asks Member Nations to Drop Troop Limits", published on October 25, 2006, https://www. stripes. com/news/nato-commander-asks-member-nations-to-drop-troop-limits-1. 55918.

The White House of The United States, "Remarks by the President on A New Strategy for Afghanistan and Pakistan", March 27, 2009, https://obamawhitehouse. archives. gov/the-press-office/remarks-president-a-new-strategy-afghanistan-and-pakista.

The White House of the United States, "The National Security Strategy of the United States", September 2002, https://2009-2017. state. gov/documents/organization/63562. pdf.

USAID, "Provincial Reconstruction Teams", Last Updated: September 20, 2019, https://www. usaid. gov/provincial-reconstruction-teams.

White House Office of the United States, "White Paper for the Interagency Policy Group's Report on U. S. Policy toward Afghanistan and Pakistan", March 27, 2009, https://www. hsdl. org/? view&did=38004.

（五）北大西洋公约组织官网文献

北大西洋公约组织官方网站：https://www. nato. int/.

Bayley, Hugh, "Why NATO Matters: A Parliamentary Case for Strengthening the Transatlantic Pillars of the Alliance", https://www.nato-pa.int/download-file? filename = sites/default/files/documents/WHY%20NATO%20MATTERS%20-%20HUGH%20BAYLEY%202014.pdf.

Defense Planning Committee of North Atlantic Treaty Organization, "Final Communiqué", May 1980, https://www.nato.int/docu/comm/49-95/c800513a.htm.

Defense Planning Committee of North Atlantic Treaty Organization, "Final Communiqué", Brussels, May 6-7, 1981, https://www.nato.int/docu/comm/49-95/c820506a.htm.

Díaz-Plaja, Ruben, "Projecting Stability: An Agenda for Action", *NATO Review*, March 13, 2018, https://www.nato.int/docu/review/articles/2018/03/13/projecting-stability-an-agenda-for-action/index.html.

Donnelly, Tom, "Rethinking NATO", *NATO Review*, Issue 2, Summer 2003, https://www.nato.int/docu/review/2003/issue2/english/art2.html.

Grant, Robert P., "Coalitions of the Willing: NATO and Post-Cold War Military Intervention", NATO Research Fellowship Final Report, June 30, 1999, https://www.nato.int/acad/fellow/97-99/grant.pdf.

International Military Staff of North Atlantic Treaty Organization, "NATO's Military Concept for Defence against Terrorism", Last Updated: August 19, 2016, https://www.nato.int/cps/en/natohq/topics_69482.htm.

Ismay, Lord, *NATO, The First Five Years* 1949-1954, Paris, 1955, http://archives.nato.int/uploads/r/null/2/1/216977/NATO-The_first_5_years_1949-1954__by_Lord_Ismay_.pdf.

Military Agency for Standardization of North Atlantic Treaty Organization, "Allied Joint Publication-3.4.1: Peace-Support Operations", July 2001 Edition, https://info.publicintelligence.net/NATO-PeaceSupport.pdf.

North Atlantic Treaty Organization, "A Report by the Military Committee on Measures to Implement the Strategic Concept", *NATO Strategy Documents* 1949-1969, https://www.nato.int/docu/stratdoc/eng/a570523b.pdf.

North Atlantic Treaty Organization, "A Report by the Military Committee on Overall Strategic Concept for the Defense of the North Atlantic Treaty Area", *NATO Strategy Documents* 1949 – 1969, https: //www. nato. int/docu/stratdoc/eng/a570523a. pdf.

North Atlantic Treaty Organization, "Active Engagement in Cooperative Security: A More Efficient and Flexible Partnership Policy", April 15, 2011, https: //www. nato. int/nato _ static/assets/pdf/pdf _ 2011 _ 04/20110415 _ 110415-Partnership-Policy. pdf.

North Atlantic Treaty Organization, "Active Engagement, Modern Defense: Strategic Concept for the Defense and Security of the Members of the North Atlantic Treaty Organization adopted by Heads of State and Government in Lisbon", November 19, 2010, https: //www. nato. int/cps/en/natolive/official_texts_68580. htm.

North Atlantic Treaty Organization, "Brief History of Supreme Headquarters Allied Powers Europe", https: //shape. nato. int/page129235813. aspx.

North Atlantic Treaty Organization, "Bucharest Summit Declaration: Issued by the Heads of State and Government participating in the meeting of the North Atlantic Council in Bucharest on 3 April 2008", April 3, 2008, https: //www. nato. int/cps/en/natolive/official_texts_8443. htm.

North Atlantic Treaty Organization, "Committee for Standardization", last updated: July 14, 2015, https: //www. nato. int/cps/en/natohq/topics_69277. htm.

North Atlantic Treaty Organization, "Crisis Management", last updated: February 27, 2018, https: //www. nato. int/cps/en/natohq/topics_49192. htm.

North Atlantic Treaty Organization, "Declaration on Peace and Cooperation: Issued by the Heads of State and Government participating in the Meeting of the North Atlantic Council ('The Rome Declaration')", November 8, 1991, https: //www. nato. int/cps/en/natolive/official_texts_23846. htm.

North Atlantic Treaty Organization, "Defence Capabilities Initiative", December 2, 1999, https: //www. nato. int/docu/comm/1999/9912-hq/fs-dci99. htm.

North Atlantic Treaty Organization, "Dinner Speech by Lord Robertson, NATO Secretary General", IISS, Arundel House London, March 22, 2000, https: //www. nato. int/docu/speech/2000/s000322b. htm.

North Atlantic Treaty Organization, "Declaration on A Transformed North Atlantic Alliance: Issued by the Heads of State and Government participating in the Meeting of the North Atlantic Council ('The London Declaration')", last updated: July 12, 2010, https://www.nato.int/cps/en/natohq/official_texts_23693.htm.

North Atlantic Treaty Organization, "Final Communiqué of Ministerial Meeting of the North Atlantic Council in Oslo", June 4, 1992, https://www.nato.int/docu/comm/49-95/c920604a.htm.

North Atlantic Treaty Organization, "Framework for Future Alliance Operations", 2018, https://www.act.nato.int/images/stories/media/doclibrary/180514_ffao18-txt.pdf.

North Atlantic Treaty Organization, "History of the NATO-Led Stabilization Force in Bosnia and Herzegovina", https://www.nato.int/sfor/docu/d981116a.htm.

North Atlantic Treaty Organization, "International Security Assistance Force (ISAF): Key Facts and Figures", November 7, 2014, https://www.nato.int/nato_static_fl2014/assets/pdf/pdf_2014_11/20141111_141107-ISAF-Placemat-final.pdf.

North Atlantic Treaty Organization, "International Staff", last updated: December 4, 2017, https://www.nato.int/cps/en/natolive/topics_58110.htm#.

North Atlantic Treaty Organization, "ISAF's mission in Afghanistan (2001-2014) (Archived)", last updated: September 1, 2015, https://www.nato.int/cps/en/natohq/topics_69366.htm#.

North Atlantic Treaty Organization, "ISAF's Strategic Vision: Declaration by the Heads of State and Government of the Nations Contributing to the UN-Mandated NATO-Led International Security Assistance Force in Afghanistan", April 3, 2008, https://www.nato.int/cps/en/natolive/official_texts_8444.htm.

North Atlantic Treaty Organization, "Kosovo Air Campaign: Operation Allied Force (Archived)", last updated: April 7, 2016, https://www.nato.int/cps/en/natohq/topics_49602.htm.

North Atlantic Treaty Organization, "Lisbon Summit Declaration: Issued by the Heads of State and Government participating in the meeting of the North Atlantic Council in Lisbon", November 20, 2010, https://www.nato.int/cps/en/natolive/official_texts_68828.htm.

North Atlantic Treaty Organization, "Madrid Declaration on Euro-Atlantic Security and Cooperation: Issued by the Heads of State and Government", July 8, 1997, https://www.nato.int/docu/pr/1997/p97-081e.htm.

North Atlantic Treaty Organization, "Military Committee", last updated: May 28, 2019, https://www.nato.int/cps/en/natolive/topics_49633.htm.

North Atlantic Treaty Organization, "Military Organization and Structures", last updated: May 25, 2018, https://www.nato.int/cps/en/natolive/topics_49608.htm.

North Atlantic Treaty Organization, "NATO and Afghanistan", last updated: March 5, 2019, https://www.nato.int/cps/en/natohq/topics_8189.htm.

North Atlantic Treaty Organization, "NATO and Libya", last updated: November 9, 2015, https://www.nato.int/cps/en/natohq/topics_71652.htm.

North Atlantic Treaty Organization, "NATO and the 2003 Campaign against Iraq (Archived)", last updated: September 1, 2015, https://www.nato.int/cps/en/natohq/topics_51977.htm.

North Atlantic Treaty Organization, "NATO Mission Iraq", last updated: June 24, 2019, https://www.nato.int/cps/en/natohq/topics_166936.htm?

North Atlantic Treaty Organization, "NATO Secretary General", last updated: April 13, 2016, https://www.nato.int/cps/en/natohq/topics_50094.htm.

North Atlantic Treaty Organization, "NATO's Assessment of a Crisis and Development of Response Strategies", May 10, 2011, https://www.nato.int/cps/en/natohq/official_texts_75565.htm?selectedLocale=en.

North Atlantic Treaty Organization, "NATO's Military Concept for Defense against Terrorism", updated on June 7, 2011, https://www.nato.int/ims/docu/terrorism.htm.

North Atlantic Treaty Organization, "NATO's Relations with Central Asia", last updated: February 22, 2016, https://www.nato.int/cps/en/natohq/

topics_107957. htm#.

North Atlantic Treaty Organization, "NATO's Role in Kosovo", last updated: November 19, 2019, https://www. nato. int/cps/en/natohq/topics_48818. htm.

North Atlantic Treaty Organization, "North Atlantic Council", last updated: October 7, 2017, https://www. nato. int/cps/en/natohq/topics_49763. htm#.

North Atlantic Treaty Organization, "Opening Statement by NATO Secretary General Anders Fogh Rasmussen at the NATO Foreign Ministers meeting with non-NATO ISAF Contributing Nations", Brussels, December 4, 2009, https://www. nato. int/cps/en/natolive/opinions_59832. htm.

North Atlantic Treaty Organization, "Partnerships: Projecting Stability through Cooperation", last updated: August 30, 2018, https://www. nato. int/cps/en/natohq/topics_84336. htm#.

North Atlantic Treaty Organization, "Peace Support Operations in Bosnia and Herzegovina", last updated: April 26, 2019, https://www. nato. int/cps/en/natolive/topics_52122. htm.

North Atlantic Treaty Organization, "Prague Capabilities Commitment", last updated: January 14, 2011, https://www. nato. int/cps/en/natohq/topics_50087. htm.

North Atlantic Treaty Organization, "Prague Summit Declaration: Issued by the Heads of State and Government participating in the meeting of the North Atlantic Council in Prague on 21 November 2002", November 21, 2002, https://www. nato. int/docu/pr/2002/p02-127e. htm.

North Atlantic Treaty Organization, "Relations with Colombia", last updated: December 6, 2018, https://www. nato. int/cps/en/natohq/topics_143936. htm.

North Atlantic Treaty Organization, "Relations with Partners across the Globe", last updated: May 19, 2017, https://www. nato. int/cps/en/natohq/topics_49188. htm.

North Atlantic Treaty Organization, "Report of the Committee of Three", last updated: October 5, 2017, https://www. nato. int/cps/en/natohq/topics_65237. htm.

North Atlantic Treaty Organization, "Resolute Support Mission in Afghanistan", Last Updated: July 18, 2018, https://www.nato.int/cps/en/natohq/topics_113694.htm.

North Atlantic Treaty Organization, "Riga Summit Declaration: Issued by the Heads of State and Government participating in the meeting of the North Atlantic Council in Riga on 29 November 2006", November 29, 2006, https://www.nato.int/docu/pr/2006/p06 - 150e.htm.

North Atlantic Treaty Organization, "Strasbourg/Kehl Summit Declaration: Issued by the Heads of State and Government participating in the meeting of the North Atlantic Council in Strasbourg / Kehl", April 4, 2009, https://www.nato.int/cps/en/natohq/news_52837.htm.

North Atlantic Treaty Organization, "Study on NATO Enlargement", September 3, 1995, https://www.nato.int/cps/en/natohq/official_texts_24733.htm.

North Atlantic Treaty Organization, "Summit Declaration on Afghanistan: Issued by the Heads of State and Government participating in the Meeting of the North Atlantic Council in Strasbourg/Kehl on 4 April 2009", April 4, 2009, https://www.nato.int/cps/en/natohq/news_52836.htm.

North Atlantic Treaty Organization, "Summit Declaration on Defence Capabilities: Toward NATO Forces 2020", May 20, 2012, https://www.nato.int/cps/en/natolive/official_texts_87594.htm.

North Atlantic Treaty Organization, "Supreme Headquarters Allied Powers Europe", https://shape.nato.int.

North Atlantic Treaty Organization, "The Alliance's New Strategic Concept" November 7, 1991 - November 8, 1991, https://www.nato.int/cps/en/natohq/official_texts_23847.htm.

North Atlantic Treaty Organization, "The Alliance's Strategic Concept: Approved by the Heads of State and Government participating in the meeting of the North Atlantic Council in Washington D. C.", April 24, 1999, https://www.nato.int/cps/en/natolive/official_texts_27433.htm.

North Atlantic Treaty Organization, "The Combined Joint Task Forces Concept", 1999, https://www.nato.int/docu/comm/1999/9904-wsh/pres-eng/16cjtf.pdf.

North Atlantic Treaty Organization, "The Defense Planning Committee (Archived)", last updated: November 11, 2014, https://www.nato.int/cps/en/natohq/topics_49201.htm.

North Atlantic Treaty Organization, "The Future Tasks of the Alliance: Report of the Council (The Harmel Report)", December 13–14, 1967, https://www.nato.int/cps/en/natohq/official_texts_26700.htm.

North Atlantic Treaty Organization, "The North Atlantic Treaty", April 4, 1949, https://www.nato.int/cps/ie/natohq/official_texts_17120.htm.

North Atlantic Treaty Organization, *The North Atlantic Treaty Organization: Facts and Figures*, Brussels: NATO Information Service, 1989, https://archives.nato.int/uploads/r/null/1/4/145727/0048_NATO_Facts_and_Figures_1989_ENG.pdf.

North Atlantic Treaty Organization, "The Situation in and around Kosovo: Statement Issued at the Extraordinary Ministerial Meeting of the North Atlantic Council held at NATO Headquarters, Brussels, on 12 April, 1999", Press Release M-NAC-1 (99) 51, https://www.nato.int/docu/pr/1999/p99-051e.htm.

North Atlantic Treaty Organization, "The Three Ages of NATO: An Evolving Alliance—Speech by NATO Secretary General Jens Stoltenberg at the Harvard Kennedy School", September 23, 2016, last updated: April 19, 2017, https://www.nato.int/cps/en/natohq/opinions_135317.htm.

North Atlantic Treaty Organization, "The Three Wise Men Report and the Origins of the NATO Science for Peace and Security Programme", last updated: December 13, 2016, https://www.nato.int/cps/en/natohq/news_139363.htm?selectedLocale=en.

North Atlantic Treaty Organization, "Troop Contributions", last updated: June 6, 2017, https://www.nato.int/cps/en/natohq/topics_50316.htm?

North Atlantic Treaty Organization, "Vandenberg Resolution: US Senate Resolution 239", June 11, 1948, https://www.nato.int/ebookshop/video/declassified/doc_files/Vandenberg%20resolution.pdf.

North Atlantic Treaty Organization, "Who We Are", https://act.nato.int/

who-we-are.

North Atlantic Treaty Organization, "1949 – 1952: Creating A Command Structure for NATO", https://shape.nato.int/page14612223.aspx.

Public Diplomacy Division of North Atlantic Treaty Organization, "NATO A-Z Pages", Brussels, December 2014, https://www.nato.int/nato_static_fl2014/assets/pdf/pdf_publications/20150316_2014_AZ_pages.pdf.